图书在版编目（CIP）数据

赢在股市. 2 / 顺手黑马著. — 深圳：海天出版社，
2011.2

ISBN 978-7-5507-0081-9

Ⅰ.①赢… Ⅱ.①顺… Ⅲ.①股票—证券交易—研究
—中国 Ⅳ.①F832.51

中国版本图书馆CIP数据核字（2011）第004677号

赢在股市2
YINGZAIGUSHI2

责任编辑	陈　丹　廖　译	
责任技编	陈　炯　蔡梅琴	
装帧设计	Smart 斯迈德设计　0755-83144228	

出版发行　海天出版社

地　　址　深圳市彩田南路海天综合大厦（518033）

网　　址　www.htph.com.cn

订购电话　0755-83460137（批发）　0755-83460397（邮购）

排版制作　深圳市斯迈德设计企划有限公司（0755-83144228）

印　　刷　深圳市华信图文印务有限公司

开　　本　787mm×1092mm　1/16

印　　张　16.5

字　　数　280千

版　　次　2011年2月第1版

印　　次　2011年5月第2次

印　　数　6001-9000册

定　　价　68.00元

价值投资在中国极具实战性的操作指导

赢在股市 2

顺手黑马 著

深圳出版发行集团
海天出版社

开启你财富的"灵光"

➡➡➡➡➡

能忍常人不能忍

赢常人不能赢

等常人不能等

——顺手黑马

序　言

当您在《赢在股市》这本书面前稍作停顿，当您最终伸手拿起这本书，当您带着"到底写了点什么？"的疑问翻开这本书，都是受了潜意识里埋藏很深的野心、雄心的引领。

故事1：穷人最缺什么？

法国媒体大亨巴拉昂靠推销装饰肖像画起家，仅用10年的时间就跻身法国50大富翁之列。在去世前，他留下遗嘱，要把自己的巨额资产捐献给福利事业，并从中拿出100万法郎作为奖金，向世界征求一个答案……巴拉昂在遗嘱中说："我曾是一个穷人，去世时却是以一个富人的身份走进天堂的。在跨入天堂的门槛之前，我不想把我成为富人的秘诀带走，现在秘诀就锁在法兰西中央银行的一个私人保险箱内。谁若能通过回答'穷人最缺少的是什么'，猜中我成为富人的秘诀，他就可以荣幸地拿走100万法郎，那就是我给予他的奖励。"

巴拉昂的这份遗嘱在报纸上刊登后，雪片般的信件飞到了报社，为了那100万法郎，人们给出了各种各样的答案。有些人认为，穷人最缺少的是金钱，有钱了就不是穷人了；有些人认为，穷人最缺少的是机遇，一些人之所以穷，那是因为没有好的机遇；还有些人认为，穷人最缺少的是技能，有了技能，就能创造出财富……这些答案无一例外地和锁在保险箱内的答案不符。

答案到底是什么呢？当保险箱打开后，人们发现，一个叫蒂勒的9岁小姑娘给出了正确的答案。蒂勒说："穷人最缺少的是野心，成为富人的野心。"这和巴拉昂锁在保险箱的答案一模一样。在接受记者采访时，蒂勒说："每

次，我姐姐把她11岁的男朋友带回家时，总警告我说不要有野心！不要有野心！我想，或许野心可以让人得到想得到的东西。"

野心是永恒的"治穷"特效药，是所有奇迹的萌发点。广而言之，无论任何一个行业或者一个阶层，那些能够脱颖而出者，大多是因为他们拥有一颗创造奇迹的野心。心有多大，舞台就有多大，世界就有多大。进入股市的投资者都不必躲躲闪闪地谈钱、谈资本，进入股市就是为了资产、资本增值，增值的目的就是为了生活得好一点，幸福一点，快乐一点，充分地享受生活、享受人生。有了野心、雄心，在股市就可以实现自己的梦想。当然，物质财富上的"穷""富"并不能说明精神上的"穷""富"，这不是我们展开讨论的话题。

同样，正是有了这份野心、雄心，引领我在股海里"会当水击三千里"，不断前进，经过市场牛熊循环的不断磨砺，越来越深入接近股市的本质和真谛。经过几轮牛熊循环的考验，《赢在股市1》建立起来的"业绩高速增长价值体系"——**"选择当年度和国民经济增长形成共振的高速增长行业板块；选择高速增长行业板块的预增行业龙头；寻找股指和行业预增龙头波段主升浪的趋势共振启动点，做足它们的波段主升浪行情"**，已经显示了无穷的魅力。

中国经济30多年来高速增长，即便最不好的年份，也有一些行业高速增长，正是因为每年有了高速增长的行业才支撑了每年中国经济的高速增长。这些每年度业绩高速增长的行业龙头们，一定会在证券市场尽情地发挥，为我们献上一顿顿奢侈大餐，即便某一年碰上最熊的熊市，这一年也会有吃饭行情，当年业绩高速增长的行业龙头们就是吃饭行情的主菜。认清了这个本质，我们就可以每年轻松地让那些和国民经济高速增长共振的行业为我们打工，替我们挣钱。比如说，我们出去旅行，乘坐交通运输龙头国航或者南航的飞机，趁人民币升值，国航、南航业绩大涨的时候，国航南航股票波段主升浪来了，买国航或者南航的股票、机票，让它们为我们买单；比如说，买房地产龙头万科的房子，趁房地产业绩大涨的时候，房地产板块波段主升浪来了，买万科的股票，让万科为我们的房子买单；比如说，买一汽的汽车，趁汽车业绩大涨的时候，汽车板块波段主升浪来了，买汽车龙头一汽相关的股票，让一汽为我们的

汽车买单。拥有了这样的思维和心态，我们就会分享到任何高速增长行业及其龙头顶级服务带给我们的快乐，这样股市就成了我们的提款机。

几轮牛熊循环的历练，也将"业绩高速增长价值体系"打磨得更加璀璨夺目，让我更加确信《赢在股市》的生命力。拥有了这样的核心体系，股市将会成全我们大成功，不管是在物质上，还是精神上都将最终让我们变得富有。这个世界没有绝对的平等，也不要幻想有绝对的平等，人有三教九流之分，但是人的心却没有三教九流之分，只要您拥有了追求物质和精神脱"贫"的心，您就可以打破原有的状态，进入您愿意进入的状态。资金的多少不能决定选择什么样的理念，不要认为自己是散户，资金少，就不在乎不理会理念的选择；不要认为自己资金多，就对理念不屑一顾。没有理念，会最终导致财富的重新分配。理念面前人人平等，什么样的投资者都可以拥有"业绩高速增长的价值体系"，再加上野心、雄心的引领，这个体系恰恰可以让一切皆有可能。

现在，既然野心、雄心引领您打开了本书，那么就让"业绩高速增长的价值投资体系"点燃您的激情，激活您的智慧，实现您的梦想。

但是，野心、雄心、愿望、梦想都是空的，要实现愿望和梦想，投资者还要有另外一颗心，只有这颗心，才能让"业绩高速增长价值体系"淋漓尽致地发挥它的作用，才能让投资者的愿望和梦想变成现实。那么，什么心有这么重要呢？

故事2：茶匠之心

日本江户时期有一位大茶艺师，他泡茶非常好，主人一天都离不开他，主人要去京都办事就一定把他带在身边。他说："京都有很多浪人，我又不会武艺，被人逼住怎么办？"主人说："没事，你也穿一身武士装，挂一把佩剑，别人就不招惹你了。"他就这么照猫画虎地穿戴起来，跟着主人走了。

到了京都，主人去办事，他自己出去散步，在池塘边恰好撞上一个浪人。这浪人还很嚣张，用挑衅的口吻说："咱俩比武吧？"这茶艺师就慌了，他说："我不会武功，我就是个泡茶的。"这浪人越发猖狂地说："你既然不会武功，你穿戴这身行头，不是辱没武士的名节吗？我还是得杀了你。"这茶艺师想一想也有道理，他说："那这样吧，你看我主人还有很多事情没做完，你容我几个小时，我把一切打理好，我一定回来跟你比武。"浪人就放了他。

茶艺师直奔京都最大的武馆，到门口一看都是排队学武艺的人。他分开众人，见到大武士就拜，他说："我求你教我一种作为武士最体面的死法。"大武士很奇怪，说："来武馆学艺的人，都是求生的，我第一次见到求死的，为什么呀？"他说："我只是个茶艺师，遭遇了强敌。"大武士笑了，他说："你一个茶艺师到这里，为什么不给我泡一次茶呢？"茶艺师一听就感伤了，他想：这可能是我在这个世界上泡的最后一次茶了，他这么一想反而很从容，也没功利心了，就像平常伺候主人那样，专心来泡茶。

他让人取来最好的山泉水，用小火一点一点地煮开，又取出茶叶，洗茶、滤茶、泌茶，一道一道做，从容不迫，他把这一盏茶捧到了大武士手里。大武士喝了一口茶，说："这是我这一生中喝到的最好的茶了，但是这个时候我可以告诉你，你已经不必死了。"茶艺师说："你是不是要教我什么绝招啊？"大武士说："我什么都不教你，就给你一句话，用你刚才泡茶的心去面对你的对手吧。"他就带着这一句话回去了。在池塘边，那个嚣张的浪人早早地在等着他，一见他就咣当拔出剑来说："我们现在就比吧？"

茶艺师微笑着慢慢地、静静地说："不着急。"他双手取下自己的帽子，端端正正放在池塘边，脱下自己的外衣，一折一折地叠好，压在帽子下边，拿出绑带把自己的袖口、裤脚一一绑好，最后他解下腰带，紧一紧，整束停当。他从头到尾，一丝不苟、有条不紊地收拾着，一直就这么微笑地看着他的对手。当时，他的对手已经剑出鞘了。在中国的《曹刿论战》中有一鼓作气、再而衰、三而竭的兵法。老拎着剑被人这么看着，越看越看得他心里没底，越看越毛，也不知道这个对手到底有多深的武功。俩人都要比武了，这个人怎么这么慢条斯理呢？浪人被茶艺师看得惶惑之极。最后的时刻到来了，茶艺师咣当一声拔出剑来，双手举过头，大喝一声，停在半空中，其实这是他能做的最后一招，再往下怎么用剑他完全不知道。但在这时，浪人扑通跪下说："我求你饶命，你是我一生中遇到的武力最高的对手。"

大武士没有叫茶艺师学武练绝招，为什么？因为茶艺师就是一个泡茶的，只精通茶道，茶艺师是茶艺师，不必去做什么武士，让他临时学武，无疑是叫

他去死。大武士看到他的茶艺已经达到炉火纯青的地步，让他用泡茶的心态去对付浪人，结果就完全不一样。

2005年到2010年的中国股市，大涨、大跌、再涨、再跌，涨涨跌跌，有些投资者不是被股市中的恐惧"浪人"击倒，就是被股市中的贪婪"浪人"击倒，或者就是稀里糊涂被根本不知道是什么的"浪人"击倒，当然，也有一些投资者没有被击倒，反而在股市的涨涨跌跌中活得很滋润，活得很潇洒。

以前我们对巴菲特的价值投资理念逐步有了体验，但是就是在2007年到2008年这次金融危机中，我们更进一步地了解和深刻体会了巴菲特的投资哲学——**"在别人贪婪的时候恐惧，在别人恐惧的时候贪婪"**。2007年，巴菲特"10月19日表示已出售手上全部中石油股份"，我们注意了没有，2007年10月19日附近是什么？2007年10月11日道琼斯正好达到本轮大牛市的顶点14198.10点，2007年10月30日恒生指数（HSI）正好达到本轮大牛市的顶点31958点，2007年10月16日上证正好到达本轮大牛市的顶点6124.04点，这一带附近正是市场最疯狂的时候，我们不能简单地认为这是巧合。反过来，2008年9月以后，巴菲特连续几次出手的时候正是华尔街和全球市场极度恐慌的时候。尽管短期内巴菲特的投资还不能最终确定每一笔都盈利，我们的着眼点也不能放在这里，认为他失误一笔就全盘否定，我们这里要学习的是他的投资哲学。巴菲特再一次用他的行动演绎了他那屡试不爽的投资哲学——**"在别人贪婪的时候恐惧，在别人恐惧的时候贪婪。"**

以前历次巴菲特演绎这一经典的时候，要么是我们还不知道巴菲特，要么是没有一轮真正的牛熊来让巴菲特酣畅淋漓地演绎这一经典，但是这次，活生生的例证，形成了巨大的冲击力和震撼力，不断冲击着我们的理念，也震撼着我们的心灵。这轮牛熊中巴菲特的一举一动，都给我们提供了活生生的教材，让我们能够更灵活、更冷静、更深刻、更本质地去领悟价值投资的精髓。一定要历史地、动态地、系统地学习巴菲特的思想，才能学习到精髓，并且将这一精髓结合我们自己的具体情况，演化、升华成自己的东西。巴菲特从2007年到2008年的所作所为，让我们惊叹他把握贪婪和恐惧的度是如此准确，这都源于他和市场始终保持距离，超然物外，从而始终拥有一颗安静心、平常心，能够冷静、客观地看待这个市场，最终战胜贪婪和恐惧"浪人"。

看大势，挣大钱；看小势，挣小钱；不看势，不挣钱。稀里糊涂挣来的钱一定会是稀里糊涂地还回去。为什么？股市就是一个没有硝烟的战场，只要是战场，就有对手，投资者的对手就是主力庄家，他们已经幻化成投资者心中的贪婪和恐惧"浪人"。

投资者和主力庄家处于信息极为不对称的两极，在资讯、资金等方面都不是主力庄家的对手，想要和茶艺师一样去正面战胜浪人，都是不可能的。但是浪人和主力庄家一样，不管他们的水平多高，实力多雄厚，都有死穴。主力庄家的死穴在哪里？主力庄家最怕什么？因为庄家深知投资者的贪婪和恐惧，并且他们已经幻化成投资者心中的贪婪和恐惧"浪人"。主力庄家每日绞尽脑汁、挖空心思将盘面做得起伏不定、上下震荡、涨涨跌跌，贪婪和恐惧"浪人"会让那些"心随股价波动而动"的投资者每日为主力庄家的表演忐忑不安，而那些"心不动任凭股价波动"的投资者，不看主力庄家每日的表演，而是用一颗静心、平常心悠闲地享受生活，这才是主力庄家的死穴，因为，主力庄家最怕投资者不看他的表演！这样的投资者必将战胜主力庄家，或者说顺势而为，让主力庄家为自己打工。必然的，贪婪和恐惧"浪人"也会甘拜下风，拜倒在静心、平常心脚下。

投资者拥有了静心、平常心，就会让财富在悠闲之中不断升值，从而不会让野心、雄心、愿望、梦想落空，而是让愿望和梦想变成现实。

世界在发展，股市在发展，我们的整个体系也在不断升华和发展，任何事情都不能完全绝对。因此，无论是《赢在股市1》还是这本《赢在股市2》都会有不完善的地方，敬请广大投资者见谅和斧正。

顺手黑马（彭乃顺）

2010年11月28日

目 录
Contents

第一章　回顾历史

我们从总结《赢在股市1》以来的行情入手，沿着"年报吃饭行情"的脉络，去找寻我们要的结果。

选股就好比选爱人，好股票多的是，我们不能将所有的好股票都选进来。我们条件越苛刻，范围越小，也就越能选出最好的股票，将风险尽可能地降低。因此，我们要始终牢牢抓住——"业绩高速增长"这条主线！

涨幅榜前50名的个股，最小上涨幅度都高达15倍，上涨前10名的股票涨幅更是高达三四十倍，即便是2006年年报选择出来的股票池个股，后面的上涨幅度也异常惊人。所以，我们不是马后炮，这种选股体系意义非常重大。

　　在股指从2008年11月初上攻10周线到2009年8月4日见顶的这轮上证翻倍、深指上涨近1.5倍的行情中，煤炭板块重复了2005年到2007年有色金属板块的走势，成为主流龙头板块之一。我们完全可以从头到尾享受到它们的整个上涨过程。

　　这些业绩高速增长、在股市中暴涨的个股，就是股市中的一串串明珠。而要找到皇冠上最耀眼的明珠——明珠中的明珠，就需要我们对这一串串明珠加以梳理。了解最"牛"的历史，是为了我们能够继续抓住未来5年最"牛"的未来。

第二章 基本概念

　　成交量就是股价和指数这架飞机的燃油，股价和指数飞机飞行的高度、距离，以及加速都需要燃油的支持；MACD就是飞机的导航系统。

　　可以预见，就目前中国的市场来说，在20年到30年之内，只要出现几轮大的牛熊市，甚至只要出现每年的吃饭行情，10周线都是很好的"风险控制"、"安全边际"线。

K线的运行分解成8到10个交易日为一个组合周期，股价和指数就是一个组合周期一个组合周期地向前运行，结合MACD较为直观的死叉和金叉以及腾空而起和腾空而下的特征，我们就可以很好地掌握股市的周期性。

第三章　基本形态

任何形态都不是孤立的，尤其是趋势在拐点附近的时候，一定会出现多个条件共振，我们向来注重多条件共振，一旦出现好几个条件共振的时候，我们就要提前注意机会和风险。此时此刻的机会和风险都是比较确定的，无论是机会或者风险，来了，就不是一天两天的事情，都是一个能够延续一段时间的趋势。

在长时间的研究中，我们发现，进场买入的时候，有4种K线组合形态具有典型的意义，它们其中的一些形态如果和10周线以及MACD组合周期共振出现，我们就能准确地发现主流热点龙头将进入主升浪；如果其中的一些形态在底部区域出现，并且和MACD组合周期形成共振，我们就能准确发现市场底部区域。

第2节　第一体系

如果我们要想完整地操作业绩大幅增长的主流热点龙头和独立个股，就必须把握好卖点。在长期的实战中，我们发现用好MACD这一普通的技术指标，再结合均线进行双控卖出，便会完整地把握好整个波段行情的收益。

第3节　第二体系

【一阴穿五（多）线】——【三线死叉】——【正锤子星】——【阳阴并线】

第四章　实战进行时

几轮大牛大熊下来，是极为难得的财富，检验了我们，更考验了我们，让我们更加坚定了价值投资的理念，让我们更明白安全边际的重要性，让我们更坚信预增这个切入口是恰到好处的，让我们更坚信抓预增板块龙头是用最少的时间取得最大效应的最佳途径。

第五章　赢在未来

现在，我们又处于一个新的新能源扩散到新兴产业的大泡沫之中，5到10年一个大周期，错过了2007年以前的这轮大泡沫没有关系，抓住这次的大泡沫带来的机会，然后顺利出逃，就OK了。然后耐心发现下一次大泡沫的大周期。

从现在开始，新一轮的新能源泡沫大行情已经开始孕育，新能源的各个分支板块，将会在未来5到10年重演成长、壮大、辉煌、疯狂、破灭的过程。在未来新一轮的大牛市行情中，新能源各分支板块龙头的涨幅将会和巴菲特那穿越时空稳见未来的眼光以及投资哲学一样再次让我们叹为观止。谁布局了新能源，谁就把握住了未来5到10年这个新能源周期。

7大战略新兴产业相关个股：太阳能17只、风能14只、核能16只、生物能4只、清洁燃煤4只、智能电网16只、智能建筑7只、节能照明13只、新能源汽车23只、信息网络8只、森林碳汇7只、生物医药9只、生物育种3只、空间海洋开发6只；十二五规划受益个股：49只

第 一 章

回顾历史

　　《赢在股市2》到底应该从什么地方开始？是继续按照《赢在股市1》的方式逐步展开，还是换其他方式？如果换其他方式，换什么方式为好？

　　《赢在股市1》最后一章"实战进行时"中股票池选择的个股，在当时是选择的未来，现在成为了历史，如果我们要想对"未来"有更好更精准的把握，那么我们就要去深入剖析那段过去的"未来"。所以，为了让读者能得到"赢在股市"的真谛，我们这次有必要对《赢在股市1》股票池进行全面验证总结。虽然《赢在股市1》中的股票池仅仅只有2005年年报、2006年年报股票池为证，而且《赢在股市2》由于各种原因迟迟没有推出，但是，2007、2008、2009年我们都没有中断过对股票池的遴选。2008年以来，我们在历次小范围高端讲课中，不断打磨，不断验证，不断总结，不断升华，越发觉得股票池的巨大能量，这次我们将它们放在一起深入剖析，就会更加连贯，更加准确。更能直抵**"赢在股市"**的真谛：**"大道至简"——追逐成长性价值投资理念，顺势而为。**

　　未来是历史的重演，没有总结，就没有进步；没有总结，就没有升华，股市尤其如此。股市行情，最终都是由资金推动的。中国股市即便再不好的年份，即便再熊的熊市，也一定会有一次上10周线的"年报吃饭行情"，因为每年年报公布完毕的时间是4月30日，所以"年报吃饭行情"一般都会延续到4月份，如果遇到宏观面货币政策宽松，资金充足的时候，行情延续的时间就会长久一些，甚至演变成一轮奢侈大餐行情；如果遇到宏观面货币政策收窄，资金吃紧的时候，行情延续的时间就会短暂一些，那么仅仅就是一次"年报吃饭行情"。现在，我们就从总结《赢在股市1》以来的行情入手，沿着"年报吃饭行情"的脉络，去找寻我们要的结果。

　　我们并不是采取时间顺序，而是采取升华的方式，便于我们展开讲解，升华主题。

第1节

最近的历史
——2009年年报行情

首先请大家和我们一起看看最近的历史：2008年金融危机爆发以后，2008年底国家4万亿投资刺激起来的一轮行情。这轮行情虽然在2009年8月4日阶段性终结，但是经过2009年8、9两个月调整完毕之后，深成指（399001）再度震荡上行，并于2009年12月份创出新高。尽管随后指数开始震荡回落，但是2010年初的"年报吃饭行情"依然精彩，2010年4月16日股指期货推出才终结了2010年初的"年报吃饭行情"。所以，我们第一组数据就是取自从2008年10月28日大盘见底到股指期货推出前一个交易日即2010年4月15日这段时间涨幅最大的前20名的股票（因为个股见底见顶的时间前后有出入，所以我们同时选取个股的"震荡幅度"数据，来代替它们的"上涨幅度"加以分析、说明，后面均以"震荡幅度"为例分析研究，不再做强调）。

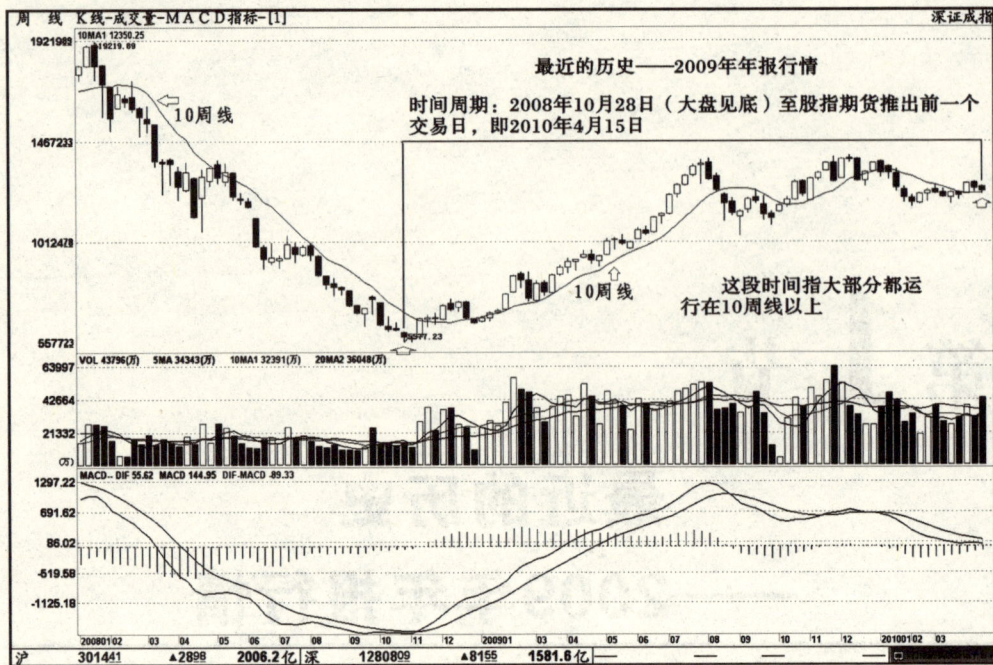

图 001

表 001

区间分析报表——深沪A股涨跌幅度

统计区间：2008.10.28~2010.4.15

序号	代码	名称	涨跌幅度（%）	振荡幅度（%）
1	000631	顺发恒业	1830.526	2113.684
2	600703	三安光电	1176.829	1352.287
3	600252	中恒集团	1082.643	1200.306
4	600990	四创电子	1105.175	1195.586
5	002168	深圳惠程	948.485	1089.697
6	600552	方兴科技	980.053	1055.851
7	000570	苏常柴A	728.947	1000.810
8	000671	阳光城	736.614	943.138
9	600139	西部资源	841.694	933.648
10	600562	*ST高陶	831.161	911.048
11	000519	银河动力（现名江南红箭）	689.431	905.691

续表

排名	代码	名称	涨跌幅度（%）	振荡幅度（%）
12	002089	新海宜	814.637	903.659
13	000661	长春高新	829.063	888.910
14	002226	江南化工	764.751	888.052
15	002005	德豪润达	838.596	881.579
16	002096	南岭民爆	816.463	875.406
17	000703	*ST光华	793.004	855.556
18	600537	海通集团	808.908	845.690
19	000961	中南建设	509.491	836.271
20	600209	*ST罗顿	602.051	824.103

上表中，000631顺发恒业长期停盘复盘，属于资产重组范畴；600552方兴科技、000671阳光城、600562*ST高陶、600139西部资源、000519银河动力（现名江南红箭）、002005德豪润达、000703*ST光华、600537海通集团、000961中南建设是资产置换、更名、出售资产等等，更是属于资产重组范畴，共计10只，占去一半。重组从来都是悄悄干活，没有几个人能提前知道它们要重组，所以，这不是我们关注的方向和对象。剔除这10只个股，还剩下10只个股：

表 002

序号	代码	名称	预增次数
1	600703	三安光电	4个季度均发布业绩预增公告
2	600252	中恒集团	4个季度均发布业绩预增公告
3	600990	四创电子	战略新兴产业：新能源
4	002168	深圳惠程	战略新兴产业：新能源；年报一次发布业绩预增
5	000570	苏常柴A	4个季度均发布业绩预增公告
6	002089	新海宜	4个季度均发布业绩预增公告
7	000661	长春高新	战略新兴产业：医药；半年报、年报两次发布业绩预增
8	002226	江南化工	4个季度均发布业绩预增公告
9	002096	南岭民爆	4个季度均发布业绩预增公告
10	600209	*ST罗顿	无

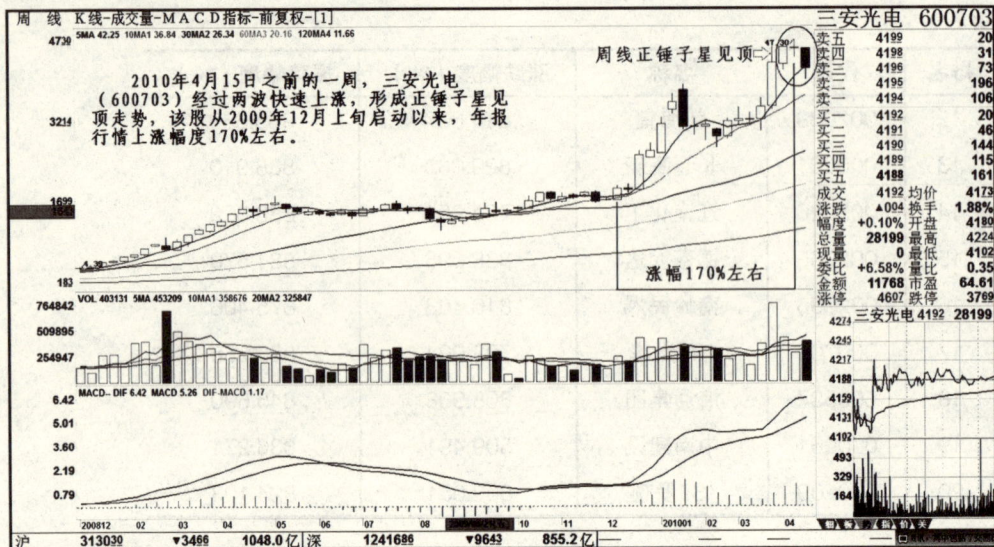

图 002

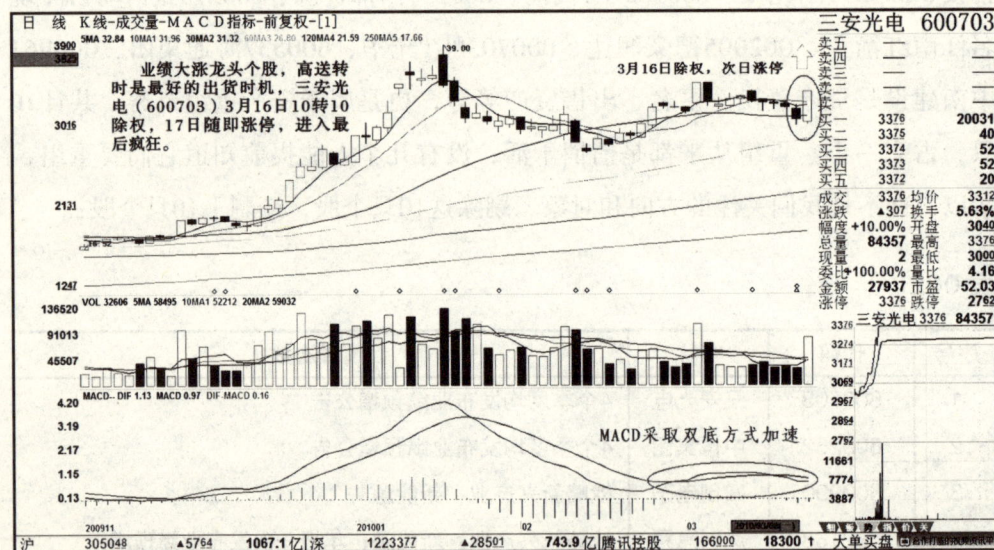

图 003

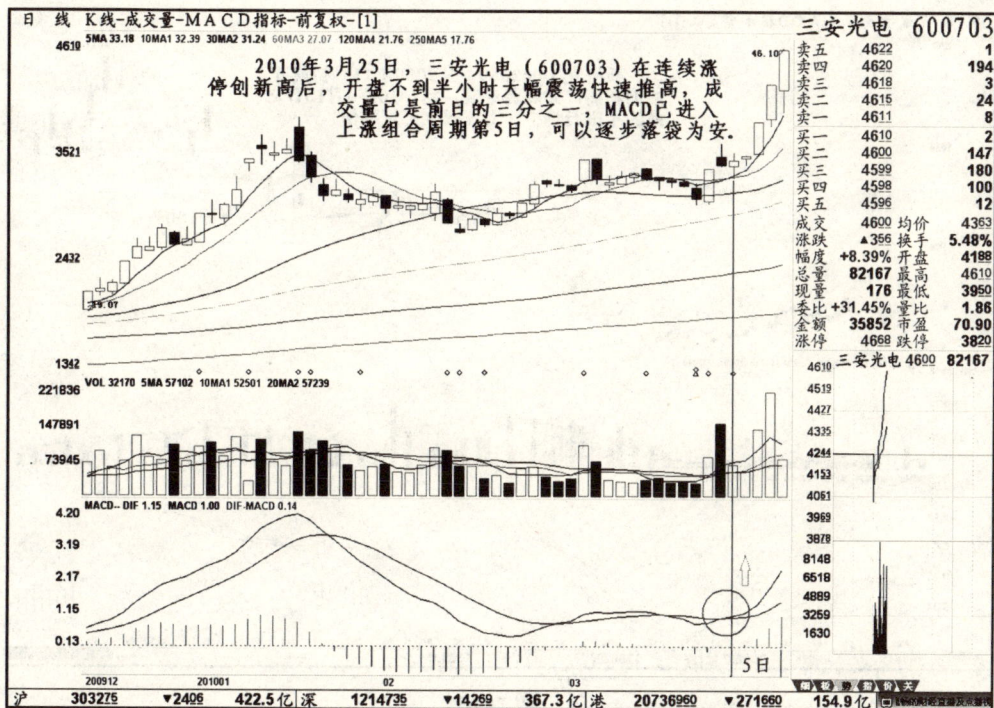

2010年3月25日，三安光电（600703）在连续涨停创新高后，开盘不到半小时大幅震荡快速推高，成交量已是前日的三分之一，MACD已进入上涨组合周期第5日，可以逐步落袋为安.

图 004

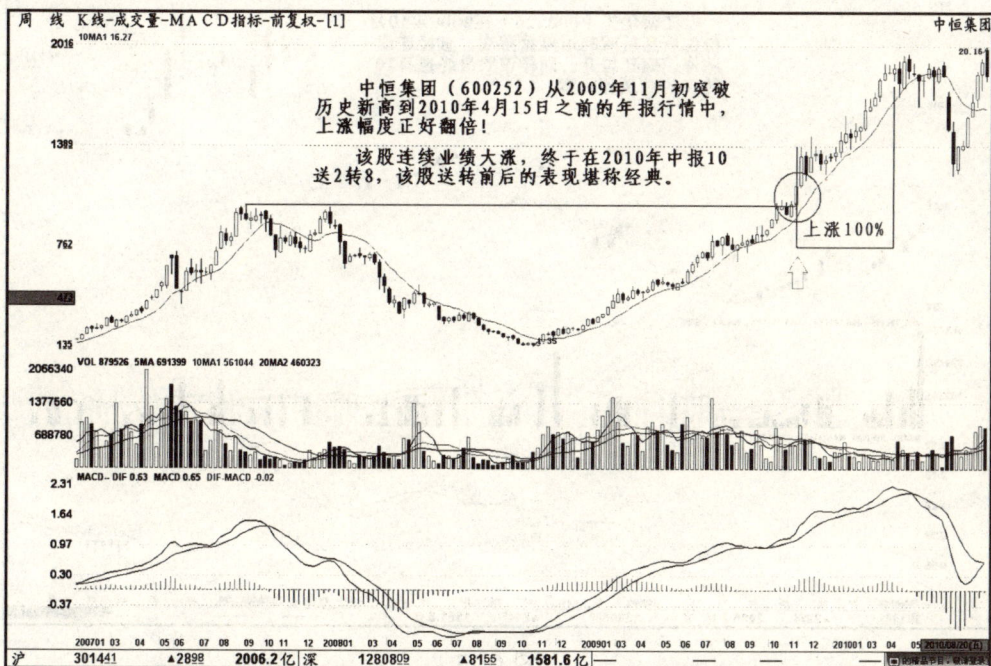

中恒集团（600252）从2009年11月初突破历史新高到2010年4月15日之前的年报行情中，上涨幅度正好翻倍！

该股连续业绩大涨，终于在2010年中报10送2转8，该股送转前后的表现堪称经典.

上涨100%

图 005

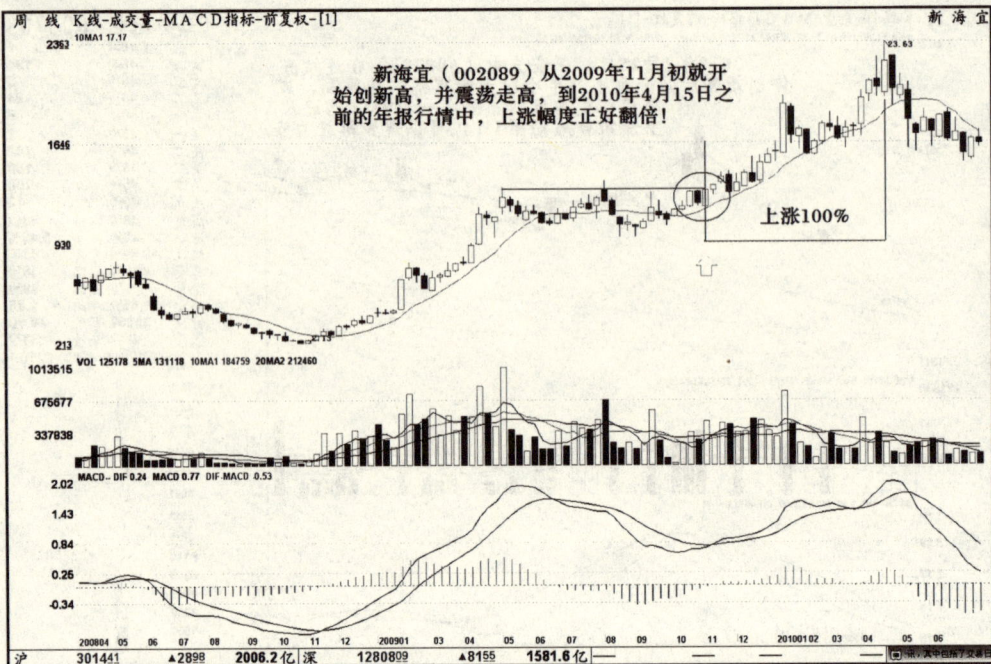

周　线　K线-成交量-MACD指标-前复权-[1]　　　　　　　　　　　　　新海宜

新海宜（002089）从2009年11月初就开始创新高，并震荡走高，到2010年4月15日之前的年报行情中，上涨幅度正好翻倍！

上涨100%

图 006

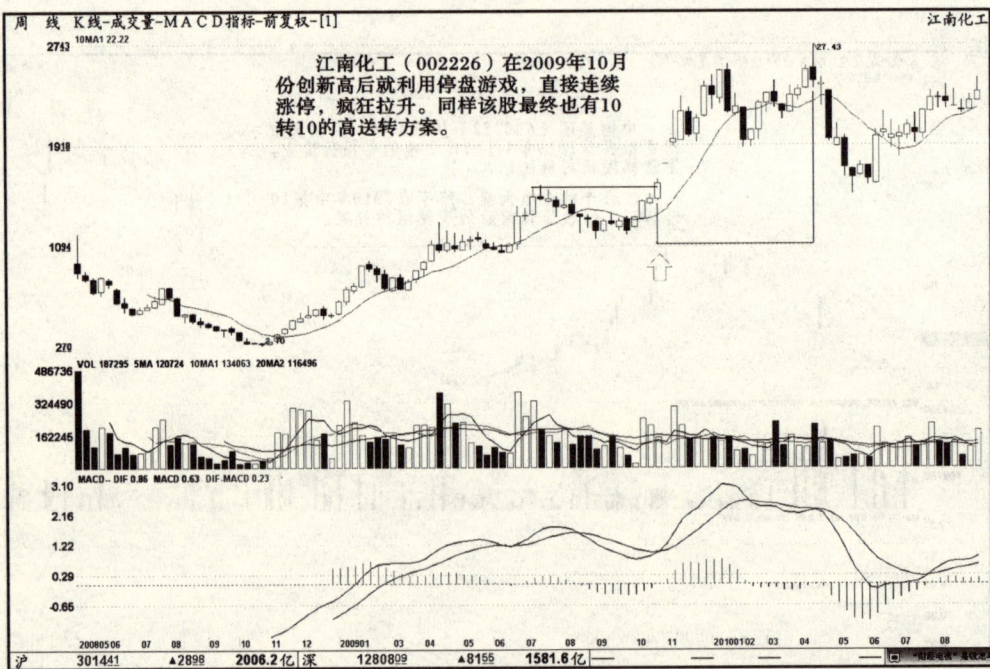

周　线　K线-成交量-MACD指标-前复权-[1]　　　　　　　　　　　　　江南化工

江南化工（002226）在2009年10月份创新高后就利用停盘游戏，直接连续涨停，疯狂拉升。同样该股最终也有10转10的高送转方案。

图 007

很明显，10只个股中，有6只四个季度均发布业绩预增公告，还有两只也发布过一到两次业绩预增公告，并且这两只和另外一只个股同属于"战略新兴产业"（这里我们对"战略新兴产业"不展开讲解，后面将有专门章节详细分析"战略新兴产业"）。可以看出，领涨市场的个股，发布业绩预增公告是它们的共性。在最强势的深证成指（下文简称深指）本轮从5577.23点到14096.87点高度1.5倍左右的行情中，涨幅榜前20名的个股的上涨幅度高达8~10倍。

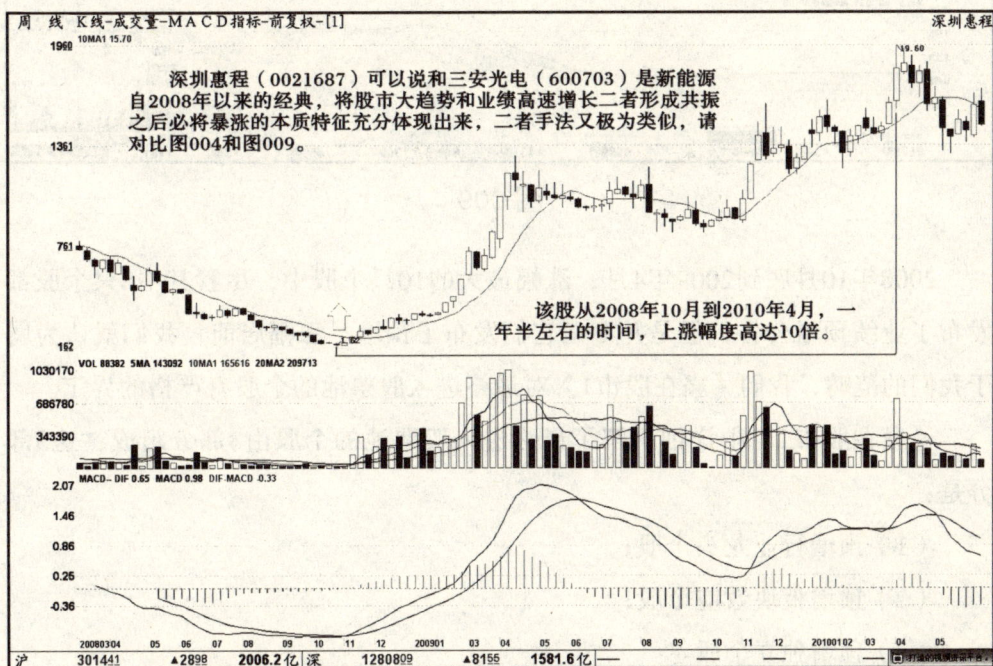

图 008

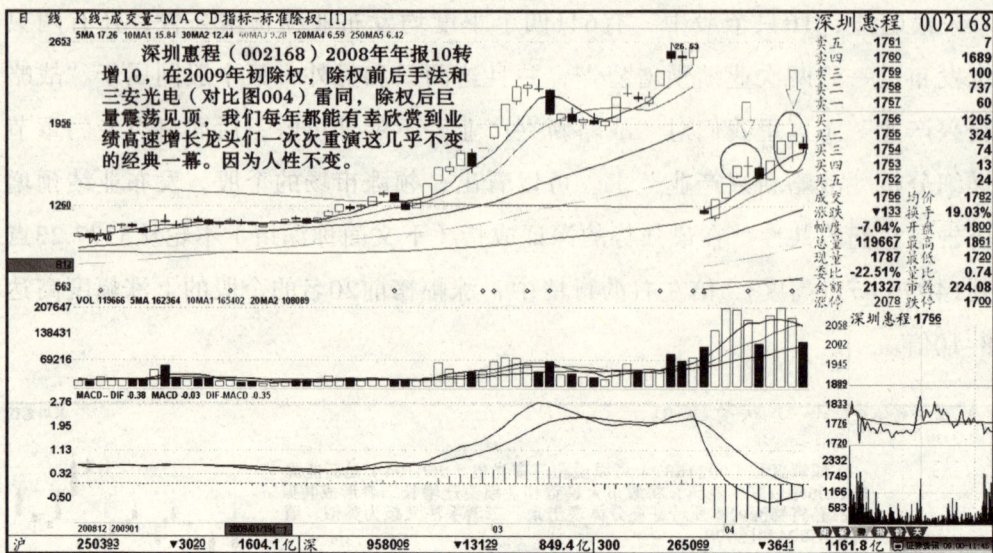

图 009

2008年10月底到2009年4月，涨幅最大的10只个股中，尽管其中8只个股都发布了业绩预增公告，但是并不是它们发布了预增、涨幅居前，我们就认为属于我们的范畴，我们《赢在股市1》对最终进入股票池的个股有严格的界定。

《赢在股市1》中详细讲解了最终进入股票池的个股由3部分组成，这3部分是：

（1）预增行业龙头个股；

（2）预增板块效应个股；

（3）预增独立个股。

《赢在股市》"预增独立个股"三原则

●当年度1、2、3连续3个季度，每季度主营业务收入同比增长幅度均应超过20%（含20%）；

●当年度1、2、3连续3个季度，每季度净利润同比增长幅度均应超过50%（含50%）；

●3季度每股收益不低于0.10元（含0.10元）。

按照"预增独立个股"三原则，每年10月份年报预增完毕，《赢在股市》就会最终选出"预增独立个股"。《赢在股市》2009年年报"独立预增个股"我们最终选定了如下11只个股：

表 003

2009年年报独立预增个股

个股数量：11只

股票代码	股票名称	2009年1季报	2009年半年报	2009年3季报	所属板块
000988	华工科技	0.04	0.11	0.16	电子
002089	新海宜	0.096	0.143	0.244	信息技术
002096	南岭民爆	0.08	0.31	0.55	化工
002226	江南化工	0.23	0.5	0.82	化工
600252	中恒集团	0.016	0.185	0.236	医药及房地产
600449	赛马实业	0.11	0.91	1.73	水泥
600703	三安光电	0.077	0.21	0.35	电子
600720	祁连山	0.119	0.404	0.738	水泥
600809	山西汾酒	0.36	0.541	0.858	食品制造
600983	合肥三洋	0.161	0.303	0.44	日用电器
000570	苏常柴	0.09	0.50	0.367	普通机械

表002中涨幅居前的6只"4个季度均发布业绩预增公告"的个股正好也在表003"2009年年报'独立预增个股'"中，在表002涨幅榜中占据60%，在表003中占据55%，极为醒目。也就是说：

（1）半数以上"独立预增个股"位于涨幅榜前10名内；

（2）涨幅榜前10名的股票半数以上是"独立预增个股"。

一方面，"独立预增个股"的涨幅如此巨大，另一方面，"独立预增个股"进入涨幅榜的数量如此之多，有如此惊人表现，就是因为它们——业绩高速增长！

其实，涨幅榜前列的个股，有很多也是业绩高速增长，4个季度有两三个季度发布预增，但是因为它们不满足我们"预增独立个股"的3个选股原则，最终没能入选股票池，比如说仅仅年报发布预增的002168深圳惠程、只有半年报和年报发布预增的000661长春高新。但是，选股就好比选爱人，好股票多的是，我们不能将所有的好股票都选进来，我们条件越苛刻，范围就会越小，也就越能选出最好的股票，将风险尽可能地降低。因此，我们始终牢牢抓住——"业绩高速增长"这条主线！

讲到这里，估计有的朋友坐不住了，尤其是没看过《赢在股市1》的朋友，会说——"尽管它们涨幅巨大，但是根据《赢在股市》'独立预增个股'的三个原则，10月底才能最终确定股票池个股。等到10月底年报预增完毕，最后缩小范围，最终锁定它们的时候，它们已经涨到天上去了。我们这样选股等于是马后炮，还有什么意义？"

这个质疑非常好，其中的几只个股，在上半年已经出现了非常火爆的第一波拉升，10月底年报预增完毕，最终选择了它们之后，出现了年报行情的第二波拉升，但是第二次拉升的空间远不如第一波拉升的空间大。我们这样选股到底有没有意义？

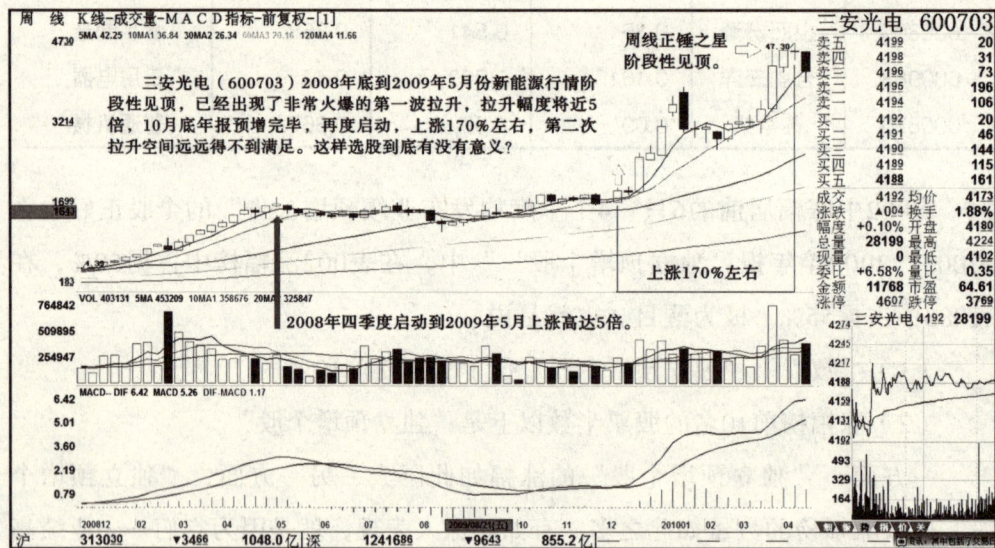

图 010

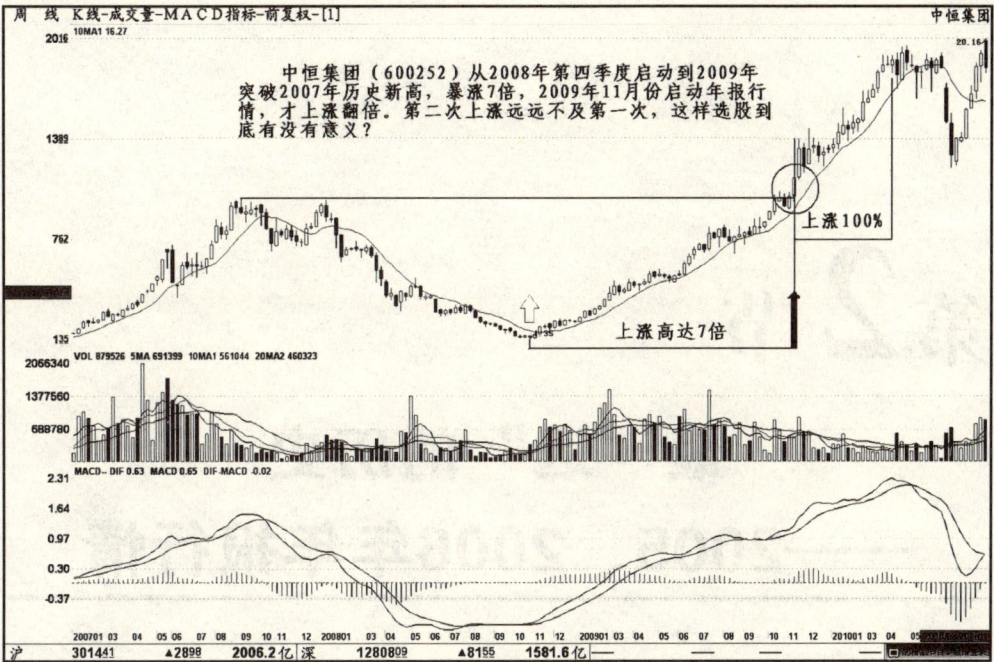

周 线 K线-成交量-MACD指标-前复权-[1]　　　　　　　　　　　　中恒集团

中恒集团（600252）从2008年第四季度启动到2009年
突破2007年历史新高，暴涨7倍，2009年11月份启动年报行
情，才上涨翻倍。第二次上涨远远不及第一次，这样选股到
底有没有意义？

上涨100%

上涨高达7倍

图 011

没问题，2007年以前《赢在股市1》的一组数据在等着回答朋友们的这个
疑问。

第2节

最"远"的历史
——2005、2006年年报行情

表 004

《赢在股市1》（P212）资料2

2005年第三季度发布年报业绩预增个股板块综合股票池汇总

证券代码	证券名称	板块类别
600675	中华企业	房地产
600748	上实发展	房地产
000002	深万科A	房地产
600362	江西铜业	有色金属
600497	驰宏锌锗	有色金属
000878	云南铜业	有色金属
000060	中金岭南	有色金属
000630	铜都铜业 （现名铜陵有色）	有色金属
600489	中金黄金	有色金属

续表

证券代码	证券名称	板块类别
600320	振华港机	机械行业
000410	沈阳机床	机械行业
000822	山东海化	化工行业
000155	川化股份	化工行业
600299	星新材料（现名*ST新材）	化工行业
600331	宏达股份	化工行业
600188	兖州煤业	煤炭石油
600123	兰花科创	煤炭石油
000983	西山煤电	煤炭石油
600348	国阳新能	煤炭石油
000933	神火股份	煤炭石油
600997	开滦股份	煤炭石油
600011	华能国际	电力行业
600131	岷江水电	电力行业
600995	文山电力	电力行业
600827	友谊股份	商业连锁
002024	苏宁电器	商业连锁
000830	鲁西化工	农药化肥
000792	盐湖钾肥	农药化肥
600596	新安股份	农药化肥
000626	如意集团	综合行业
600858	银座股份	综合行业

续表

证券代码	证券名称	板块类别
000625	长安汽车	汽车制造
600849 （现为601607）	上海医药	生物医药
600650	锦江投资	酒店旅游

表 005

《赢在股市1》（P286）资料6

2006年发布业绩预增个股板块综合股票池汇总

证券代码	证券名称	板块类别
000002	万科A	房地产
600641	万业企业	房地产
600533	栖霞建设	房地产
000625	长安汽车	汽车
000589	黔轮胎A	汽配
000903	云内动力	汽配
002048	宁波华翔	汽配
000878	云南铜业	有色金属
600362	江西铜业	有色金属
600255	鑫科材料	有色金属
600489	中金黄金	有色金属
600547	山东黄金	有色金属
000807	云铝股份	有色金属
600205	山东铝业	有色金属
600472	包头铝业 （已被中国铝业重组）	有色金属
600961	株冶火炬	有色金属

续表

证券代码	证券名称	板块类别
000751	锌业股份	有色金属
000528	柳工	机械
000157	中联重科	机械
000680	山推股份	机械
600150	沪东重机（现中国船舶）	机械
600685	广船国际	机械
000028	一致药业	医药
600849（现为601607）	上海医药	医药
600585	海螺水泥	建材
600801	华新水泥	建材
600321	国栋建设	建材
000898	鞍钢股份	钢铁
600089	特变电工	仪电仪表
600550	天威保变	仪电仪表
600560	金自天正	仪电仪表
002024	苏宁电器	商业连锁
600029	S南航	运输物流
601111	中国国航	运输物流
002061	江山化工	化工
600183	生益科技	电子信息

续表

证券代码	证券名称	板块类别
000829	赣南果业 （现为天音控股）	通信
600809	山西汾酒	酿酒食品
000911	南宁糖业	酿酒食品
000568	泸州老窖	酿酒食品
000036	华联控股	纺织服装
000690	宝新能源	电力

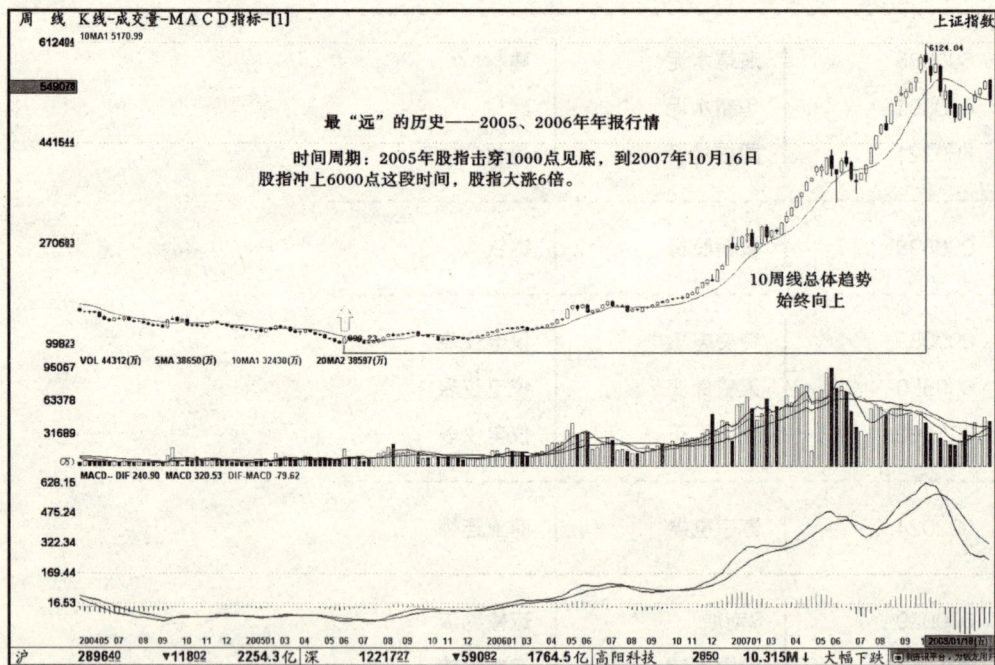

图 012

表 006

统计区间：2005年12月12日（股指正式第一次上穿10周线、2005年年报大规模预增完毕）~2007年10月16日（本轮大牛见顶）

涨幅排名	代码	名称	板块类别	涨跌幅度（%）
1	600497	驰宏锌锗	有色金属	4743.731
2	600739	辽宁成大	参股券商	4715.738
3	600109	国金证券	金融券商	4337.184
4	000686	东北证券	金融券商	4113.151
5	000718	苏宁环球	房地产	3988.000
6	000878	云南铜业	有色金属	3830.017
7	000612	焦作万方	有色金属	3574.530
8	600150	中国船舶	机械设备制造	3481.129
9	600685	广船国际	机械设备制造	3374.306
10	000807	云铝股份	有色金属	3189.916
11	000887	中鼎股份	机械设备制造	3178.452
12	600804	鹏博士	计算机应用服务业	3152.227
13	000623	吉林敖东	参股券商	3028.437
14	600472	包头铝业	有色金属	2759.607
15	600489	中金黄金	有色金属	2641.977
16	000046	泛海建设	房地产	2595.052
17	600072	中船股份	机械设备制造	2403.235
18	000952	广济药业	生物医药	2361.685
19	600595	中孚实业	有色金属	2320.896
20	600030	中信证券	金融券商	2281.607
21	000960	锡业股份	有色金属	2193.037
22	600629	棱光实业	建材玻璃	2184.487
23	600547	山东黄金	有色金属	2151.705
24	600825	新华传媒	娱乐传媒	2151.575
25	000728	国元证券	金融券商	2110.698
26	000527	美的电器	家电行业	2077.760
27	600881	亚泰集团	参股券商	2059.335

续表

涨幅排名	代码	名称	板块类别	涨跌幅度（%）
28	600031	三一重工	机械设备制造	2008.405
29	600362	江西铜业	有色金属	1973.655
30	600859	王府井	商业连锁	1969.048
31	000157	中联重科	机械设备制造	1864.488
32	000568	泸州老窖	酿酒食品	1840.701
33	600111	包钢稀土	有色金属	1840.310
34	000831	关铝股份（现为*ST关铝）	有色金属	1829.220
35	000060	中金岭南	有色金属	1823.560
36	600432	吉恩镍业	有色金属	1821.325
37	600137	浪莎股份	针织品业	1803.846
38	600517	置信电气	仪电仪表	1797.546
39	600961	株冶集团	有色金属	1787.793
40	600249	两面针	参股券商	1761.779
41	600107	美尔雅	服装制造业	1728.063
42	600844	丹化科技	化工行业	1723.171
43	000562	宏源证券	金融券商	1722.084
44	000609	绵世股份	房地产	1677.378
45	600528	中铁二局	土木工程建筑业	1661.745
46	000983	西山煤电	煤炭石油	1623.502
47	000829	天音控股	批发零售	1601.356
48	000783	长江证券	金融券商	1584.148
49	600837	海通证券	金融券商	1557.166
50	000880	山东巨力（现名为潍柴重机，作者注）	机械设备制造	1545.260

　　从上述表中可以看出，涨幅榜前50只个股中：

　　（1）2005年年底《赢在股市》选择的32只个股中，有9只进入前50名；其中有色金属6只个股，5只进入前30名；

　　（2）2006年年底《赢在股市》选择的39只个股中，有13只进入前50名；

其中有色金属9只个股，5只进入前50名。

　　2009年年报选择出来的股票池个股，在2009年10月底年报预增公布完毕11月份选择出来之后，它们已经涨到天上去了，11月份后开始的年报行情，在大盘基本处于横盘震荡阶段的情况下，有11只"独立预增个股"的平均上涨幅度为88%，4只个股翻倍，最大上涨幅度的个股为三安光电（600703），上涨186%，如果说这一仅仅是吃饭行情的年报行情上涨空间并不能满足朋友们的胃口，那么，2005年11月份选择出年报股票池个股时，它们还趴在历史的底部区域，2005年底恰恰是它们上涨的起步阶段，我们完全可以从头到尾享受到它们的整个上涨过程。

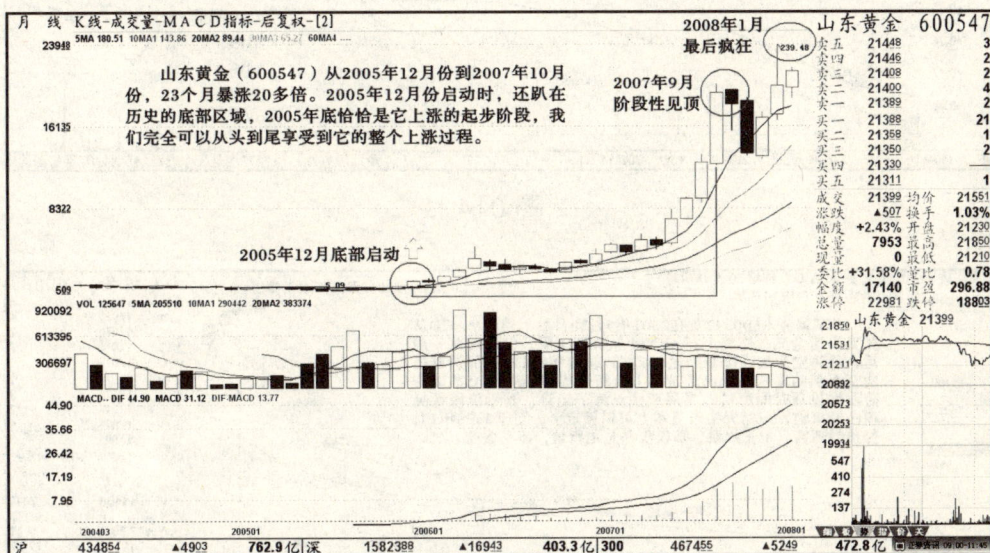

图 013

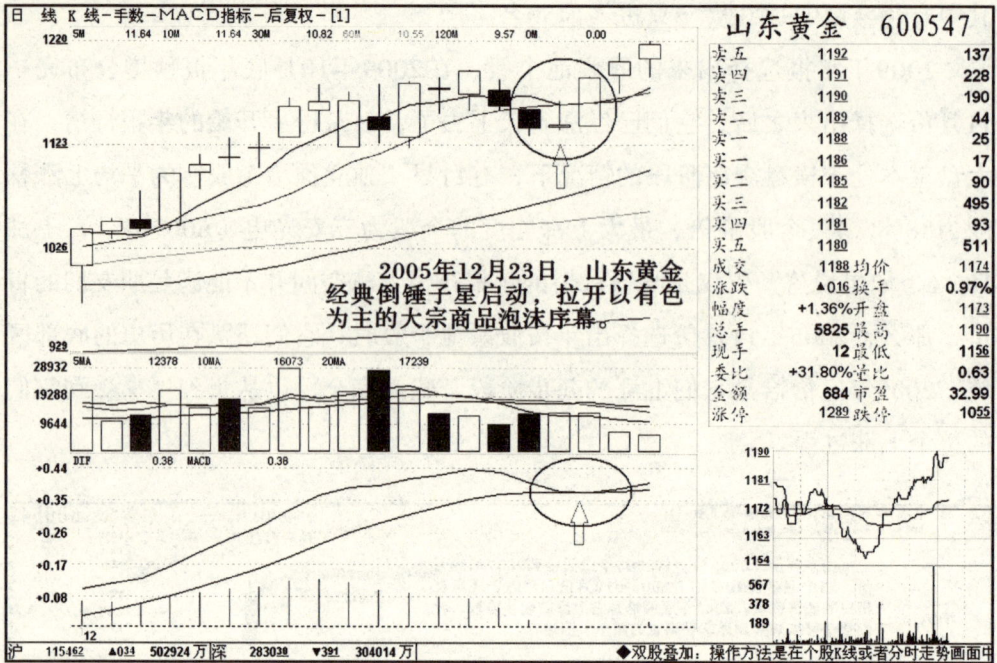

图 014

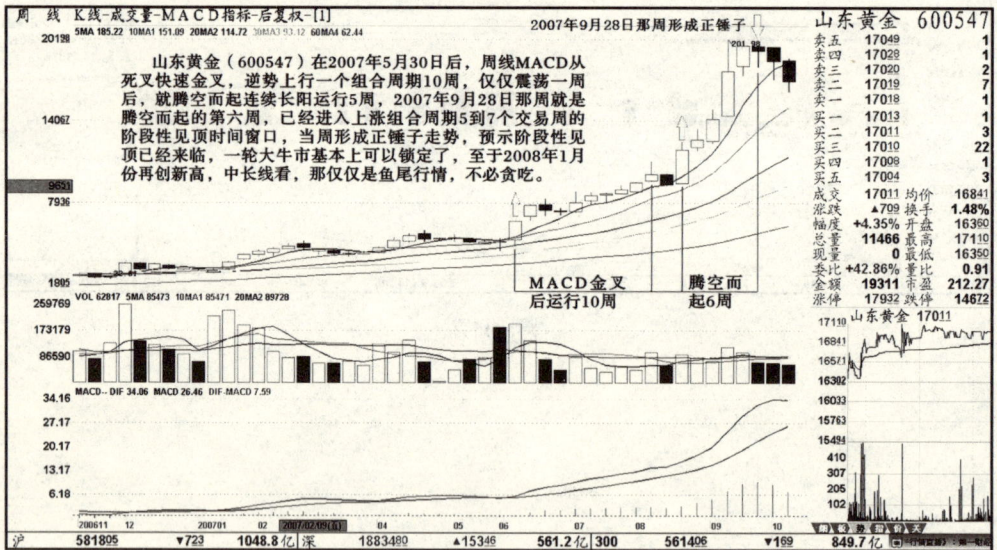

图 015

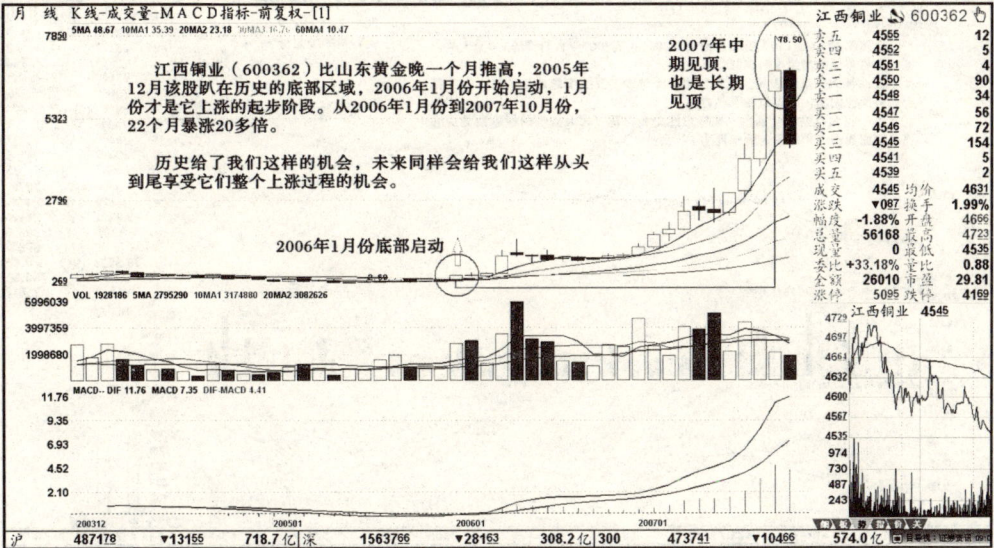

图 016

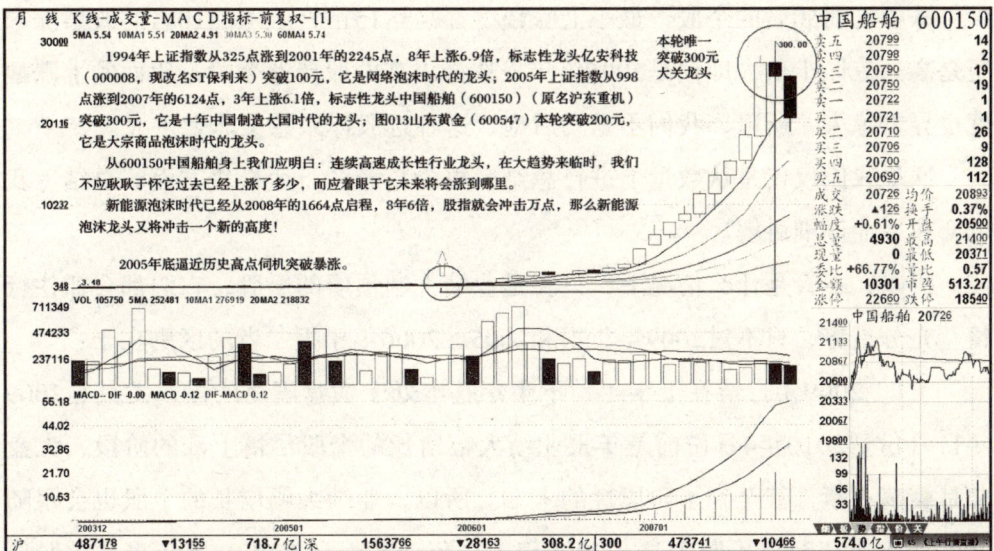

图 017

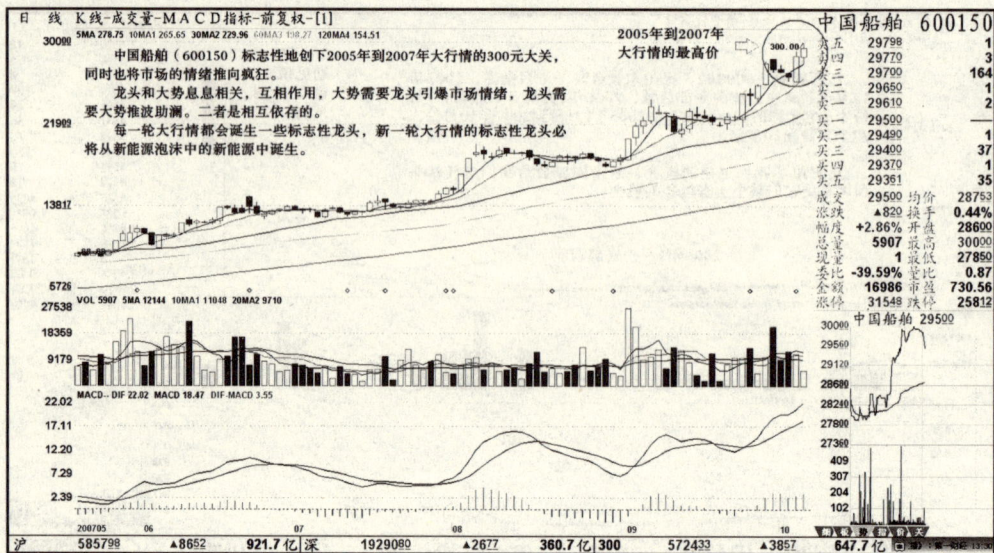

图 018

涨幅榜前50名的个股，最小上涨幅度都高达15倍，上涨前10名的股票涨幅更是高达三四十倍，即便是2006年年报选择出来的股票池个股，后面的上涨幅度也异常惊人。所以，我们不是马后炮，这种选股体系意义非常重大。

这里我们仅仅是从数量上进行总结，更为精彩的行业板块方面的总结，我们会在后面详细讲解。

所以，不管是什么情况下，只要是业绩大幅预增的个股，它们都会抓住行情，充分借势，只不过2009年年报和2005、2006年年报二者的区别在于：

（1）2009年行情在上半年，下半年基本处于横盘震荡阶段，尤其是2009年11月份到2010年4月份前是年报业绩大幅增长的个股尽情上涨的阶段，大盘却是震荡不断，甚至到了阶段性的末端。所以，业绩大幅增长的个股也会跟随2009年上半年行情不断走高。2009年上半年，我们还在2008年年报预增股票池中游泳，此时，2009年股票池个股还不完全明朗，我们也许会因此而错过2009年预增个股的第一波段，但毕竟还有2009年年底到2010年年初的第二波段可供我们畅游一番。再说2009年上半年，2008年高速增长的行业正在替我们打工，帮我们挣钱。2009年的年报行情中，它们第二波平均88%的上涨幅度已经足矣。

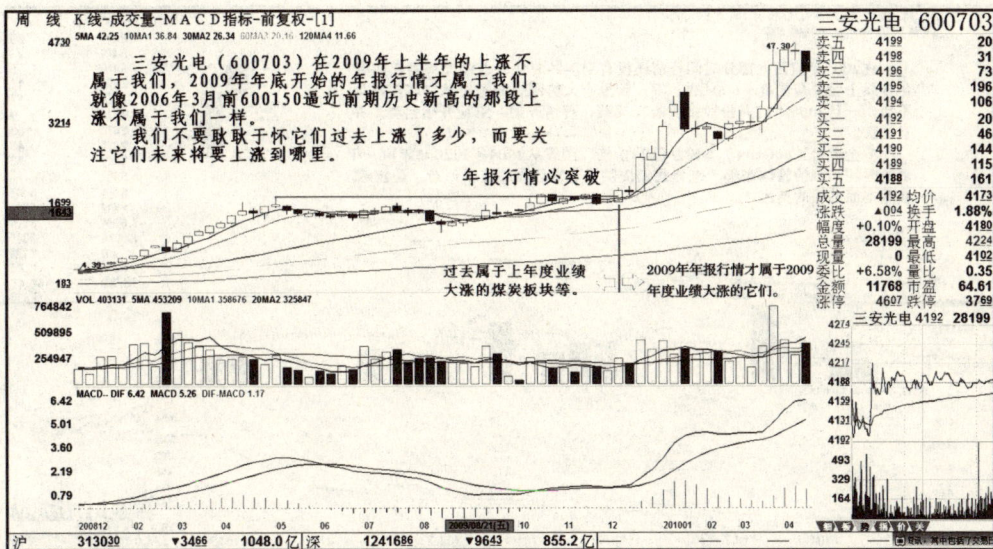

图 019

（2）2005年、2006年行情刚刚启动或者处于起始阶段不久，在2005年前面大部分时间行情还没有启动的时候，那些业绩大幅增长的个股因没有大势配合而暂时趴在底部按兵不动，一旦2005年12月份股指突破10周线，行情开始，它们就开始启动，并且暴涨。因此，我们有充足的时间可以全程参与这轮大牛市旷日持久的游泳马拉松大赛，享受整个大趋势的快感，让那些和国民经济高速增长形成共振的行业为我们打工，帮我们挣钱。

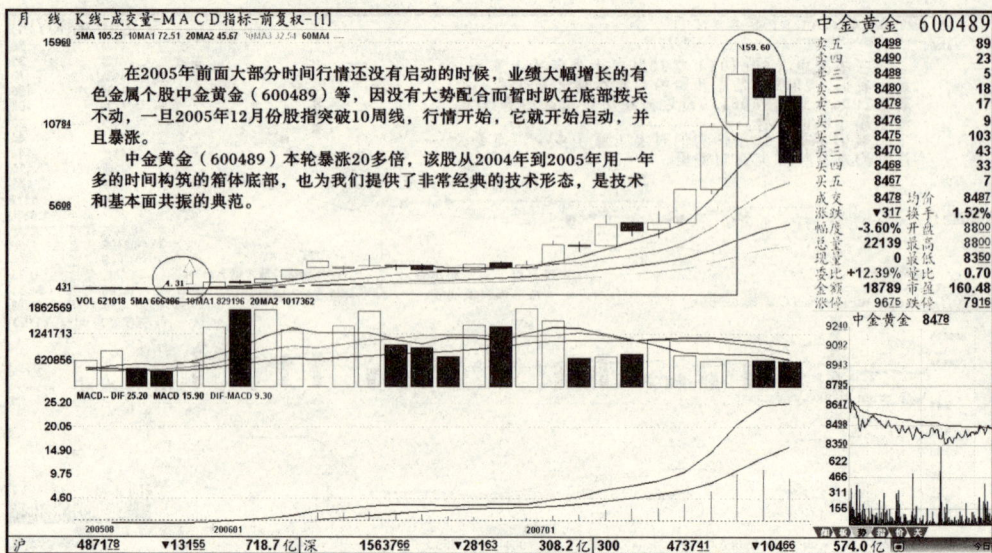

图 020

当然，从2005年开始，我们已经有了2005、2006、2007、2008、2009五个年度的股票池个股，其中2008年年报选择出来的股票池个股，又重复了2005年的历史，行情从头启动，它们也开始暴涨，贯穿2008年年底到2009年上半年的2008年年报行情，其中2008年业绩高速增长最为明显的煤炭板块再次验证了这一选股方式的威力。本组2009年年报数据很好地回答了朋友们的疑问。接下来，让我们来领略另外一组股票池数据的魅力。

第3节

最"重复"的历史
——2008年年报行情

表 007

区间分析报表——深沪A股涨幅排名

统计区间：2008年11月7日（上证指数正式第一次上穿10周线、2008年年报大规模预增完毕）~2009年8月4日（本轮大反弹见顶）

个股数量：31只

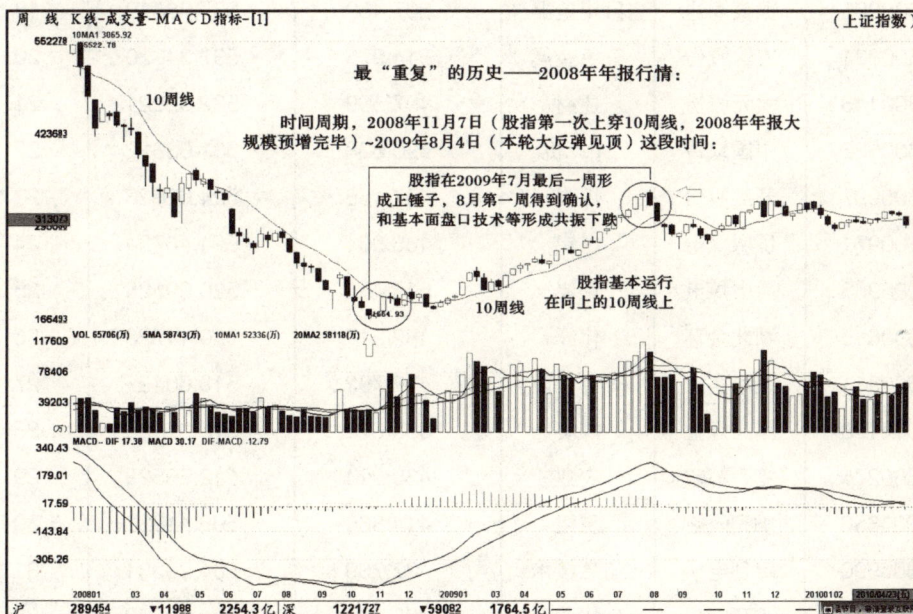

图 021

代码	名称	板块类别	涨跌幅度（%）	震荡幅度（%）	涨幅排名
000631	顺发恒业	重组	2845.263	2113.684	1
600562	*ST高陶	重组	608.475	774.859	2
000540	中天城投	房地产	579.805	714.488	3
600432	吉恩镍业	有色金属	677.406	704.324	4
000671	阳光城	房地产	545.507	696.647	5
002166	莱茵生物	生物医药	610.236	691.181	6
600783	鲁信高新	非金属	596.247	689.276	7
002237	恒邦股份	有色金属	609.034	682.181	8
600139	西部资源	有色金属	561.981	615.335	9
000760	*ST博盈	汽车配件	421.875	590.104	10
601699	潞安环能	煤炭	550.898	586.347	11
000961	中南建设	建筑业	471.975	582.803	12
002168	深圳惠程	电器机械	435.932	573.220	13
600187	国中水务	水电煤气	938.461	564.103	14
600489	中金黄金	有色金属	486.205	557.338	15
002192	路翔股份	化工	542.027	544.411	16
600576	万好万家	房地产	488.235	541.869	17
002249	大洋电机	电器机械	470.985	539.59918	18
002005	德豪润达	日用电器	507.489	537.88519	19
600331	宏达股份	有色金属	514.975	537.31020	20
600146	大元股份	建材	497.509	532.02921	21
600536	中国软件	计算机	420.638	531.03622	22
600997	开滦股份	煤炭	481.156	524.62523	23
600971	恒源煤电	煤炭	486.901	524.46724	24
000983	西山煤电	煤炭	515.485	520.69525	25
000615	湖北金环	化纤	482.917	520.41726	26
600311	荣华实业	有色金属	446.792	516.60427	27
002128	露天煤业	煤炭	505.682	513.01128	28
600275	ST昌鱼	农业	435.294	512.60529	29
000656	ST东源	重组	414.865	506.41930	30
600990	四创电子	信息技术	437.739	504.99331	31
600421	ST国药	生物医药	495.210	504.19232	32

续表

代码	名称	板块类别	涨跌幅度（%）	震荡幅度（%）	涨幅排名
600362	江西铜业	有色金属	459.812	503.99533	33
600703	三安光电	电子新能源	406.425	500.98834	34
000570	苏常柴A	普通机械	477.872	496.59635	35
000628	高新发展	房地产	460.500	493.50036	36
600300	维维股份	食品制造	435.045	492.93137	37
002149	西部材料	有色金属	423.893	492.88638	38
000655	金岭矿业	有色金属	440.274	488.74039	39
600376	首开股份	房地产	401.449	486.54240	40
600773	西藏城投	重组	394.944	482.02241	41
600348	国阳新能	煤炭	476.555	481.34042	42
000536	闽闽东	重组	422.360	481.05643	43
600890	ST中房	重组	355.921	477.63244	44
601666	平煤股份	煤炭	434.172	475.87745	45
600383	金地集团	房地产	380.130	473.65046	46
002207	准油股份	石油	369.428	472.97847	47
002218	拓日新能	电子新能源	418.753	470.98748	48
600568	中珠控股	重组	429.738	470.55449	49
002089	新海宜	信息技术	444.727	470.30350	50

表 008

2008年"独立预增个股"汇总

个股数量：7只

证券代码	证券名称	行业类别	涨跌幅度	震荡幅度	涨幅排名
600216	浙江医药	生物医药	163.01%	178.71%	875
000655	金岭矿业	有色金属	440.27%	488.74%	33
000012	南玻A	建材新能源	220.86%	257.78%	386
000568	泸州老窖	食品制造	87.57%	105.37%	1370
000948	南天信息	计算机	174.73%	218.24%	596
000768	西飞国际	航空航天	227.12%	243.46%	456
000860	顺鑫农业	农业	95.30%	102.91%	1379

众所周知，2008年金融危机爆发，2008年下半年中国同样也被严重波及，尤其是下半年很多企业业绩大幅下滑，所以，严格符合2008年年报的"独立预增个股"就只有7只。但是，有一个板块在2008年金融危机中，业绩一直独占鳌头，这个板块就是煤炭板块。

至2008年年底，煤炭板块共有如下29只个股：

表 009

2008年煤炭板块个股

个股数量：29只

证券代码	证券名称	证券代码	证券名称
000159	国际实业	000552	靖远煤电
000723	美锦能源	000780	ST平能 （现为平庄能源）
000835	四川圣达	000933	神火股份
000937	金牛能源 （现为冀中能源）	000968	煤气化
000983	西山煤电	002128	露天煤业
600121	郑州煤电	600123	兰花科创
600179	黑化股份 （现为*ST黑化）	600188	兖州煤业
600348	国阳新能	600381	ST贤成
600395	盘江股份	600408	安泰集团
600508	上海能源	600652	爱使股份
600740	山西焦化 （现为*ST山焦）	600971	恒源煤电
600997	开滦股份	601001	大同煤业
601088	中国神华	601666	平煤股份
601699	潞安环能	601898	中煤能源
601918	国投新集		

在这29只煤炭个股中，共有23只个股在2008年的4个季度中曾经分别发布过预增，这是极为罕见的，即便2007年业绩进入鼎盛时期的有色金属也难以望其项背。

表 010

2008年煤炭板块曾发布预增的个股

个股数量：23只

证券代码	证券名称	季度预增明细（用1、2、3、4代表）	涨跌幅度（%）	震荡幅度（%）	涨幅排名
000159	国际实业	2、3	153.13	156.63	956
000552	靖远煤电	4	388.75	430.56	64
000723	美锦能源	1、2、3	249.15	266.16	320
000780	ST平能	3、4	287.22	308.02	191
000835	四川圣达	2、3、4	200.70	209.01	561
000933	神火股份	2、3、4	339.12	366.70	111
00937	金牛能源（现为冀中能源）	1、2、3	342.48	359.91	105
000968	煤气化	1、2、3、4	300.00	315.61	159
000983	西山煤电	4	515.48	520.69	25
002128	露天煤业	4	505.68	513.01	28
600123	兰花科创	2、3、4	328.94	351.48	119
600179	黑化股份（现为*ST焦化）	2、3	166.43	184.97	846
600188	兖州煤业	2、3、4	202.47	211.43	550
600348	国阳新能	2、3、4	476.55	481.34	42
600395	盘江股份	2	351.13	372.86	99
600408	安泰集团	2、预降4	278.86	293.96	220
600508	上海能源	4	251.19	258.97	311
600652	爱使股份	2、3	160.10	176.13	890
600740	山西焦化（现为*ST山焦）	2、预亏4	219.53	223.48	444
600997	开滦股份	2、4	481.15	524.62	23
601001	大同煤业	2、4	369.14	406.13	80
601699	潞安环能	2、4	550.89	586.34	11
601918	国投新集	2	369.14	406.13	80

尽管煤炭细分行业中的焦煤企业比如山西焦化（600740，现为*ST焦

化）、安泰集团（600408）在下半年金融危机中也受到一定冲击，但是年报发布预增的煤炭行业个股共计14只，几乎占据整个煤炭行业个股总数（29只）的一半。我们在《赢在股市1》（P202）中对2005年房地产、有色金属、机械行业3个板块第三季度主营业务收入排名前列的个股给出详细数据进行分析时指出，它们业绩大幅度预增说明它们行业正处于高速成长期，一旦行情来临，主力是绝对不会放过暴涨的机会的。

表011

煤炭行业2008年第三季度主营业务收入50亿元以上的个股

个股数量：12只

排名	证券代码	证券名称	主营业务收入（万元）	年报是否预增
1	601088	中国神华	7751100	
2	601898	中煤能源	4217710	
3	600188	兖州煤业	2041970	是
4	601666	平煤天安	1309080	
5	601699	潞安环能	1247250	是
6	600348	国阳新能	1155740	是
7	000937	金牛能源（现为冀中能源）	707333	1、2、3季度预增
8	000983	西山煤电	965488	是
9	000933	神火股份	956246	是
10	600997	开滦股份	754579	是
11	601001	大同煤业	681122	是
12	600508	上海能源	573333	是

表011中，主营业务收入超过50亿元的12只个股中，就有8只发布2008年年报预增，另外，金牛能源（000937，现为冀中能源）前三个季度均发布预增。这充分表明煤炭行业进入了高速成长期。所以，煤炭板块应该是2008年年底到2009年上半年这段2008年年报行情的主流龙头板块之一。

从表007中可以看出，在股指从2008年11月初上攻10周线到2009年8月4日见顶的这轮上证翻倍、深指上涨近1.5倍的行情中，煤炭板块重复了2005年到

2007年有色金属板块的走势，成为主流龙头板块之一。其中上涨幅度最大的为潞安环能（601699），上涨586%。这次煤炭板块从头到尾重复有色金属的表演，完全可以满足朋友们的胃口，我们完全可以从头到尾享受到它们的整个上涨过程。

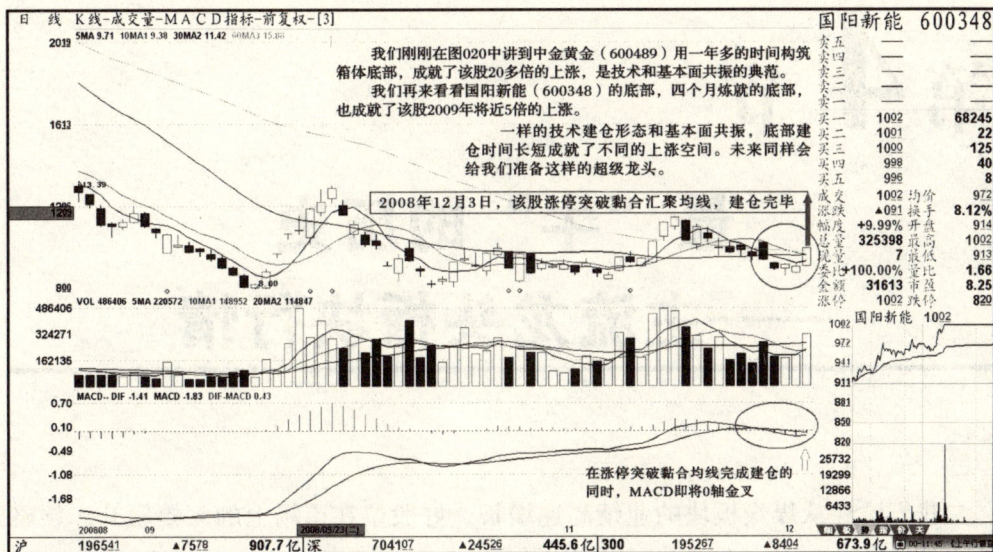

图 022

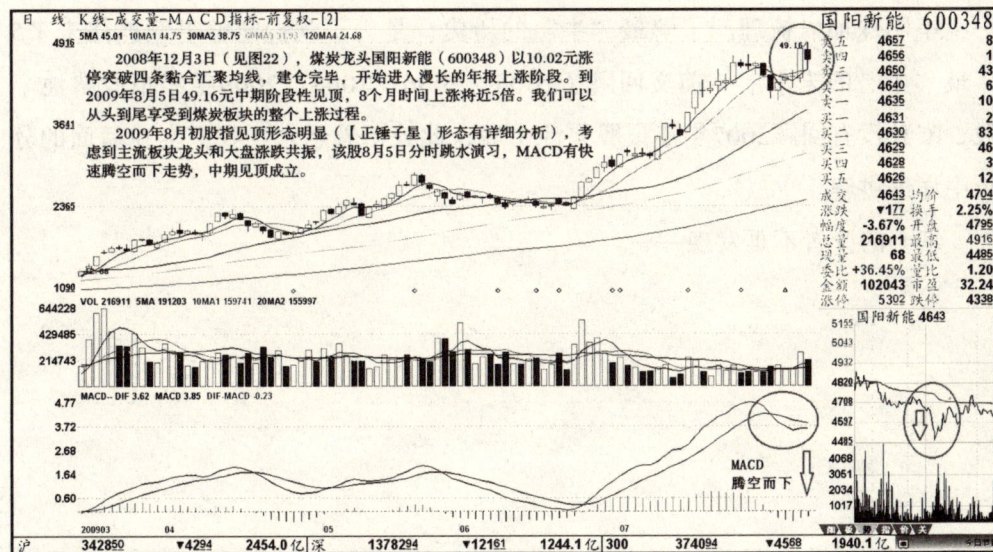

图 023

第4节

最"牛"的历史
——主流龙头板块行情

我们已经从煤炭板块的业绩高速增长，好股票在市场上的大幅飙升，领略到了板块的力量。这些业绩高速增长、在股市中暴涨的个股，就是股市中的一串串明珠。而要找到皇冠上最耀眼的明珠——明珠中的明珠，就需要我们对这一串串明珠加以梳理。了解最"牛"的历史，是为了我们能够继续抓住未来5年最"牛"的未来。（前文回顾了2005、2006、2008、2009年年报股票池个股，唯独没有回顾2007年年报股票池个股，此处留着悬念，我们会在后面的分析中详细讲解。）

细心的读者不难发现——

表 012

2005年年底启动到2007年10月见顶，涨幅榜前50只个股中：

板块	个股数量	占50只比例（%）
有色金属	15	30%
金融券商、参股券商	11	22%
机械设备制造	8	16%
共计	34	68%

表 013

《赢在股市1》2005、2006年股票池中有色金属板块明细

个股数量：16只

证券代码	证券名称	证券代码	证券名称
600362	江西铜业	000878	云南铜业
000878	云南铜业	600362	江西铜业
000060	中金岭南	600255	鑫科材料
600497	驰宏锌锗	600489	中金黄金
000630	铜都铜业 （现为铜陵有色）	600489	山东黄金
600489	山东黄金	000807	云铝股份
600205	山东铝业 （被中国铝业重组）	600961	株冶火炬
600472	包头铝业	000751	锌业股份

　　2005年股票池中有色金属共计6只，占股票池19%的名额（股票池共计32只）；2006年股票池中有色金属共计10只，占股票池24%的比例（股票池共计42只）。在表007、表008这两组数据中：

　　（1）《赢在股市》2005、2006年两次股票池中，**有色金属板块个股数量都是排名第一**。

　　（2）2005年千点见底到2007年6000多点见顶这轮大行情中，**有色金属板块个股涨幅也是居前**。

　　由此可以看出，在一轮行情中，我们只要选对了主流热点行业板块，即便

没有抓住龙头，也能取得不俗的战果，找对了主流行业板块中的主流龙头就更会战果辉煌。2008年年报的煤炭板块也是如此。

到这里，我们更感到先从行业入手，然后选择"**预增行业龙头**"的重要性。这也是我们最看重的。而对"**预增行业龙头**"的确定，我们也有三个原则。

> **选择"预增行业龙头"三原则**
>
> ●第一步：优先选择年报发布预增的行业第一龙头；
>
> ●第二步：随后选择行业年报发布预增的行业第二龙头；
>
> ●第三步：最后选择行业第一龙头前三季度曾经发布过至少一次预增，并且符合预增独立个股筛选三条原则的行业龙头。（见《赢在股市1》P199）

这三个原则，帮助我们选择出了每一轮大小行情的最大主流热点行业板块，并且能够帮助我们选择出最大主流热点行业板块的龙头个股。

正是看到主流龙头板块的巨大效应，我们感到《赢在股市1》股票池三部分组成中的另外一个组成部分——"**预增板块效应个股**"是多么的重要。"**预增板块效应个股**"对预增板块的补充，恰恰能让我们更好地在主流龙头板块中拓宽盈利范围，提高胜算几率。

"预增板块效应个股"的选股原则和"预增独立个股"的三个原则是一样的：

> **选择"预增板块效应个股"三原则**
>
> ●当年1、2、3连续3个季度，每个季度主营业务收入同比增长幅度均超过20%（含20%）；
>
> ●当年1、2、3连续3个季度，每个季度净利润同比增长幅度均超过50%（含50%）；
>
> ●3季度每股收益不低于0.10元（含0.10元）。

《赢在股市1》"预增板块效应个股"和"预增行业龙头"帮我们锁定了最"牛"主流龙头板块的一匹匹黑马。

从2005年到2010年，跨度6年共计5年的年报行情，还有一个非常重要的特征：

（1）当某个年度的年报预增出现明显的板块预增的时候，这个板块的个股就会共振成为一颗颗耀眼的明珠，它们的光环将会远远盖过"预增独立个股"。这反过来也说明，当这样的板块出现的时候，就会有不错的年报行情来让它们发出耀眼的光芒，这种行情不仅仅是吃饭行情，一定是奢侈大餐。

2005年到2007年这轮10年难遇的超级奢侈大餐，大宗商品有色金属不仅在实体经济中业绩领涨，而且在证券市场上成为最耀眼的明珠，诞生了一颗颗皇冠上的明珠：短短两年多一点的时间，有色金属板块中不仅出现了一大批涨幅20多倍的大牛股，更出现了最大上涨幅度高达将近50倍的超级牛股。行业业绩大涨和行情暴涨相辅相成，互相支撑，互相印证，珠联璧合，为我们奉献了一顿10年难遇的超级奢侈大餐。

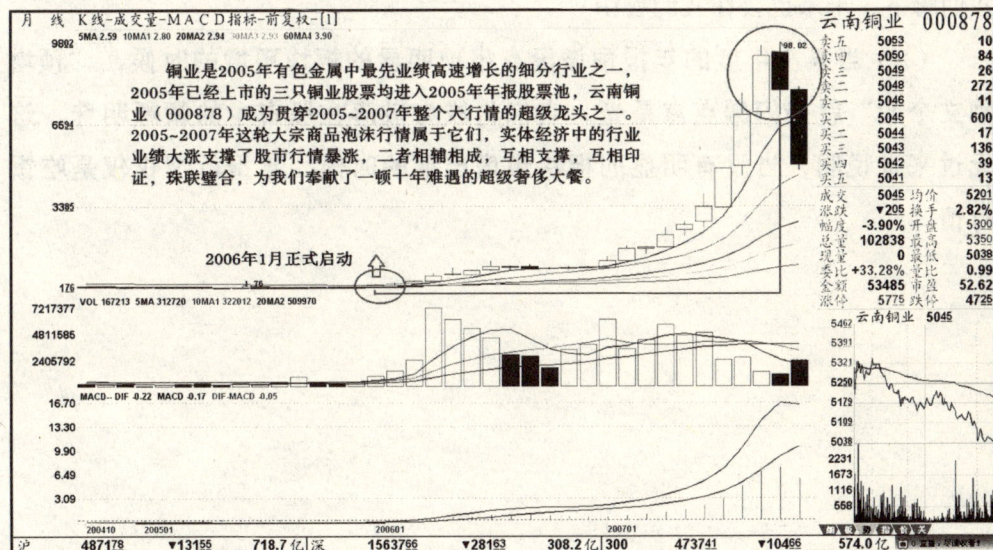

图 024

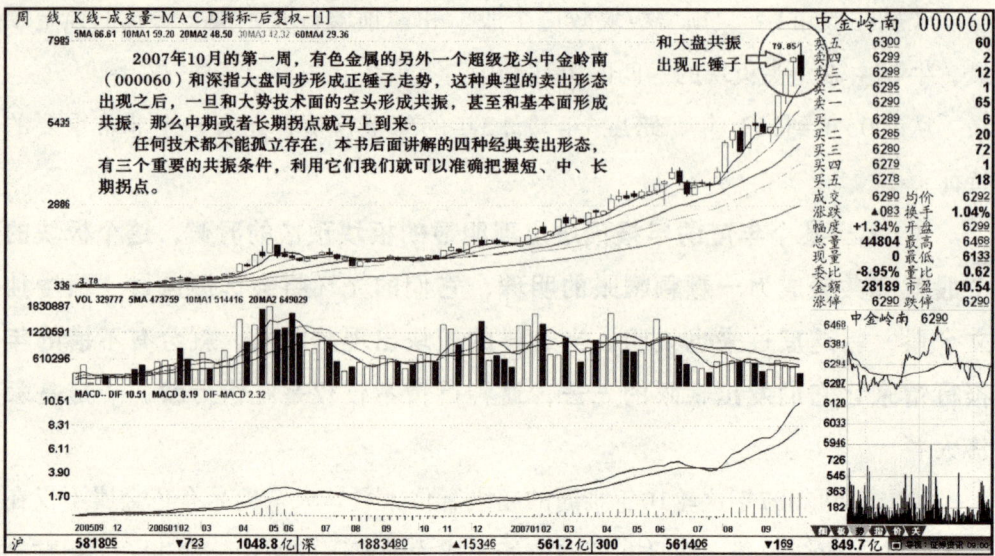

图 025

2008年底到2009年上半年，业绩领涨的煤炭再度重复了有色金属的经典，虽然股指仅仅翻倍，但也是一顿难得的大餐，只不过2008年年报的煤炭是2007年前有色金属的袖珍版。煤炭重复有色金属，未来还会重复历史，历史已经在我们脚下，未来也会在我们囊中。

（2）当某个年度的年报预增没有出现明显的板块预增的时候，"预增独立个股"就会闪耀点点星光，它们将成为散落在股市中的颗颗明珠。这反过来也说明，当没有明显的板块预增出现的时候，年报行情仅仅是吃饭行情。

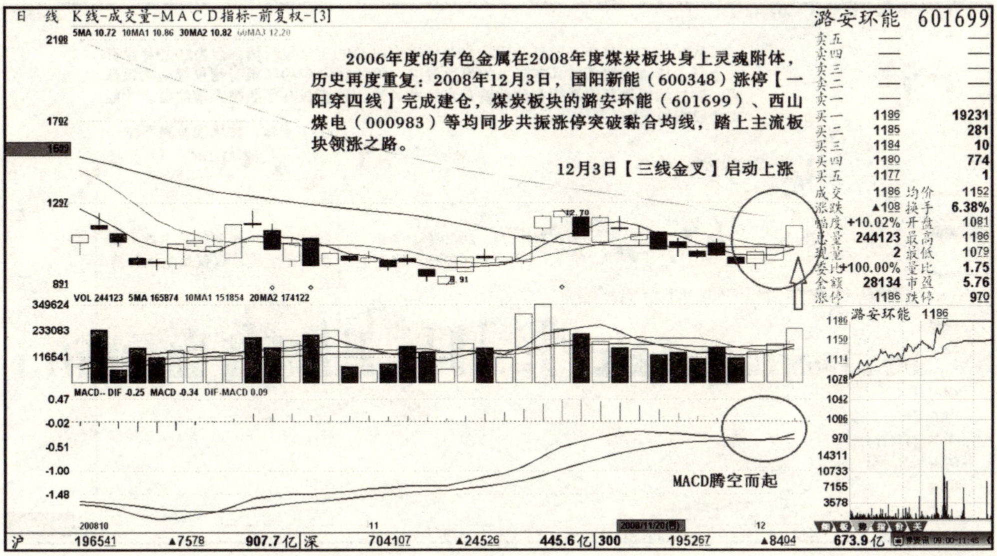

图 026

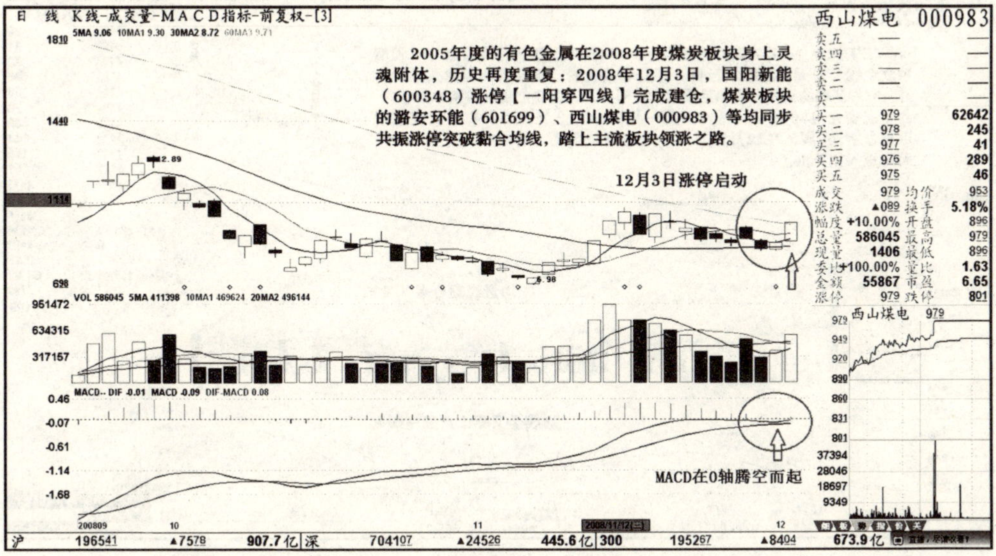

图 027

　　2009年预增个股中，没有出现一个非常明显的业绩从头到尾均领涨其他行业的行业板块，而是呈现出比较凌乱的局面。所以，从2009年10月底开始到2010年4月中旬股指期货推出这段时间的2009年年报最后加速行情，仅仅是吃饭行情。当然，"预增独立个股"极为耀眼。

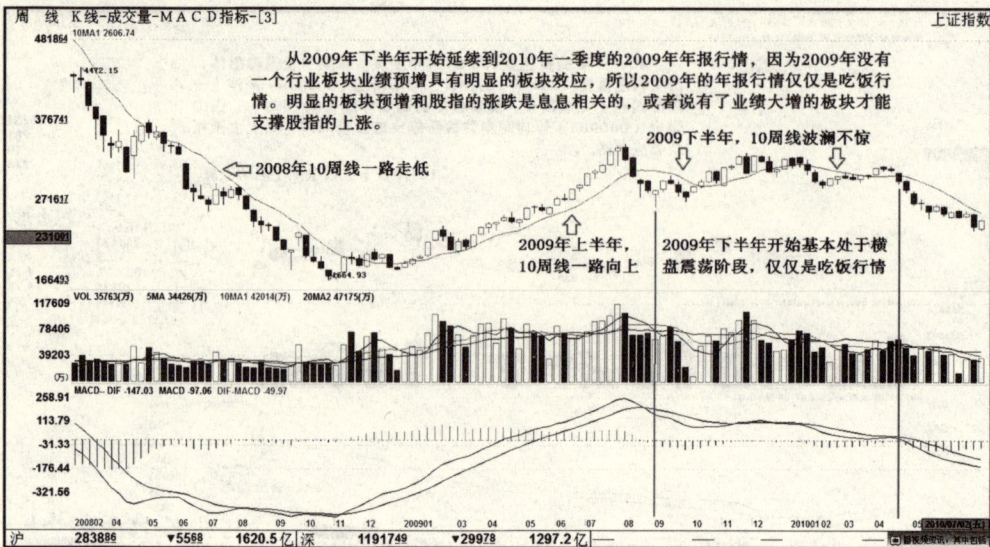

从2009年下半年开始延续到2010年一季度的2009年年报行情，因为2009年没有一个行业板块业绩预增具有明显的板块效应，所以2009年的年报行情仅仅是吃饭行情。明显的板块预增和股指的涨跌是息息相关的，或者说有了业绩大增的板块才能支撑股指的上涨。

2009下半年，10周线波澜不惊

2008年10周线一路走低

2009年上半年，10周线一路向上

2009年下半年开始基本处于横盘震荡阶段，仅仅是吃饭行情

图 028

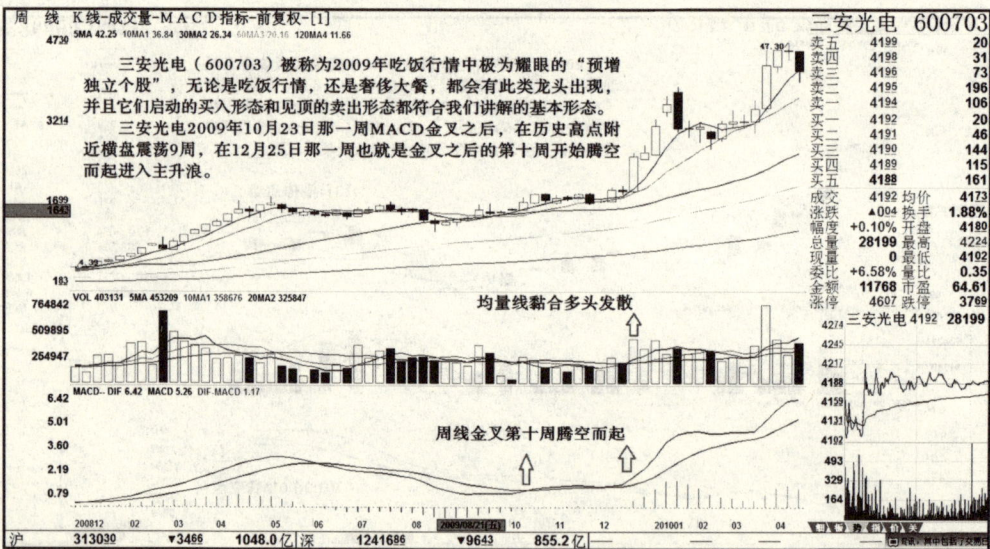

三安光电（600703）被称为2009年吃饭行情中极为耀眼的"预增独立个股"，无论是吃饭行情，还是奢侈大餐，都会有此类龙头出现，并且它们启动的买入形态和见顶的卖出形态都符合我们讲解的基本形态。
三安光电2009年10月23日那一周MACD金叉之后，在历史高点附近横盘震荡9周，在12月25日那一周也就是金叉之后的第十周开始腾空而起进入主升浪。

均量线黏合多头发散

周线金叉第十周腾空而起

图 029

到此为止，我们已经讲解完《赢在股市1》"预增独立个股"，"预增板块效应个股"和"预增行业龙头"的选择原则。讲解完毕以后，我们将三者结合起来，就构成了我们《赢在股市》选股的核心。那么，《赢在股市》的选股核心到底是什么？

《赢在股市》选股核心1

永远追随——业绩高速增长的价值投资理念

《赢在股市》选股核心1较为宏观，较为抽象，构筑了我们选股体系的基础和方向。在此基础上，我们进一步地细分提炼，形成了《赢在股市》的选股核心2。

《赢在股市》选股核心2

❶选择当年度和国民经济增长形成共振并高速增长的行业板块；

❷选择高速增长行业板块的预增行业龙头；

❸寻找股指和行业预增龙头波段主升浪的趋势共振启动点，做足它们的波段主升浪行情。

《赢在股市》选股核心2较为微观，较为具体，二者构成了我们《赢在股市》的整个选股体系和操作体系，这套体系让我们成功地将股市变成了天堂，将股票投资变成了一件简单快乐的事情，我们的财富也在这种简单快乐的行为中不断升值。

本章主要讲述了市场用2005年到2009年的年报验证了我们《赢在股市》的核心体系，让我们更加确信《赢在股市》的生命力。拥有了这样的核心选股体系，股市将会成就我们的大成功，**最"牛"的历史终究会复制出最"牛"的未来**。《赢在股市》选股核心1"永远追随——业绩高速增长的价值投资理念"就是本书的灵魂。以后的章节，基本上是围绕《赢在股市》选股核心2展开来讲。

《赢在股市》选股核心2中的"1．选择当年度和国民经济增长形成共振并高速增长的行业板块；2．选择高速增长行业板块的预增行业龙头，"属于基本面范畴，是我们这几年更加注重、花费时间更多的地方，这也是"看大势，挣大钱"这一最基本原则的具体体现。《赢在股市》选股核心2中的"3．寻找股指和行业预增龙头波段主升浪的趋势共振启动点，做足它们的波段主升浪行情。"基本上属于技术范畴，能够让我们更精准地把握市场节奏，从而规避市场大的风险，把握大的机会。**选股依靠基本面，买卖依靠技术面，技术面和基本面的完美结合，才能"赢在股市"。**

一般来说，每一个年度，共计发布4次业绩预增公告：

4月底，一季度业绩预增和大部分中报业绩预增公告都结束了；

7月、8月开始，预告前3个季度业绩预增的个股；

10月，预告年报预增的个股。

有了每年4月底前一季度和中报两次预增，一年的好马基本上就进入了我们的养马圈。此时此刻，预增行业板块和预增行业龙头开始浮出水面，选股大方向基本确定，5月之后不管什么时候股指向上突破10周线出现行情，我们都可以积极备战。如果行情启动较晚，那么10月底年报预增公告完毕之前的这段时间就是"圈马、养马的好时节"，养得骠肥马壮的好马11月到12月就开始疾驰了。

其实，本书讲到这里，不用继续看下去，就已经能够让我们将股市变为天堂。具备了这样的大思路，就已经可以挣大钱，让财富在悠闲之中升值。但是，有些朋友在年报吃饭行情中想套住这些膘肥马壮的好马，并且想稳稳当当地骑住好马，不仅享受整个过程，更能享受结果。我们可以再准备好我们的套马竿和套马绳，练好我们的套马技术，简单地说就是要在技术面上打好坚实的基础。

不过，我们再度强调，当你进"入"技术面之后，一定不要沉迷于技术面，只见树木不见森林，最终一定要能跳"出"来，毕竟技术面最终是由基本面决定的，技术是为盈利服务的，盈利是为生活服务的，生活是为快乐、悠闲服务的，快乐、悠闲是不需要每日倍感恐惧、担忧、提心吊胆的。所以，真要想"稳稳当当地骑住好马，不被摔下来，不仅享受整个过程，更能享受结果"，我们就要戴着大道至简、顺势而为的眼镜，去耐心地、一页一页地学习，一步一步从基本功开始练习。

第二章

基本概念

在《赢在股市1》中，基本概念我们选取了最本质的均线、均量和MACD三个基本要素，基本形态我们选取了买入最具有代表性的【一阳穿五线】、【三线金叉】、【倒锤子星】、【阴阳并线】四个基本要素，组成了三个基本概念、四个基本形态，它们就是我们买入的七个基本条件，只要指数和个股相继或者同时满足其中三个或者三个以上的条件，形成共振，那么指数和个股就具备了启动条件，机会就出现了。

如果启动的个股还具有明显的板块效应，那么这类启动的个股往往就是这个具有共振板块的主流龙头，这个板块龙头就具备进入主升浪或者波段主升浪行情的条件。对独立个股来说，同样如此。

这里我们再简单讲解一下三个基本概念、四个买入基本形态。我们不展开讲，而是让大家融会贯通，进一步了解它们的内在联系。

三个基本概念——均线、成交量均量、MACD。

四个买入基本形态——【一阳穿五线】、【倒锤子星】、【三线金叉】、【阴阳并线】。

最基本的东西，往往是最本质的，我们的研究方向就是从这些最基本的东西入手。它们正好是我们打开任何一个软件都能一眼看到的东西，不需要做任何改动。单纯从技术角度讲，抓住了它们的本质，就抓住了股价运行的状态。我们所需要的所有的一切都反映在盘面上，我们技术上的研究、总结，是为了培养我们的股感，最终达到条件反射的程度。就像开车一样，熟练之后，我们根本不用去想踩刹车、踩油门、打转向，该干什么的时候，手脚条件反射自动就去做了。

如果我们把股价或者指数的运行过程比喻成飞机的整个运行过程的话，那么均线就是飞机飞行的跑道和航道。当重要均线30、60、120、250日等中长期均线或多或少还处于下降状态，股价和指数一般很难强行起飞，即便强行起飞，也不会飞得很高，在所有均线还没有形成多头排列的情况下，说明跑道不通畅，飞机此时此刻通常处于修整保养阶段；当重要均线30、60、120、【250日均线】开始走平或者向上发散，并最终形成多头排列的时候，股价和指数一旦穿越所有均线上到均线之上，说明股价和指数开始随时准备起飞。

成交量就是股价和指数这架飞机的燃油，股价和指数飞机飞行的高度、距离，以及加速都需要燃油的支持；MACD就是飞机的导航系统。

对MACD的三大认识

● 解决了MACD和均线之间关系的问题，也就是解决了市场上涨趋势或者下降趋势从哪里开始的问题；

● 解决了MACD和股价或者指数背离的问题，也就是解决了市场空间问题；

● 解决了MACD的时间周期问题，也就是解决了市场时间问题。

我们在《赢在股市1》中对前两者有详细的介绍。在本书中，我们将对MACD的时间周期进行详细的描述。

《赢在股市1》中【一阳穿五线】、【倒锤子星】、【三线金叉】、【阴阳并线】这4种买入形态，是经过长期总结提炼出来的4种最典型的买入形态。它们和3个基本概念结合起来，基本上可以涵盖最经典的启动特点。我们对启动点具有的3个基本概念和4个基本形态的特点，在《赢在股市1》这本书中写得很清楚，大家应该对这几种形态记得滚瓜烂熟，并且融会贯通，自动形成条件反射了吧。在《赢在股市·珍藏本》中，我们也将对这3个基本概念和4个基本形态进行精彩概括。

在本书中，我们不再一一详细叙述，仅仅重点讲解一线定乾坤的10周线，以及解开《赢在股市1》在P93留下的悬念。

第1节

10周线

如果投资者在2005年以后进入市场，可以说是非常幸运的。因为，这个时间入场的投资者不仅经历过了2005年底到2007年的大牛市，同时也经历了2008年的大熊市，随后再经历一次2008年底延伸到2009年8月份的又一次中牛，接着经历2009年下半年到2010年的震荡市，一般10年一个大轮回的牛熊循环历练，现在三五年的时间就历练完了；哪怕在2007年5月30日以后进入市场，即便经历了最后的牛尾行情，同样是非常幸运的。这笔历练财富的时间成本可以说是最经济、最小的。当然，如果投资者没有从这轮快速的牛熊循环中收获到什么，那就另当别论了。

那么，一个甚至几个牛熊轮回之后，投资者应该明白什么，应该学到什么，应该收获什么？仁者见仁，智者见智，每个人都会从自己的角度和眼光出发，明白一些，学到一些，收获一些。我们从"最"的角度出发，用"最"的眼光，才能有"最"新、"最"大的收获。所以，我们继续遵循"最"的原则，截取多年排名世界财富数一数二的巴菲特在2007~2008年这段时间的一组报道，逐步展开讲解。看完之后，如果我们能够明白到什么，收获到什么，这股市就会最终成为我们的天堂，变成我们的提款机；如果我们还是没有明白什么，收获什么，在此我们就奉劝一句："离开股市吧！"

●●报道1《巴菲特称已抛空中石油持股收益超两百亿港元 若中石油大跌将再买进》

2007年10月20日《京华时报》

本报讯（记者 张艳）

　　股神巴菲特终把紧握4年的超过23亿股中石油股票悉数抛空。巴菲特昨天表示，已出售手上全部中石油股份。不过看到抛售后中石油股票还在上涨，他表示也许抛售得太快了。

　　7月开始，巴菲特抛售中石油的举动便引起人们密切关注。人们一直试图弄清股神为何在国际油价高涨时减持这家亚洲最赚钱企业。就此问题，巴菲特昨天宣称，旗下投资公司巴郡已抛空所持有的全部中石油股票，之所以抛售，完全是基于价值的评估进行的。因为自抛售后中石油股票还在上涨，他认为，也许抛售得太快了，并表示，若中石油的股价大幅回落，会再购买。

　　巴郡抛售中石油的想法开始于5月，当月召开的年度股东大会上，股东提出了抛售中石油股票的提议，但在巴菲特等的努力下，否决了这一提议。股东提出此提案的原因是，中石油与苏丹关系密切，而苏丹在达尔富尔地区进行种族屠杀遭美国政府指责。

　　7月1690万股的第一次抛售试盘后，巴郡逐步加快抛售频率和数量。短短3个月，就全部抛空，速度惊人。抛售带给巴菲特的收益预计有7倍。2003年，巴郡以每股1.6至1.7港元的价格买入，此次抛空价最低都在11.26港元以上，以此计算，收益超过224亿港元。

　　对此，分析师纷纷表示，这是巴菲特的一贯作风，在最不看好的时期买入，在最看好时期抛出，正是其长期投资策略的正确运用。事实上持股4年内，国际市场风云变幻，但巴菲特都没有减持中石油。

　　对此，中石油方面则非常淡然，认为这完全是市场行为，巴菲特毕竟是投资者而非股东，非常尊重他的选择。而稍早中石油董事长蒋洁敏也表示，公司与巴菲特是好朋友，巴菲特减持，只是按投资经验及市场

规律进行而已。

　　http://epaper.jinghua.cn/html/2007-10/20/content_166982.htm

　　●●报道2 《巴菲特逆市出手47亿美元》

　　2008年09月20日 新华社专稿

　　"在别人贪婪的时候恐惧，在别人恐惧的时候贪婪。""股神"沃伦·巴菲特这句投资格言一直被支持者奉为经典。时下动荡的全球金融市场，正验证这位亿万富翁的投资理念。巴菲特领导的伯克希尔·哈撒韦公司旗下一家子公司18日宣布以47亿美元现金购买股价数日暴跌的"星牌"能源集团。这是巴菲特去年10月以来的第八桩巨单收购。

低价收购"星牌"能源

　　根据公告，伯克希尔·哈撒韦公司旗下的MidAmerican将以每股26.5美元价格收购作为巴尔的摩市最大企业的"星牌"能源集团，总成交额大约47亿美元。

　　这一价格虽略高于公司17日收盘价，但远低于上周最后一个交易日即12日收盘价以及今年1月每股107.97美元的历史最高价。本周一，即15日开市后，"星牌"能源集团股票因受整体经济不确定因素影响而遭投资者大量抛售，短短3天时间跌去近60%。

　　对于巴菲特来说，以如此价格购买"星牌"能源集团或许是一笔好买卖。公司上次挂牌待售发生在2005年，当时买家出价超过120亿美元，但因州议会反对而作罢。

现金为王　赢家通吃

　　彭博新闻社报道，去年10月以来的近一年中，伯克希尔·哈撒韦公司已经出资参与包括"星牌"能源集团在内的8起收购案，金额多数达到数十亿美元；相比之下，前一年的牛市行情中，巴菲特只出手6次，且最大出资额只有3.5亿美元。

去年年底，伯克希尔·哈撒韦公司持有现金443.3亿美元，至今年6月底已经降至311.6亿美元。虽然投资步伐明显放大，但巴菲特依然底气十足。"这个世界上，只有非常少买家能立刻拿出一张47亿美元支票，"有人评价"股神"最新投资举措时说。专家认为，像巴菲特这样的投资者将是最后赢家，因为他们有足够现金流，可以在不借贷的情况下以低价战略购入优质资产，同时承受得起最多5年不盈利的预期。

婉拒雷曼　青睐保险业

尽管财大气粗，但巴菲特仍然保持特有投资理念，并没有因大批企业股价暴跌而接连出手。

美国媒体援引不同消息源报道称，美国国际集团以及已经申请破产的雷曼兄弟公司曾分别接触巴菲特，希望对方出资接手自己资产。不过，以巴菲特名义回复的邮件婉拒雷曼："如果我把钱投到你公司，我看不到有好回报。雷曼账面正在流血，而股市就像一把落下的刀。"

相比之下，巴菲特对作为全球最大保险机构的美国国际集团或许更感兴趣。彭博社说，伯克希尔·哈撒韦公司所获利润中，大约一半来自于保险和再保险业务的投资。巴菲特本人去年公开表示，愿意在"能够了解"的任何行业大举投资，而他"会了解保险行业"。

http://finance.sina.com.cn/money/lczx/20080920/15545325525.shtml

●●报道3 《巴菲特将入股高盛公司》

2008年09月24日 新华网

美国第一大投资银行高盛公司23日发表声明，亿万富翁沃伦·巴菲特旗下的伯克希尔·哈撒韦公司同意通过购买股权方式向高盛投资50亿美元。

声明说，伯克希尔·哈撒韦公司将投资至少50亿美元购买高盛公司收益率为10%的优先股。另外，公司将得到可以以每股115美元价格行

权的普通股认股权证，涉及金额50亿美元，行权期限为5年。

声明还说，高盛计划增发总额至少25亿美元的普通股。

美国联邦储备委员会21日宣布高盛和摩根士丹利公司获准向商业银行转型后，高盛即宣布将改变股权结构，以向商业银行过渡。

"高盛是一家杰出机构，"巴菲特在一份声明中说，"它拥有无与伦比的全球网络、举世公认的管理团队以及人力和财务资本，这些使它能够延续杰出表现。"

高盛公司股价23日以每股125.05美元收盘，上涨4.27%。"股神"入股消息公布后，公司股价在收市后交易时段中涨至每股137.22美元，较前一日收盘价上涨9.7%。

(http://news.xinhuanet.com/world/2008-09/24/content_10101284.htm)

●●报道4《股神巴菲特熊市闯中国 18亿入股比亚迪》

2008年9月28日 中国新闻网

记者 郭文输

据香港大公报报道，金融海啸触发环球股市暴泻，各个市场一度出现恐慌性抛售。在一片投资信心崩溃的市场上，"股神"巴菲特却再度出手在市场"抄底"。

报道援引外电称，巴菲特将斥资18亿港元，入股在港上市的比亚迪约一成股权，下周一（29日）将于香港公布详情。

外电《Business Wire》引述比亚迪公布指出，巴菲特投资旗舰巴郡（Berkshire Hathaway）附属公司Mid American Energy，与比亚迪签署战略投资及股份认购协议。

报道称，Mid American公司将购入比亚迪2.25亿股，相当于占配售后10%股份比例，交易总代价为18亿港元，作价相当于每股8港元，较上周五收市价8.4港元，折让约4.8%。

据悉，Mid American公司与比亚迪将于下周一召开联合发布会，宣布是次股权交易协议，Mid American主席David Sokol将亲临香港，与比亚迪主席兼总裁王传福主持简报会。

"股神"巴菲特多次于公开场合表示，看好内地市场前景，并曾预期未来10至20年可维持经济平稳增长。

●●报道5《巴菲特30亿美元入股通用电气公司》

2008年10月20日 新华网

新华网纽约2008年10月1日专电　美国著名投资人沃伦·巴菲特10月1日宣布，其掌控的伯克希尔·哈撒韦公司正在收购价值30亿美元的美国通用电气公司股票。

据悉，伯克希尔·哈撒韦公司本次认购的是通用电气公司优先股，股息每年10%。此外，该公司还有权在未来5年中的任何时候，以每股22.25美元价格购买30亿美元的通用电气普通股。

在当天公布的一份声明中，巴菲特表示："通用电气公司是美国面向世界的标志性企业。数十年来，我一直是通用电气公司及其领导人的朋友和赞赏者。"

面对信贷危机，通用电气公司上个月调低盈利预期，并警告说企业经营进入困难期。过去12个月，通用电气的股价已经下滑了42%。

通用电气公司总裁杰弗里·伊梅尔特当天说，巴菲特的入股"将增强我们的弹性，允许我们更快执行资产流动计划"。

这是巴菲特近期第二次出手进行较大规模的购股活动。本月23日，他通过伯克希尔·哈撒韦公司以50亿美元入股高盛，而且得到以每股115美元价格行权的高盛普通股认股权证，涉及金额也是50亿美元，行权期为5年。

http://news.xinhuanet.com/fortune/2008-10/02/content_10141449.htm

美国2007年爆发次贷危机，2008年全面扩散，引发华尔街五大投资银行连续出现变故：2008年3月，美国第五大投资银行贝尔斯登因濒临破产而被摩根大通收购；9月15日，美国第三大投资银行美林证券被美国银行以近440亿美元收购；9月15日，美国第四大投资银行雷曼兄弟控股公司申请破产保护；9月21日，美国华尔街最大的两块"金字招牌"高盛、摩根斯坦利宣布，将由当前的投资银行改制为银行控股公司。随着"五大行"的相继倒闭、出售或是改制，现代华尔街引以为傲和赖以立足的独立投行业务模式已走到尽头，也标志着自20世纪30年代美国立法将投行从传统银行业务分离以来，华尔街一个时代的落幕。

五大投行，几乎都是百年老店，一场次贷危机，顷刻间灰飞烟灭，美国银行破产倒闭更是不计其数，这是何等的令人震撼。我们从中得到什么启示？

最大的启示就是"风险控制"。这些投行几乎都是百年老店，久经风雨，风险控制能力不可谓不强。但正是因为投资银行十几年的收益一直远远高于商业银行，让他们忘记了其中潜伏着的风险，最终倒下。中国市场2005年以来的牛熊同样告诉我们，市场不仅能够给我们带来巨大的机会，同样也孕育着巨大的风险，这就是为什么说股市既是天堂，又是地狱。唯一能够活下来并且活得很好的法宝就是学会和熟练使用"风险控制"。

以前我们对巴菲特的价值投资有过刻骨铭心的体验，但就是在这次金融危机的过程中，我们更进一步地了解和深刻体会了巴菲特的投资哲学：

"在别人贪婪的时候恐惧，在别人恐惧的时候贪婪。"

巴菲特"10月19日表示已出售手上全部中石油股份"，我们注意了没有，2007年10月19日附近是什么？2007年10月11日，道琼斯指数正好达到本轮大牛市的顶点14198.10点；2007年10月30日，恒生指数（HSI）正好达到本轮大牛市的顶点31958点；2007年10月16日上证正好到达本轮大牛市的顶点6124.04点，这一带附近正是市场最疯狂的时候，我们不能简单地认为这是巧合。

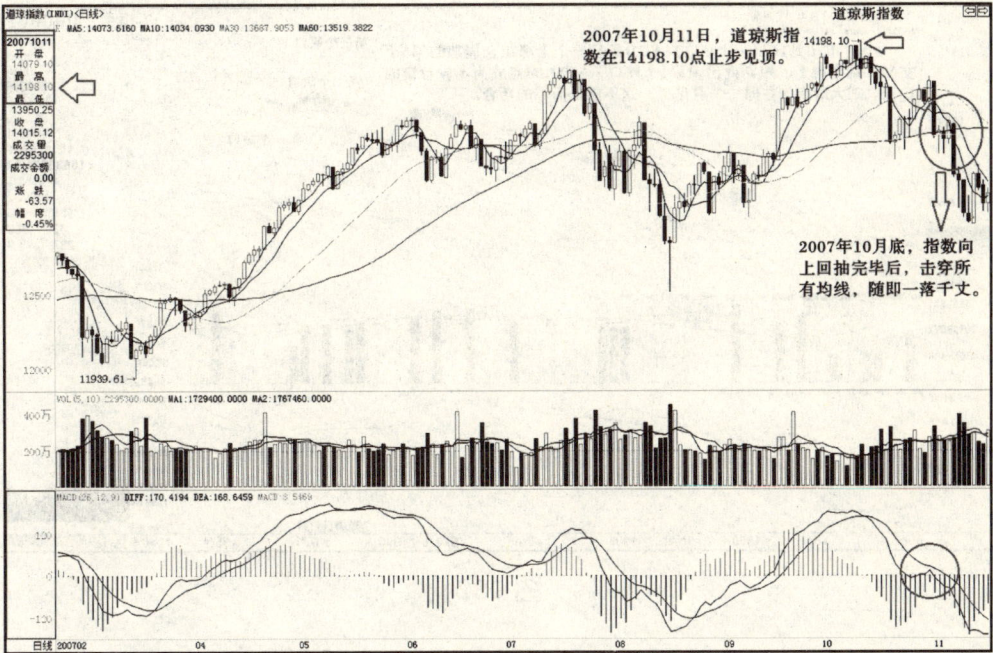

图 030

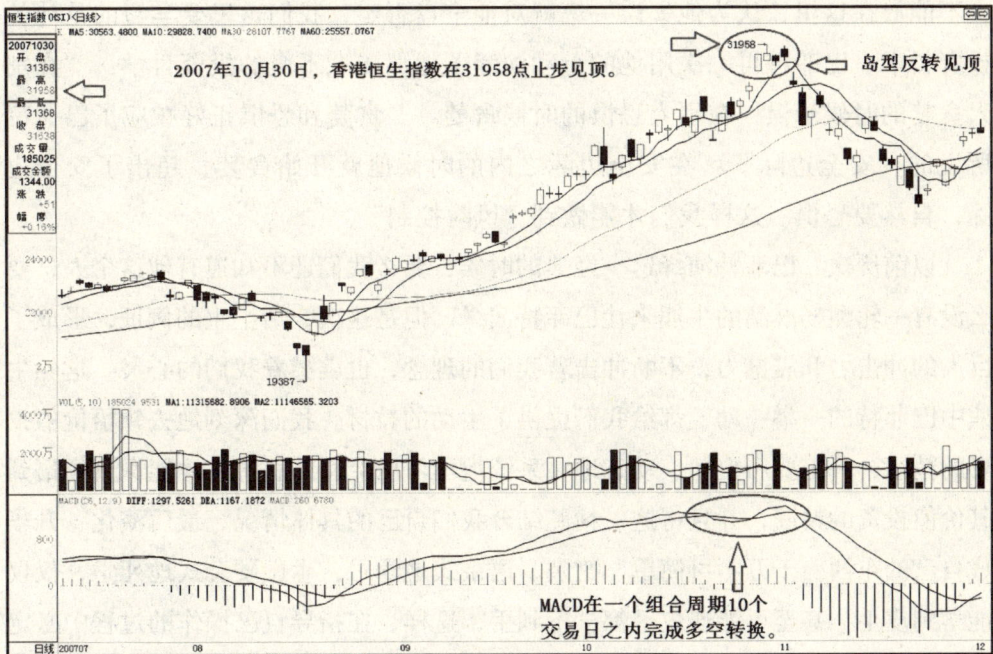

图 031

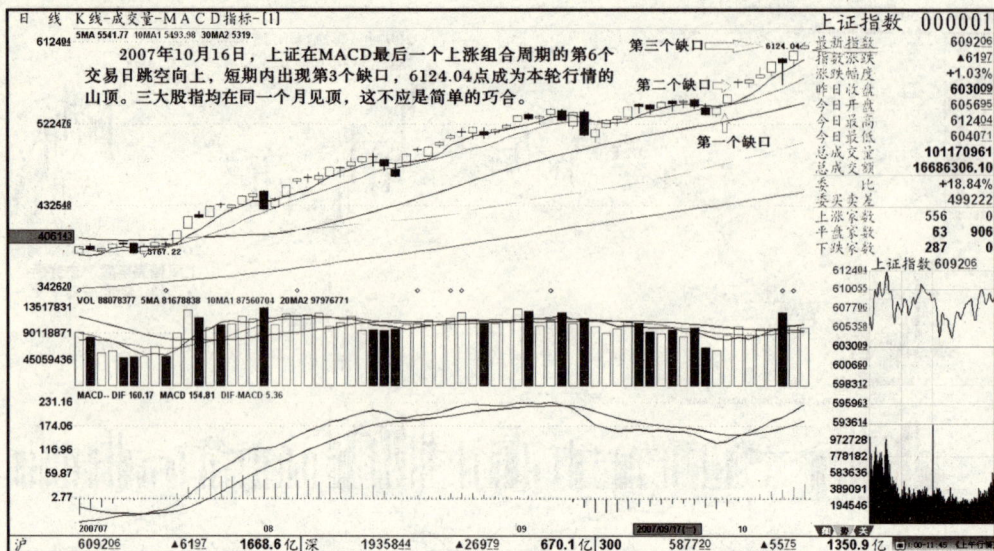

图 032

反过来，巴菲特连续几次出手的时候正是华尔街和全球市场极度恐慌的时候，尽管短期内巴菲特的投资还不能最终确定每一笔都能盈利，我们的着眼点也不能放在这里，认为他失误一笔就对他全盘否定，我们这里要学习的是他的投资哲学。巴菲特再一次用他的行动演绎了他那屡试不爽的投资哲学："在别人贪婪的时候恐惧，在别人恐惧的时候贪婪。"贪婪和恐惧正好顺应了巴菲特所说的"安全边际"：在安全边际之内的时候他就开始贪婪，超出了安全边际，自然要恐惧。这样我们才能做到"风险控制"。

以前历次，巴菲特演绎这一经典的时候，要么我们还不知道有他这个人，要么没有一轮酣畅淋漓的牛熊来让巴菲特演绎，但是这次，活生生的例证，形成了巨大的冲击力和震撼力，不断冲击着我们的理念，也震撼着我们的心灵。这轮牛熊中巴菲特的一举一动，都给我们提供了生动的教材。我们深刻地去领悟价值投资的精髓，一定要历史地、动态地、系统地学习巴菲特的思想，才能深刻领悟到其价值投资的精髓，并且将这一精髓结合我们自己的具体情况，最后演化、升华成自己的东西。千万不可简单、割裂、语录式地学习，生搬硬套式地死学，仅仅能学到皮毛，甚至可能连皮毛都学不到手，这样，在指导自己操作的过程中必定产生误解，结果早晚都要摔跟头。

其实，巴菲特已经告诉我们了："当在别人贪婪的时候恐惧，在别人恐惧

的时候贪婪。"当别人贪婪的时候，说明市场处于相对顶部或者顶部区域；当别人恐惧的时候，说明市场处于相对底部或者底部区域。从顶部到底部，正好是下降趋势；从底部到顶部，正好是上升趋势。那么底部到顶部或者顶部到底部就是一个上涨波段或者下跌波段。这句投资哲学告诉我们：巴菲特更是一个波段大师、趋势大师，恐惧和贪婪始终在不断的波段运行，那么我们的操作自然也应该是波段运行，巴菲特有关中石油的买卖是最好的说明。我们不能因为巴菲特长期持有可口可乐就简单地认为他对所有买入的个股都是长期持有，那是因为可口可乐的波段足够长，还没有到恐惧的时候；如果某一段时间，可口可乐也像中石油那样在2007年股价大幅快速增长，超过了巴菲特的安全边际，我们认为他也会果断卖出。

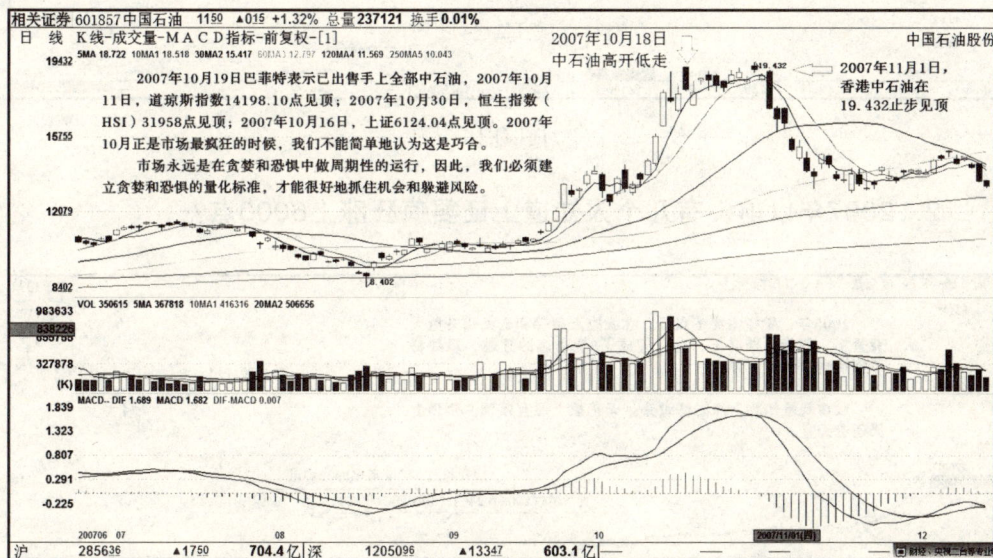

图 033

巴菲特从2007年到2008年的所作所为，让我们在惊叹他把握贪婪和恐惧的度是如此娴熟和准确，这也提示我们必须建立自己贪婪和恐惧的量化尺度。

市场无论是疯狂上涨还是疯狂下跌，一般都具有加速度和惯性冲力，疯狂之后还有疯狂，涨时涨过头，跌时跌过头。比如说：

1. 2005年以前，有几个人能知道上证要疯狂下跌到1000点？

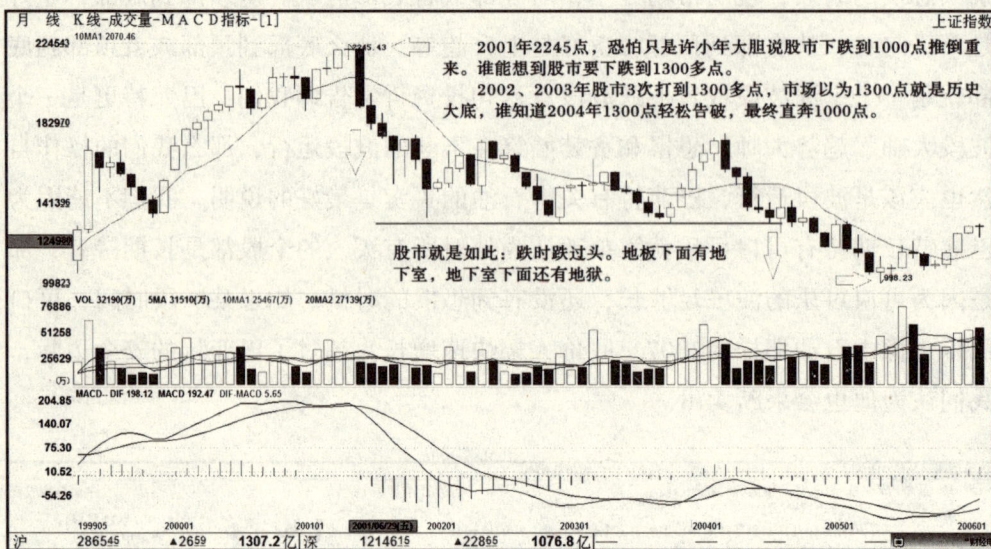

月　线　K线-成交量-MACD指标-[1]　　　　　　　　　　　　　　　上证指数

2001年2245点，恐怕只是许小年大胆说股市下跌到1000点推倒重来。谁能想到股市下又下跌到1300多点。

2002、2003年股市3次打到1300多点，市场以为1300点就是历史大底，谁知道2004年1300点轻松告破，最终直奔1000点。

股市就是如此：跌时跌过头。地板下面有地下室，地下室下面还有地狱。

图 034

2. 2007年以前，有几个人知道上证要疯狂涨上6000点？

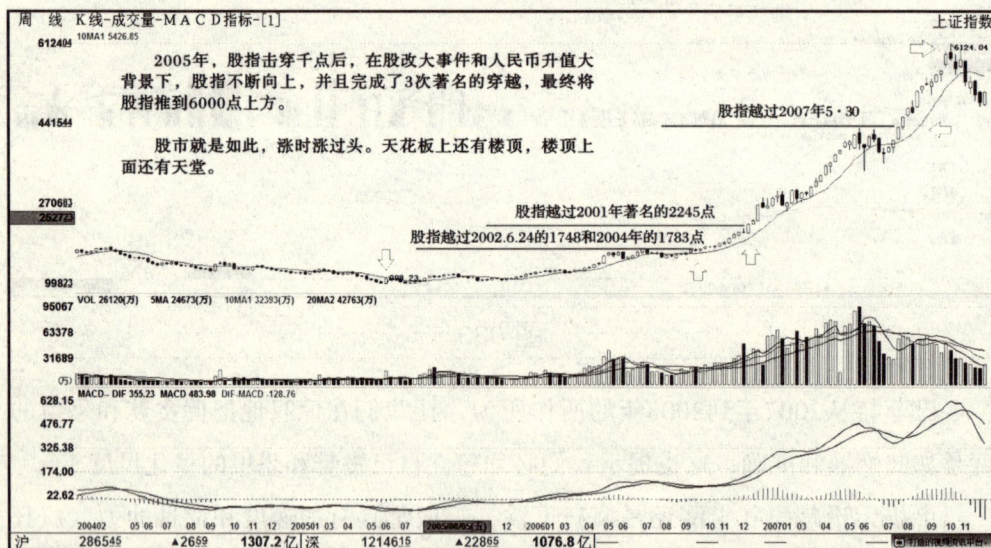

周　线　K线-成交量-MACD指标-[1]　　　　　　　　　　　　　　　上证指数

2005年，股指击穿千点后，在股改大事件和人民币升值大背景下，股指不断向上，并且完成了3次著名的穿越，最终将股指推到6000点上方。

股市就是如此，涨时涨过头。天花板上还有楼顶，楼顶上面还有天堂。

股指越过2007年5·30

股指越过2001年著名的2245点

股指越过2002.6.24的1748和2004年的1783点

图 035

3．2008年上半年，又有几个人知道上证要疯狂跌回1600多点？

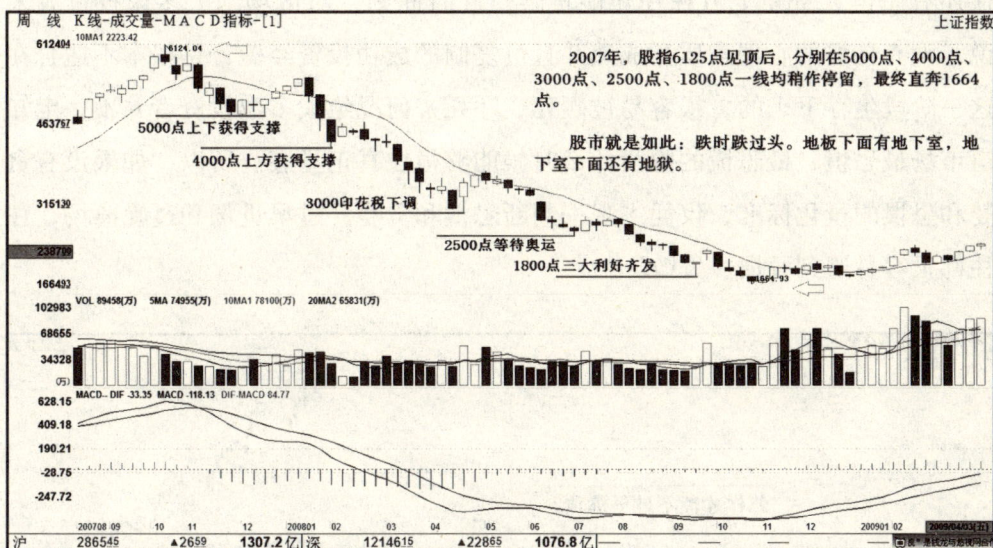

周　线　K线-成交量-MACD指标-[1]　　　　　　　　　　　　　　　　　　　　　　　　　　　上证指数

2007年，股指6125点见顶后，分别在5000点、4000点、
3000点、2500点、1800点一线均稍作停留，最终直奔1664
点。

股市就是如此：跌时跌过头。地板下面有地下室，地
下室下面还有地狱。

5000点上下获得支撑

4000点上方获得支撑

3000印花税下调

2500点等待奥运

1800点三大利好齐发

图 036

所以：恐惧下面往往还有恐惧，贪婪上方往往还可以贪婪。

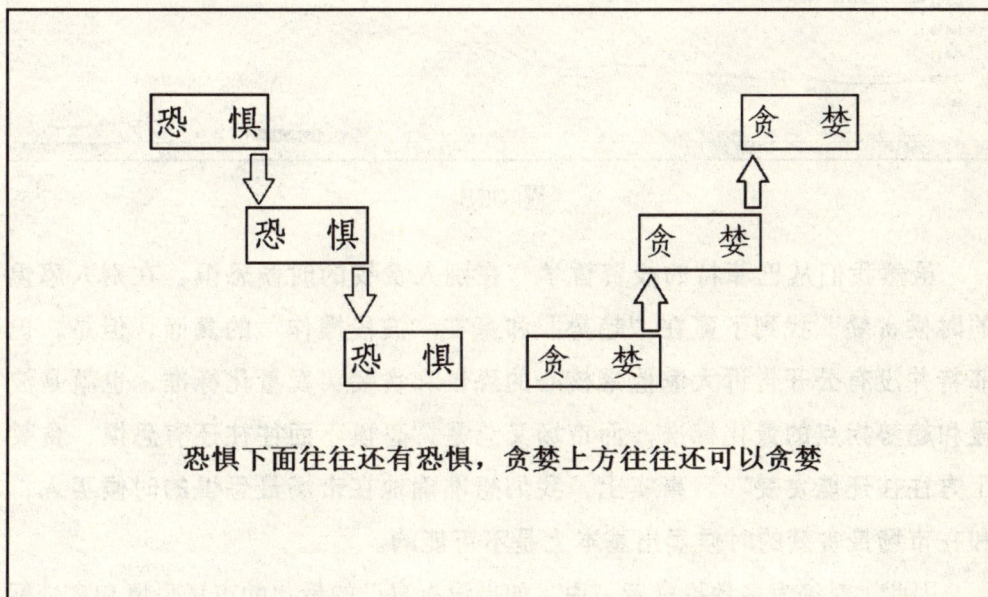

图 037

恐惧下面往往还有恐惧，贪婪上方往往还可以贪婪

　　市场最恐惧、最恐慌的阶段，一般都具有加速度和惯性冲力，恐惧下面往往还有恐惧，贪婪上方往往还能贪婪。此时此刻，对市场绝大多说投资者来说，没有良好的心理素质和成熟并且可复制的成功投资经验，是根本不适合在这一阶段生存下来的，很容易被砸死、吓死，何况绝大多数投资者并不一定知道市场最恐惧、最恐慌的阶段什么时候能够很快真正见底。所以，如果没有贪婪和恐惧的量化标准，仅凭主观去判断恐惧和贪婪，过早进场和过晚离场，往往都很容易遭到亏损、失败。

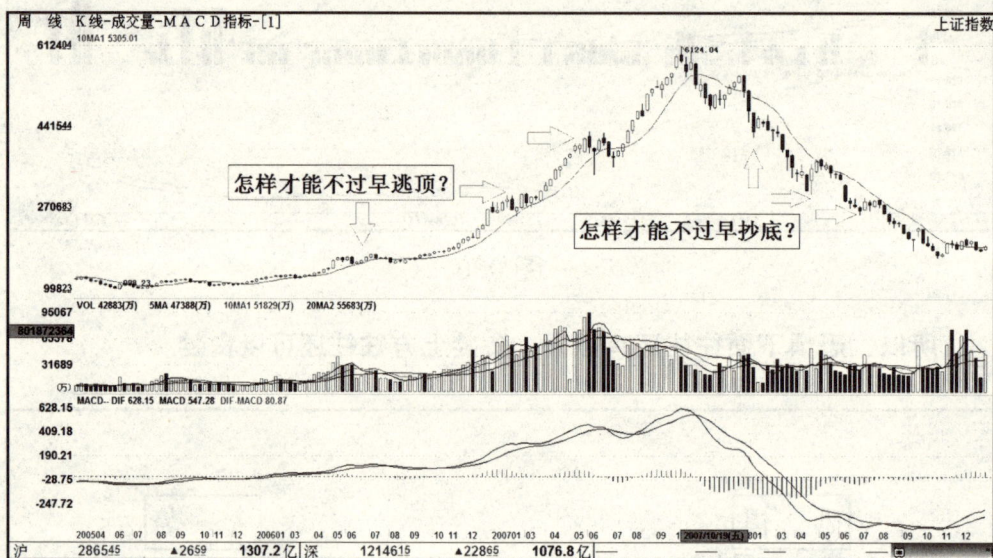

图 038

　　虽然我们从巴菲特的投资哲学"在别人贪婪的时候恐惧，在别人恐惧的时候贪婪"找到了赢在"趋势"和赢在"波段操作"的真谛，但是，巴菲特并没有公开告诉大家他最核心的恐惧和贪婪买卖量化标准，也就是波段和趋势拐点的量化标准，而市场又总是"恐惧下面往往还有恐惧，贪婪上方往往还能贪婪"。事实上，我们想准确地在市场最恐惧的时候买入，和在市场最贪婪的时候卖出基本上是不可能的。

　　因此，对绝大多数投资者来说，如果没有自己的量化的市场恐惧和贪婪标准，我们就不能盲目地想抄在最底和逃在最顶，要学会牢牢把握巴菲特投资哲学中"趋势"和"波段"这个大方向，而不是过分追求"抄在最恐惧的底""逃在

"最贪婪的顶"，我们要学会放弃鱼头和鱼尾，安全地吃鱼身子。

巴菲特不可能完全告诉大家他最核心的恐惧、贪婪买卖标准，就像巴菲特没有告诉大家他最核心的价值投资标准一样。不过，正如我们在深刻体悟价值投资这个方向之后，去建立我们自己的"业绩高速增长的价值投资理念"一样，在深刻感知巴菲特的投资哲学"在别人贪婪的时候恐惧，在别人恐惧的时候贪婪"之后，我们也要建立我们自己的恐惧和贪婪量化标准，就是鱼身的量化标准。通过长时间的研究，我们认为【10周线】就是安全的趋势和波段确认形成的分界线。

股市既是天堂，又是地狱！有人在天堂和地狱之间来回倒车，有人一直在天堂享受，有人还一直在地狱郁闷！天堂和地狱就在10周线这一线之间！

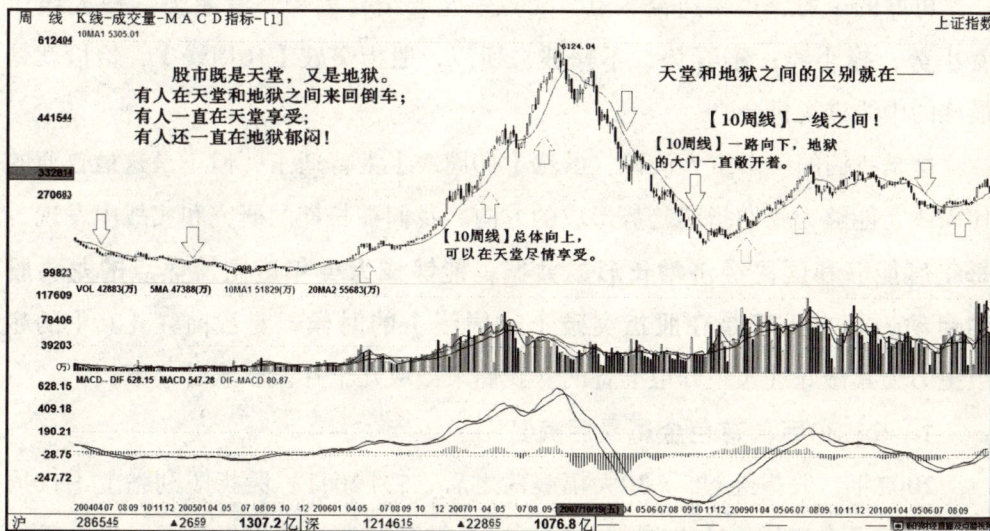

图 039

我们一直在思考，也在对比，【10周线】是不是就是可以永远不变地作为我们的买卖标准？市场是老师，市场永远是对的，如果未来市场变了，我们还一成不变，自然是不行的，每个人都要活到老，学到老。芒格说过，"巴菲特60岁以后的投资才算达到炉火纯青的地步"，从这一点上可以看出，巴菲特也是在活到老学到老。【10周线】是趋势基本明朗形成了，最恐惧、最恐慌的阶段已经过去了。可以预见，就目前中国的市场来说，在20年到30年之内，只要出现几轮大

的牛熊市，甚至只要出现每年的吃饭行情，【10周线】都是很好的"风险控制""安全边际"线。

我们现在再回过去看看2007~2009年，大家心态不好，为什么？一种情况是，我们买进以后，马上赔钱，并且是连续赔钱，很长时间起不来，大家想一想，这样我们的心态能好吗？肯定不会。另外一种情况是，我们买进以后，虽然没有赔钱，但是跑不赢大盘，我们拥有的股票一直横盘振荡就是不上涨，周围朋友这个的涨停，那个的翻倍，这样越比心态越坏。

要寻找好的买点，寻找波段的启动点，买进之后很快就启动，快速挣钱，让自己始处于盈利状态，心态自然就不会坏，我们就能获得常说的精神和物质的双丰收。由此可以看出，买点是何等重要。

再好的个股，也要讲究买点，买点一定要结合大势。**看大势，挣大钱；看小势，挣小钱；不看势，不挣钱**。所以，股指突破【10周线】，恰恰就是最佳的中线进场机会。

这是我们的一个重大认识。虽然【10周线】太普通了，但正是这最普通的10周线，能够为我们指明趋势形成的方向。我们在长期的研究和实战中发现，**每年度能够和国民经济增长形成共振，能够成为当年度主流热点的龙头股的启动，基本上都是在股指突破【10周线】的时候**，是提前驻扎其中的超级主力为其做好进入主升浪准备的。我们来截取几个片段，欣赏一下：

1. 5·30后，有色金属最后疯狂

2007年，股指经过5·30大幅震荡之后，7月20日，股指顺利站上【10周线】，并且【10周线】几周都是坚挺横盘微微向上，随即发动了最后一轮行情，2005~2007超级大牛市的超级主流龙头有色金属也进入了最后的疯狂，同时进入主升浪的主流热点还有业绩同步大幅增长和后期大幅增长的房地产龙头万科、航空龙头国航南航、钢铁龙头宝钢鞍钢等大盘蓝筹们。

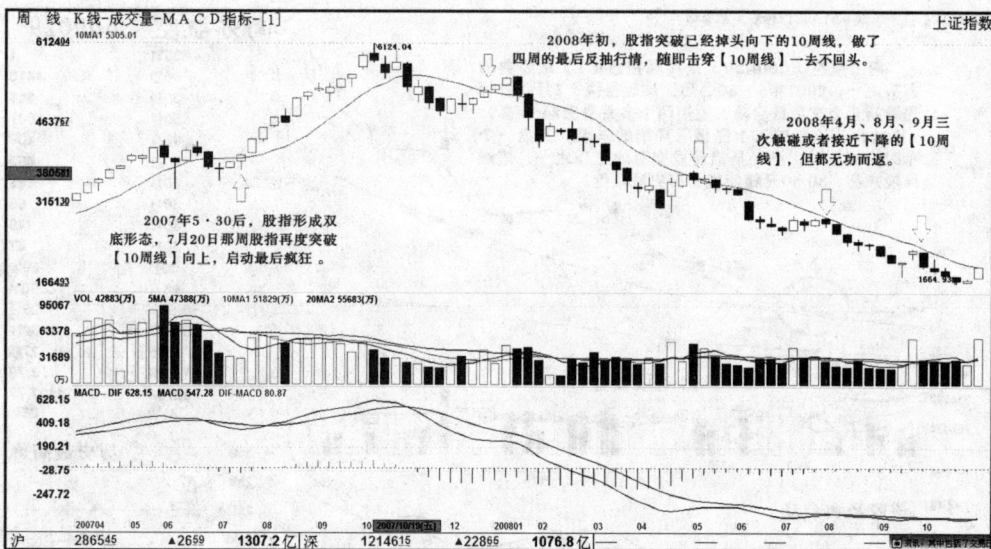

图 040

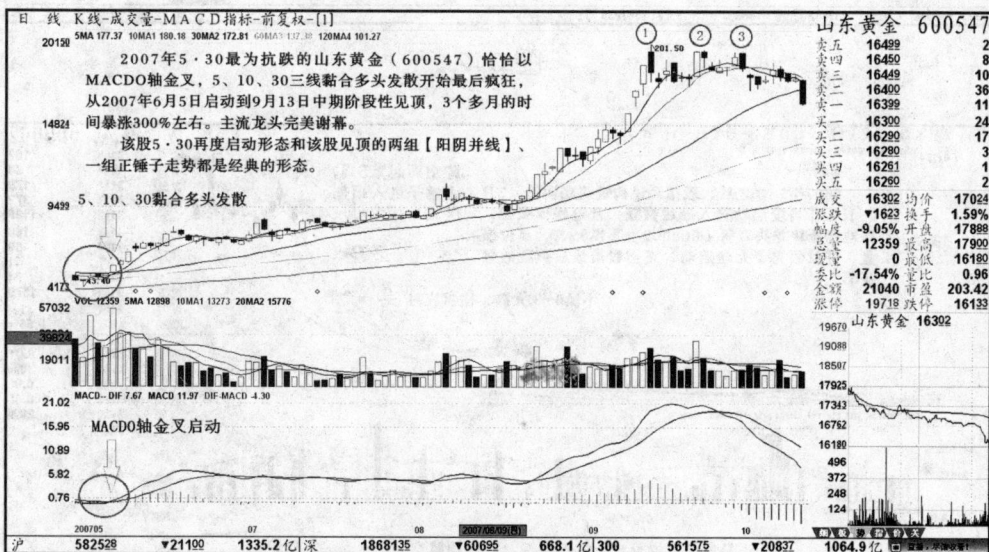

图 041

图 042

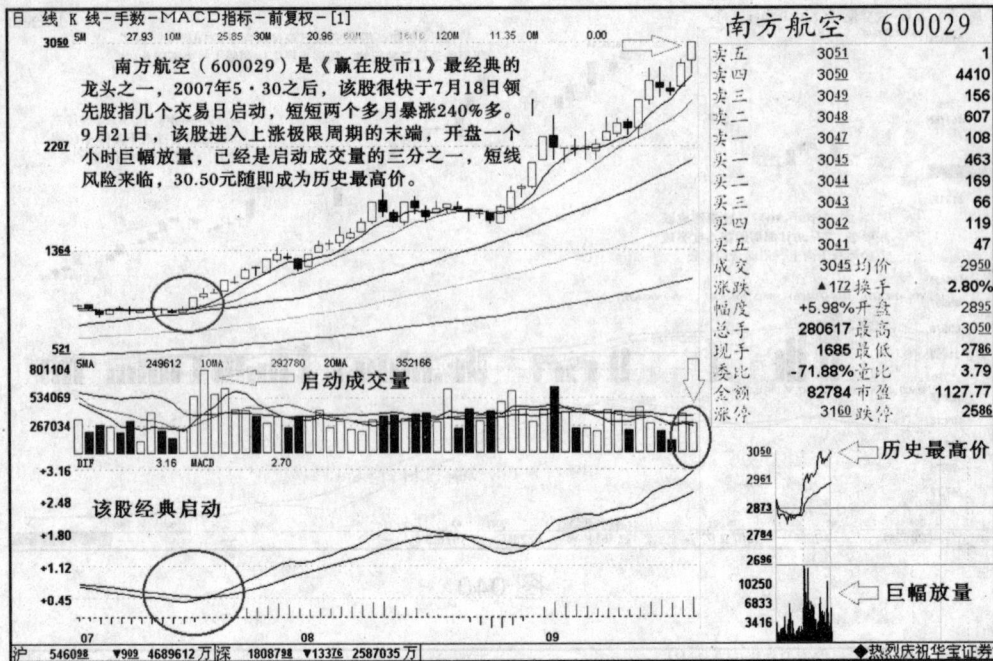

日 线 K线-手数-MACD指标-前复权-[1]

南方航空　600029

南方航空（600029）是《赢在股市1》最经典的龙头之一，2007年5·30之后，该股很快于7月18日领先股指几个交易日启动，短短两个多月暴涨240%多。9月21日，该股进入上涨极限周期的末端，开盘一个小时巨幅放量，已经是启动成交量的三分之一，短线风险来临，30.50元随即成为历史最高价。

启动成交量

该股经典启动

历史最高价

巨幅放量

图 043

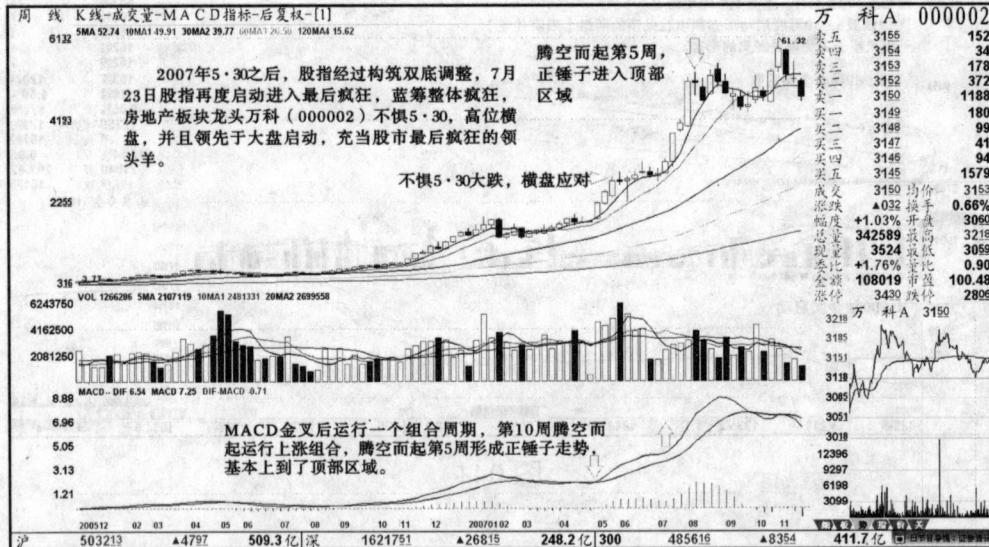

周 线 K线-成交量-MACD指标-后复权-[1]

万科A　000002

2007年5·30之后，股指经过构筑双底调整，7月23日股指再度启动进入最后疯狂，蓝筹整体疯狂，房地产板块龙头万科（000002）不惧5·30，高位横盘，并且领先于大盘启动，充当股市最后疯狂的领头羊。

不惧5·30大跌，横盘应对

腾空而起第5周，正锤子进入顶部区域

MACD金叉后运行一个组合周期，第10周腾空而起运行上涨组合，腾空而起第5周形成正锤子走势，基本上到了顶部区域。

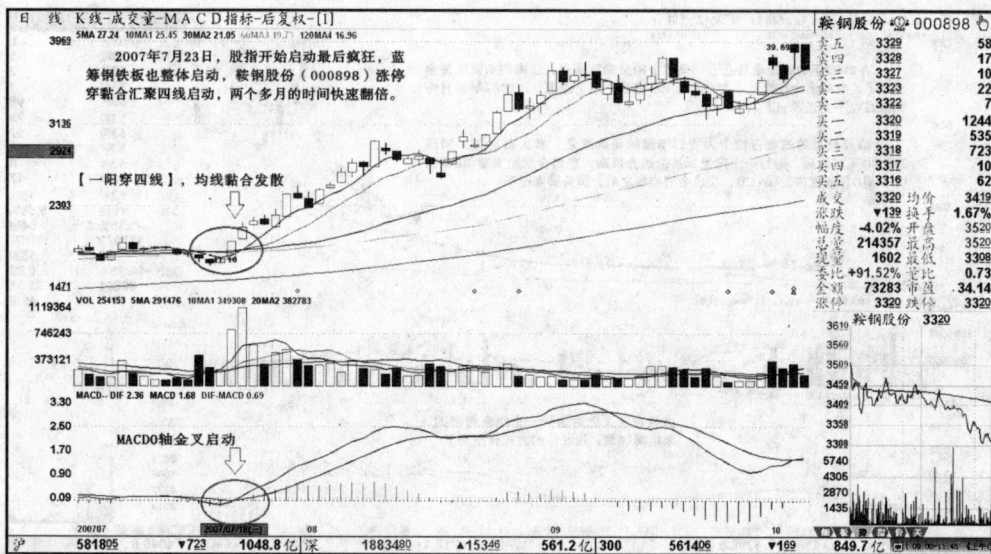

图 044

2. 2008年初，有色金属泡沫破灭

2007年最后一周，股指再度上穿【10周线】，到2008年初累计只出现了4周的行情，这4周的反抽行情中，上证的【10周线】始终没有走平，超级主流龙头有色金属完成最后的诱多之后，一轮以有色金属为主的大宗商品泡沫就此破灭，在农业等板块的掩护下，完成胜利大逃亡。

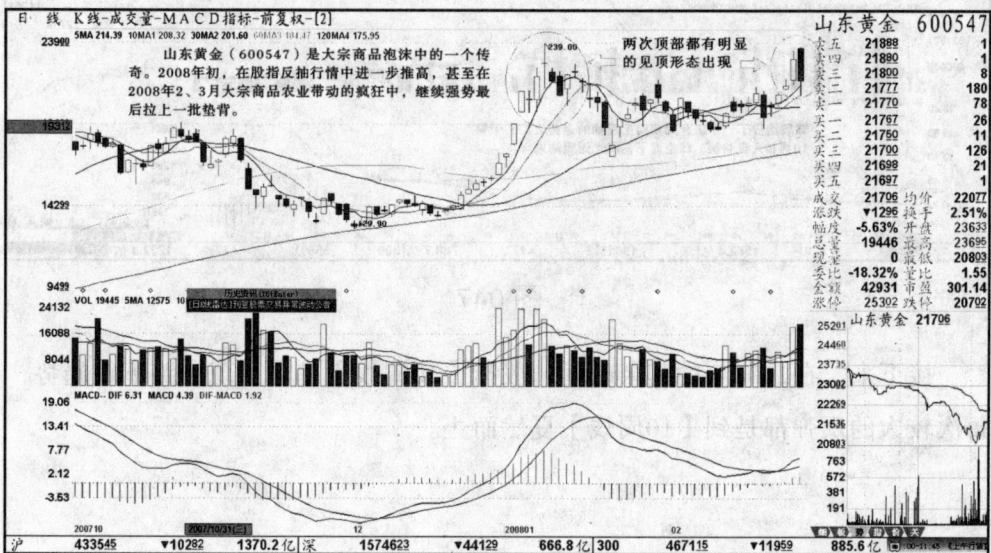

图 045

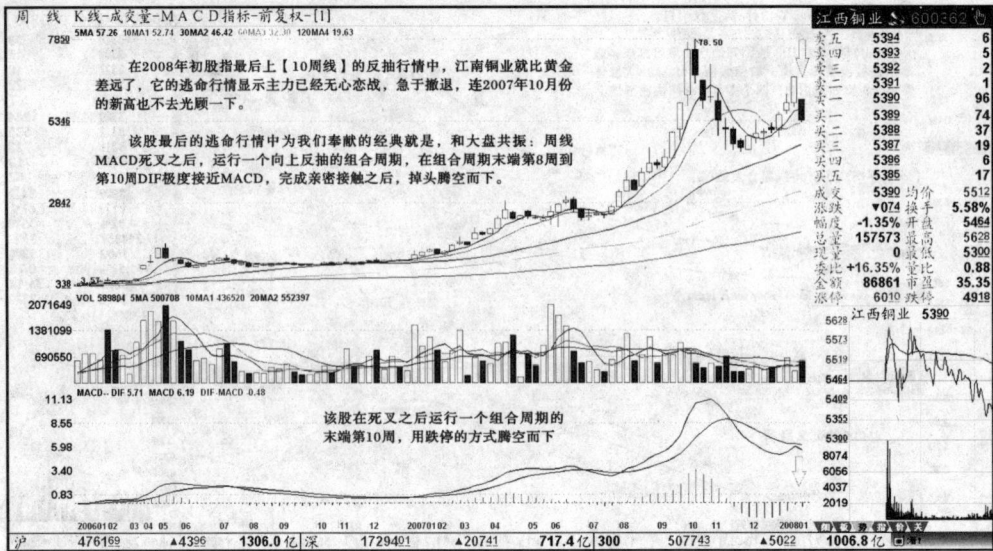

周　线　K线-成交量-MACD指标-前复权-[1]　　　　　　　　　　　　　　江西铜业 600362

在2008年初股指最后上【10周线】的反抽行情中，江南铜业就比黄金差远了，它的逃命行情显示主力已经无心恋战，急于撤退，连2007年10月份的新高也不去光顾一下。

该股最后的逃命行情中为我们奉献的经典就是，和大盘共振：周线MACD死叉之后，运行一个向上反抽的组合周期，在组合周期末端第8周到第10周DIF极度接近MACD，完成亲密接触之后，掉头腾空而下。

该股在死叉之后运行一个组合周期的末端第10周，用跌停的方式腾空而下

图 046

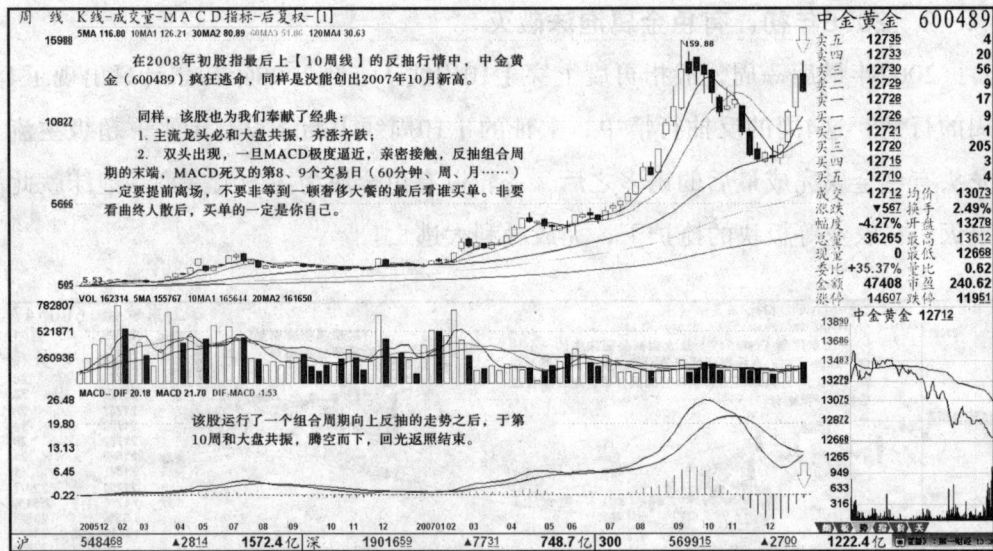

周　线　K线-成交量-MACD指标-后复权-[1]　　　　　　　　　　　　　　中金黄金 600489

在2008年初股指最后上【10周线】的反抽行情中，中金黄金（600489）疯狂逃命，同样是没能创出2007年10月新高。

同样，该股也为我们奉献了经典：
1. 主流龙头必和大盘共振，齐涨齐跌；
2. 双头出现，一旦MACD极度逼近，亲密接触，反抽组合周期的末端，MACD死叉的第8、9个交易日（60分钟、周、月……）一定要提前离场，不要非等到一顿看着侈大餐的最后看谁在买单。非要看曲终人散后，买单的一定是你自己。

该股运行了一个组合周期向上反抽的走势之后，于第10周和大盘共振，腾空而下，回光返照结束。

图 047

接下来，在2008年的其余时间，股指【10周线】基本呈现一路下跌趋势，每次较大的反弹都是到【10周线】戛然而止。

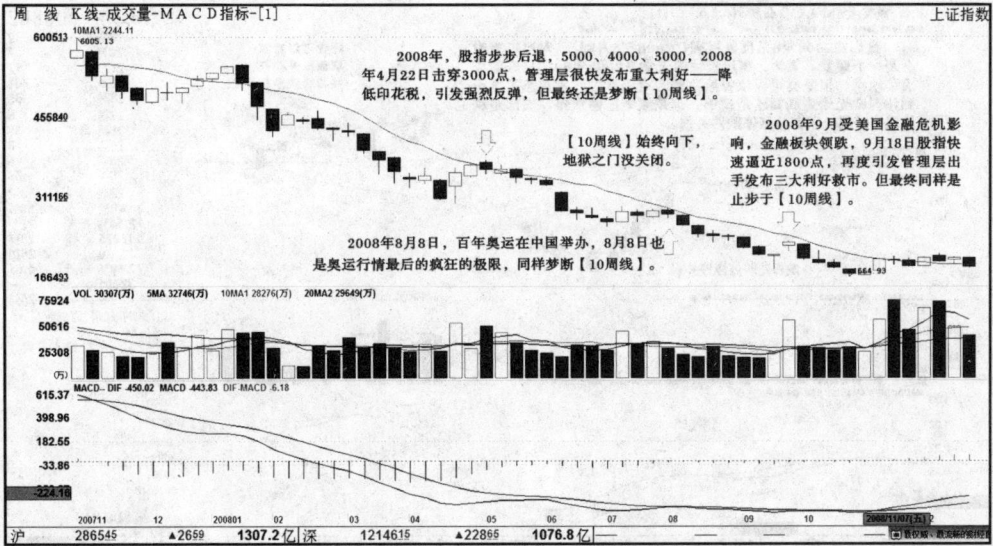

图 048

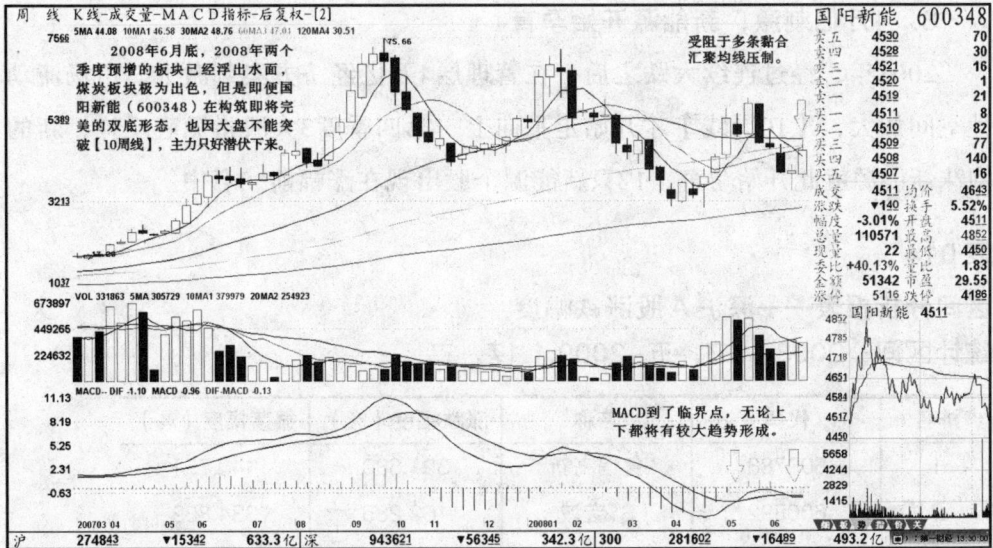

图 049

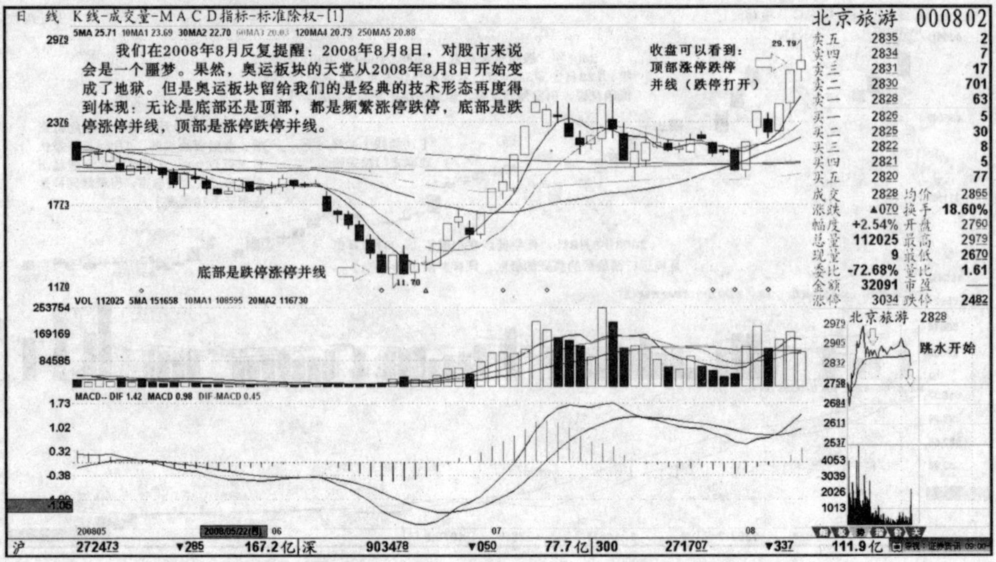

图 050

3. 4万亿刺激，新能源开始孕育

2008年，经过连续大跌之后，在管理层4万亿经济方案刺激下，市场流动性空间加大，【10周线】才开始走平向上。第四季度3大股指见底反弹，新的泡沫新能源就此开始孕育，12只新能源个股出现在涨幅前50名中。

表 014

区间分析报表——深沪A股涨跌幅度

统计区间：2008.11.7，五~2009.1.17，二

排名	代码	名称	涨跌幅度（%）	振荡幅度（%）
1	600783	鲁信高新	391.689	440.751
2	600892	ST宝诚	162.285	334.889
3	600818	中路股份	271.581	324.786
4	000819	岳阳兴长	235.185	297.354
5	600290	华仪电气	255.769	293.376
6	600379	宝光股份	235.714	290.909
7	600800	ST磁卡	231.038	278.581
8	002091	江苏国泰	211.304	271.957
9	000762	西藏矿业	220.833	260.507

续表

排名	代码	名称	涨跌幅度（%）	振荡幅度（%）
10	000661	长春高新	193.583	249.020
11	600435	中兵光电	193.734	247.671
12	000505	ST珠江	201.802	243.243
13	002253	川大智胜	224.691	243.004
14	002114	罗平锌电	206.918	239.623
15	002089	新海宜	205.060	238.690
16	600703	三安光电	228.171	231.137
17	600086	东方金钰	204.603	224.686
18	600311	荣华实业	191.698	220.755
19	002016	世荣兆业	215.827	217.986
20	002172	澳洋科技	194.096	215.129
21	600158	中体产业	185.846	215.077
22	600480	凌云股份	170.948	214.373
23	600166	福田汽车	176.266	214.241
24	600149	*ST建通	189.529	214.136
25	002226	江南化工	175.030	212.546
26	002121	科陆电子	178.189	210.714
27	000546	光华控股	179.339	210.331
28	600640	中卫国脉	188.010	207.398
29	600331	宏达股份	198.223	206.853
30	000723	美锦能源	176.181	204.915
31	600615	丰华股份	185.044	203.812
32	600973	宝胜股份	156.780	203.051
33	600884	杉杉股份	168.812	201.980
34	000532	力合股份	182.111	198.827
35	600072	中船股份	156.250	198.718
36	600499	科达机电	160.087	198.048
37	600869	三普药业	162.144	195.405
38	600848	自仪股份	159.105	193.930
39	000868	安凯客车	151.415	193.868

续表

排名	代码	名称	涨跌幅度（%）	振荡幅度（%）
40	600586	金晶科技	162.844	193.119
41	000065	北方国际	151.667	191.212
42	002272	川润股份	179.950	191.034
43	600055	万东医疗	162.620	190.735
44	600523	贵航股份	182.819	190.154
45	002145	*ST钛白	167.816	189.272
46	600135	乐凯胶片	156.934	189.051
47	002271	东方雨虹	152.153	186.875
48	600111	包钢稀土	151.282	185.299
49	002265	西仪股份	153.412	183.976
50	600553	太行水泥	155.944	182.168

4. 流动性发力，煤炭业绩释放

新能源等主导第一轮反弹之后，流动性开始发力，股指回探【10周线】完毕并且再度站稳【10周线】发动上攻，2008年全年和2009年一季度业绩均大幅增长的煤炭板块，此时此刻恰到好处地同步共振启动，在2009年一季度公布2008年报的时候，它们开始将主流热点和大盘上【10周线】共振启动的特点发挥得淋漓尽致，共有12只煤炭个股出现在前50名中。

表 015

区间分析报表——深沪A股涨跌幅度

统计区间：2009.3.4，三~2009.8.4，二

排名	代码	名称	涨跌幅度（%）	振荡幅度（%）
1	000631	顺发恒业	2845.263	2113.684
2	600187	国中水务	938.461	564.103
3	600562	*ST高陶	340.000	441.228
4	002166	莱茵生物	340.860	390.909
5	000615	湖北金环	310.264	333.724
6	600180	*ST九发	247.442	325.581
7	601699	潞安环能	302.891	320.904

续表

排名	代码	名称	涨跌幅度（%）	振荡幅度（%）
8	600997	开滦股份	286.610	313.390
9	601001	大同煤业	285.050	308.009
10	600146	大元股份	285.092	305.963
11	600348	国阳新能	305.724	304.798
12	600139	西部资源	270.331	297.319
13	600159	大龙地产	255.603	287.738
14	000961	中南建设	223.022	285.432
15	600575	芜湖港	239.267	282.984
16	600432	吉恩镍业	271.848	282.522
17	600576	万好万家	249.076	278.645
18	000760	*ST博盈	187.106	277.650
19	601666	平煤股份	249.883	274.090
20	000671	阳光城	200.038	268.246
21	000656	ST东源	214.227	265.567
22	002128	露天煤业	261.356	262.763
23	600546	山煤国际	227.973	260.476
24	000983	西山煤电	254.712	254.045
25	600756	浪潮软件	216.206	247.145
26	600971	恒源煤电	225.059	243.433
27	002249	大洋电机	205.268	239.854
28	000540	中天城投	181.820	237.452
29	600520	三佳科技	237.313	237.313
30	600362	江西铜业	214.871	235.691
31	600300	维维股份	193.698	232.438
32	000918	嘉凯城	268.604	229.132
33	600383	金地集团	177.182	227.805
34	600507	方大特钢	188.358	226.567
35	600595	中孚实业	223.634	224.727
36	600536	中国软件	165.890	223.788
37	600275	ST昌鱼	178.166	221.397

续表

排名	代码	名称	涨跌幅度（%）	振荡幅度（%）
38	600395	盘江股份	209.836	221.225
39	000552	靖远煤电	196.588	220.326
40	600489	中金黄金	180.333	220.313
41	000807	云铝股份	206.964	219.821
42	600890	ST中房	148.387	218.280
43	000570	苏常柴A	205.169	216.629
44	002030	达安基因	153.555	215.804
45	600714	ST金瑞	187.021	214.255
46	000878	云南铜业	198.478	208.734
47	600419	ST天宏	188.274	205.973
48	000933	神火股份	188.869	204.535
49	000655	金岭矿业	181.916	204.275
50	000608	阳光股份	162.368	204.228

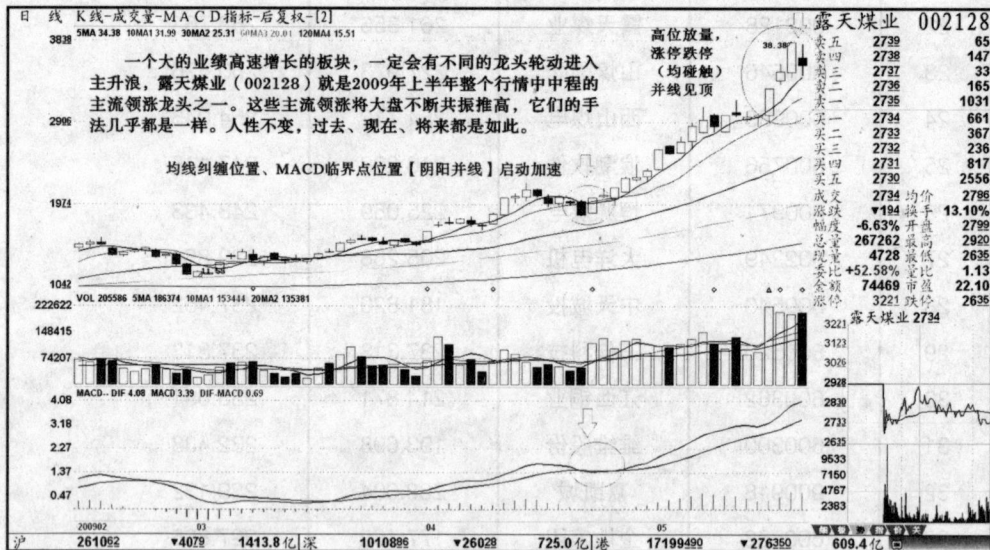

图 051

5. 新能源高增长，年报行情领涨

经过2009年上半年的大涨后，2009年下半年行情基本处于横盘震荡阶段，

2009年的年报行情，也被2009年上半年透支了大部分，年报行情大打折扣，仅仅是吃饭行情。我们在第一章排行榜中也很明显地看出，2009年"预增独立个股"中的部分个股在2008年底到2010年4月15日这轮行情中，涨幅居前，透支了年报行情。我们从如下（表016）排行榜中可以看出，它们在2009年10月份以后的行情中，尤其是年报行情中，尽管平均涨幅高达88%（在第一章中我们曾提及），但是它们的锋芒还是被新能源盖住了，很多没有能上榜，而新能源有10只个股上榜。如果对新能源没有研究，没有把握，那么在大盘横盘震荡上涨幅度几乎为0的这样一个年报行情中，2009年"预增独立个股"这样平均涨幅高达88%的幅度完全可以满足投资者的胃口了。

这里我们还要提及，我们曾经反复强调，大经济周期的新一轮泡沫新能源的相关分支板块在发展的过程中，只要业绩开始大幅改观或者增长，那么它们就进入我们的视线，就从概念转化为业绩支撑；当它们和大盘形成共振之后，我们会给这个分支板块以业绩高速增长的主流龙头板块一样的对待，它们也会在市场中很容易成为阶段性领涨龙头。比如说三安光电（600703）就是不但业绩进入高速增长，同时又是新能源的个股，这一个股成为领涨龙头。

表 016

区间分析报表——深沪Ａ股涨跌幅度
统计区间：2009.10.12，一~2010.4.15

代码	名称	涨跌幅度（%）	振荡幅度（%）	4个季度预增情况
600209	*ST罗顿	200.219	292.325	
600552	方兴科技	232.052	255.683	年报预增
600133	东湖高新	211.910	250.358	
600850	华东电脑	173.458	206.836	
000886	海南高速	115.567	203.166	
600273	华芳纺织	192.579	203.004	2、4预亏
600703	三安光电	167.775	202.845	1、2、3、4预增
300022	吉峰农机	108.651	199.008	
600375	星马汽车	155.038	190.050	3、4预增
600403	欣网视讯	158.797	188.641	
600545	新疆城建	157.401	187.184	

续表

代码	名称	涨跌幅度（%）	振荡幅度（%）	4个季度预增情况
002296	辉煌科技	132.959	183.622	
000829	天音控股	164.480	180.640	
000868	安凯客车	148.691	173.822	1、2预亏
002271	东方雨虹	146.703	171.398	
000735	罗牛山	107.479	171.368	
000703	*ST光华	145.198	165.424	
600157	鲁润股份（现为永泰能源）	151.708	164.137	
000551	创元科技	156.569	163.833	
600877	中国嘉陵	154.206	162.991	
002081	金螳螂	127.723	160.396	
600199	金种子酒	150.114	159.453	
002069	獐子岛	146.661	159.207	
002035	华帝股份	127.523	153.945	
600584	长电科技	128.383	153.195	1预亏、4预减
002119	康强电子	122.930	151.592	
000939	凯迪电力	144.560	151.401	4预增
000639	金德发展	142.152	151.300	
600293	三峡新材	121.316	151.184	4预增
600359	新农开发	84.889	149.663	
600728	ST新太	85.990	149.506	
600460	士兰微	135.177	148.541	
600781	上海辅仁	116.573	147.331	
300002	神州泰岳	96.903	146.340	
000811	烟台冰轮	130.187	145.884	
002159	三特索道	129.114	145.823	
002241	歌尔声学	132.216	145.297	
600715	ST松辽	131.613	141.720	
002104	恒宝股份	113.314	140.533	
002036	宜科科技	121.338	139.968	

续表

代码	名称	涨跌幅度（%）	振荡幅度（%）	4个季度预增情况
002220	天宝股份	132.297	138.218	
000632	三木集团	75.632	137.701	
600225	天津松江	161.290	135.744	
600213	亚星客车	126.741	135.443	
600425	青松建化	115.691	134.840	
000627	天茂集团	119.693	134.587	
002082	栋梁新材	90.822	134.327	
000788	西南合成	115.379	131.760	
000536	闽闽东	122.003	131.609	
000661	长春高新	119.467	131.572	

6. 新能源高增长，极易领涨市场

2010年4月15日股指期货上市以后，股指开始快速下跌。经过长时间的低位震荡，随着下半年经济政策的明朗，股指在7月份见底，很快上【10周线】。在这轮反弹中，新能源和业绩大幅增长二者形成共振，为我们奉献了一轮疯狂的盛宴。这段还没有"凉"下来成为历史的"现在"，我们放在"第四章——实战进行时"中讲解。

2008年第四季度以来的行情，出现了一个明显的特征：

新能源（未来将扩散为"十二五"新兴产业）和业绩大幅增长的板块交替或者同步成为股指站上【10周线】后的主流龙头板块，领涨市场。从2011年到2015年整个"十二五"期间，我们相信，这个特征将继续存在，尤其是当**"十二五"规划的七大产业——节能环保、新一代信息技术、生物、高端装备制造、新能源、新材料、新能源汽车**等产业业绩进入大幅增长的时候，它们必将领涨市场，成为阶段性主流龙头。

我们相信，2011年到2015年的5年中，"十二五"规划的业绩大幅增长的板块个股将再度出现一轮上涨行情。

总之，通过上述讲解，我们对【10周线】有两大认识：

● 股指突破走平或者向上的【10周线】，波段趋势确认成立；

● 股指突破走平或者向上的【10周线】，主流龙头们就会同步共振启动。

【10周线】可以很好地帮助我们规避风险和抓住市场的主流龙头，从而获得最大收益。在中国股市中，哪怕最不好的年份，再熊的市场，也有一轮吃饭行情，这轮吃饭行情就是从股指上穿【10周线】展开的。

当然，股指从底部向上突破【10周线】，毕竟还有一段可观的空间。**我们不求买在最低点，卖在最高点，但求能够买在底部区域，卖在顶部区域。**

因此，我们也在不断地思考、验证和完善：真正市场最恐惧、最贪婪的时候，我们是否可以有量化的数据或者技术上的手段来确定阶段性见底或者真正见底、阶段性见顶或者真正见顶，然后买在底部区域，卖在顶部区域？

我们认为是完全有可能的。

巴菲特这次无论是进入高盛，还是进入通用电气，都是在市场最疯狂、最恐慌、最恐惧的时候出手，都是在高盛、通用电气即将下地狱的时候出手，巴菲特不是直接按照市场价格买入，而是买入优先股，并且附加了很多苛刻的条件。他的出手时机让我们越来越感觉到他是在发灾难财（并不是那种昧良心的灾难财），并且最终是以救世主的身份出现，对方还要感恩戴德，最后来一句"谢谢啊"，巴菲特可谓一箭双雕，一举两得。

所以，这次同步领略巴菲特的时候，我们也在不断地思考，同时也在不断地验证和完善，真正市场最疯狂、最恐慌、最恐惧的时候，我们是否可以有量化的数据或者措施来确定阶段性见底或者真正见底，然后参与其中，尽管我们不能像巴菲特那样买入优先股，但是即便是二级市场的股价也同样吸引人，我们能否享受得到这种一箭双雕、一举两得的美事、好事？这"贪念"始终在引诱着我们。

我们知道，【10周线】属于均线体系，我们也知道均线具有"趋势、稳重、安定、助涨、助跌"5大特性，我们选择【10周线】作为安全进场的"风险控制""安全边际"线，就是借助均线的稳重性和安定性的特点。

但是，和K线比较起来，均线的稳重性和安定性同时也反映出其滞后性。我们要想更准确地感知市场的"最恐惧、最贪婪"，以便"买在底部区域，卖

在顶部区域"，就可以借助于MACD组合周期和K线组合。

我们运用MACD组合周期和K线组合形态，基本上可以找到市场最恐惧和最贪婪的拐点，再加上组合大道信息，三者结合起来，形成共振，效果会更好。这或许更符合巴菲特的恐惧贪婪原则，但是，对市场参与者来说，他们大多都不是专门从事股票投资的，因而无法知道哪一次是阶段性拐点，哪一次是真正的反转。因此，我们在此不做详细深入的分析，我们认为最安全的买卖量化标准还是【10周线】，它基本上是趋势形成的标志，并且已经被市场这一轮的牛熊更加证明是资金安全的保护神，更适合绝大多数的投资者。

这里，MACD已经开始进入我们的视线，接下来，我们就来将《赢在股市1》第93页蒙在MACD头上的那层神秘面纱慢慢掀开。

第2节

MACD

我们在《赢在股市1》第93页留下了一个悬念：

"一般MACD的上升回落基本上遵守8到10个交易日为一个组合，前5到6根是上涨，最多上涨7根，后3根是调整。反过来下跌过程中同样如此。

这也是MACD核心精华中的精华，如果你能透彻把握MACD与K线组合之间的这种关系，那么你就能很好地把握股指或者股价波动的规律，无论【60分钟线】，还是日线、周线、月线均是如此。

有了这个本事，将来做股指期货一定会成为大赢家，操作主流热点的主流龙头，更不在话下。"

当时没有展开讲，现在本书将详细讲解这部分内容。

我们对MACD有两大认识：

●●第一大认识就是认为【60日均线】等同于MACD的【0轴】，股价和指数以【60日均线】为参照系，很好地解决了空间问题；

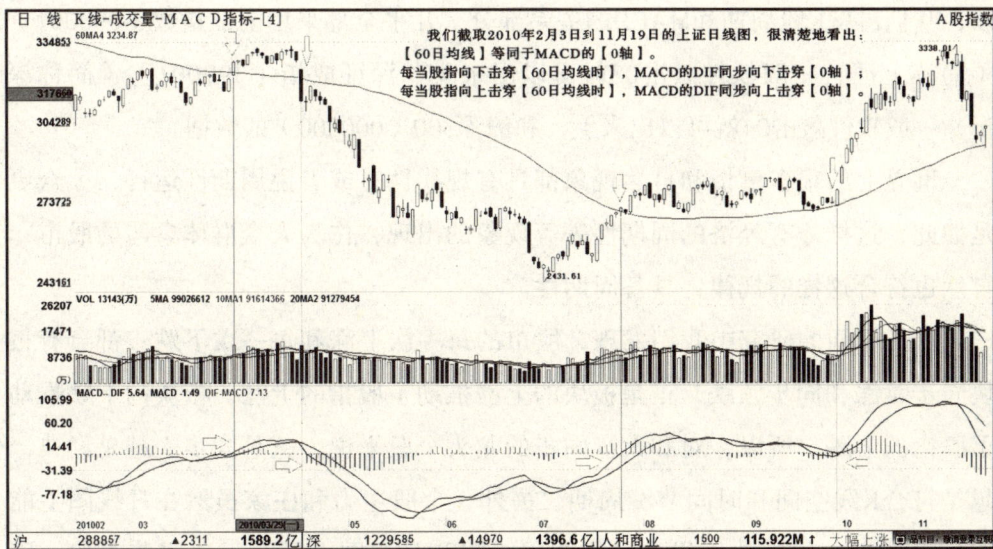

图 052

●●第二大认识就是本书我们要重点讲解的：

K线的运行分解成8到10个交易日为一个组合周期，股价和指数就是一个组合周期一个组合周期地向前运行，结合MACD较为直观的死叉和金叉以及腾空而起和腾空而下的特征，我们就可以很好地掌握股市的周期性。

正是这两大认识，颠覆了人们对MACD的传统理解，我们对股价和指数的认识得到进一步升华。

任何一只个股可以说都有主力或者庄家，只不过主力或者庄家能力有大小，水平有高低，有的感悟能力差一点，行情启动了，他们还不知道；有的或许就是行情的发动者，自然是和大势同步共振。再者，一个主力一个庄家一个脾气，表现出来的手法也是千差万别。另外，由于个股在某一阶段被主力和庄家操纵的可能性很大，因此，在日线图上表现出来的K线空间节奏和时间节奏周期并不是很标准，有的能够和大盘指数同步，有的启动早了，有的启动晚了。大盘K线空间节奏和时间节奏周期完成了，中期阶段性见顶了，无论是什么个股，它们的K线节奏周期都不得不跟随大盘终止。

但是大盘就不一样，它几乎是市场整个群体意识的集体反映，不能被个别主力或者庄家完全操纵，它更符合整个市场参与者的群体意识的自然规律，所

以，我们讲解K线周期和MACD的关系部分，几乎全部采用上证指数（000001）（简称上证，一般软件敲击03就可以出来）、深证成指（399001）（简称深指，一般软件敲击04就可以出来），和沪深300（000300）的数据。

世界上的很多事情和自然现象都具有规律性，或者说周期性运行，大众更是如此，这样才有经济的周期性等等现象的出现，作为大众群体参与的股市，自然也符合这样的规律，具备周期性。

在长时间的研究中我们发现，股市的每一次上涨和每一次下跌，都会有板块同步领涨和同步领跌，正是板块的上涨推动了股指的上涨，板块的下跌推动了股指的下跌。所以，对和大盘同步的龙头个股来说，越是同步，越是经典，越是符合K线空间和时间节奏周期。另外，个股主力和庄家虽然在日线图上能够玩弄花招，但是他们很多时候在周线图和月线图上还是无法耍花招的，因此，对那些大牛个股来说，无论它们是否和大盘同步，它们的周线图和月线图还是遵守K线空间节奏和时间节奏周期的。因为它们一定要遵守群体意识的自然规律。接下来，我们就深入分析MACD，以便对它有一个全面了解和把握。

一、空间：【60日均线】等同于MACD的【0轴】

股价和指数以【60日均线】为参照系——

【60日均线】等同于MACD的【0轴】，5、10日两条均线等同于MACD的【DIF】白线、【MACD】黄线。只不过MACD的【0轴】是一条水平直线，而【60日均线】是一条不断改变趋势方向的曲线。

既然，MACD【0轴】是相对于DIF、MACD为坐标和参照，我们同样将【60日均线】作为相对于股价、【5日均线】和【10日均线】的坐标和参照（因股价始终跟随【5日均线】左右，所以股价可以用【5日均线】变相代替，【5日均线】也可以变相代替股价），将静态的MACD【0轴】直线和动态的【60日均线】曲线结合起来。股价和指数一定要相对于【60日均线】，而不要相对于绝对的股价底部和绝对顶部。由于将【60日均线】设置为股价和指数的空间参照系，从而改变了对股价和指数空间的认识，这样你就马上解决了对股价和指数的"恐高症"和"贪婪症"，同时还能准确识别究竟哪一次股价和指

数回到【60日均线】是安全的：获取能量之后，股价和指数能够起飞；究竟哪一次股价和指数回到【60日均线】是不安全的：回到【60日均线】之后，将会确认改变原来的趋势。本书不再举例说明。

著名投资大师安德烈·科斯托拉尼说过，股市与经济的关系就像狗与主人的关系，有时候狗会跑到主人前面，有时候会跟在后面，但偏离再多，狗还是会回到主人身边。

股价和【60日均线】何尝不是如此。我们认为股价和指数就是那条小狗，【60日均线】就是主人，广大投资者习惯于将绝对底部或者绝对顶部当作主人，这是一个误区。

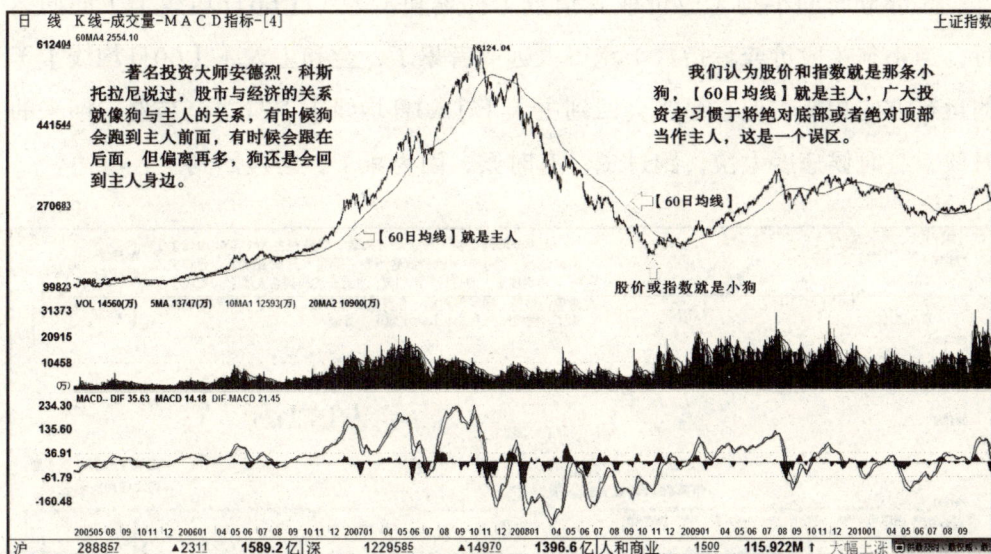

图 053

由于【60日均线】始终处于运动状态，人们又不习惯将股价与【60日均线】对比来做参考。前面我们说了，【60日均线】等同于MACD的【0轴】，所以，我们同样认为始终处于静止状态的MACD的【0轴】也是主人，MACD到【0轴】的距离就是主人手中那条无形的拴狗绳。

我们这里还要补充两点：

●从本质上讲，应该是先有股价和指数，然后才有将一段时间累计演算而来的均线。但是一般来说，股价和指数时间越短越不具有确定性和趋势性，反

而是将一段时间累计演算而来的均线更具有趋势性，因此我们认为，股价和指数更像小狗，【60日均线】更像主人；

●【60日均线】是主人，还有5、10、30、120、250日均线，他们就是主人的家人，5、10日均线可以认为是小孩子家，120、250是爷字辈以上的。在我们本章单独讲解MACD和K线周期关系的时候，为了不让讲解过于复杂，我们让小孩子家和爷字辈们都好好休息；但是【30日均线】，就像是主人的爱人，主人一个人带着小狗上山下山，难免还是有些寂寞，爱人自然是要一同前往的。爱人有时候和主人方向一致，但是有时候也不一致，爱人往往还是要当部分家的，后面具体情况我们会涉及到，因此在此提前交代一下。

大部分时间小狗（股价或者指数）都是和主人（【60日均线】）同向运行，当小狗（股价或者指数）跑得太远或者累了，会和主人（【60日均线】）的运行方向相反，但它最终会回到主人（【60日均线】）身边。当然，回来的时候，有时候速度太快，跑过了；有时候，因为累了，缓慢回到主人身边。

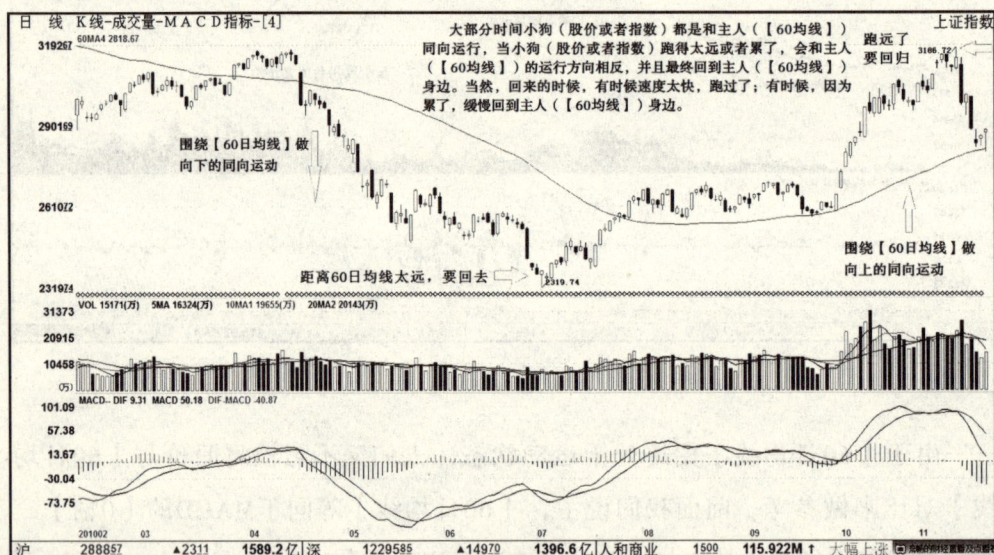

图 054

由于【60日均线】是一条"安全线"，是"安全"和"不安全"的分界线，是新的起跑线，一起从0开始。当小狗（股价或者指数）回到主人（【60日均线】）身边的时候，二者会合了，小狗（股价或者指数）补充了能量，主人（【60日均线】）要重新开始，从0开始选择方向；小狗（股价或者指数）也是重新开始，从0开始选择方向。明白了这个道理，我们再来解释股价指数、【60日均线】和MACD的关系。

我们将主人（【60日均线】）的动态运动看做爬山运行，有上山，有下山，有时爬高山，有时爬矮山。

（一）小狗（股价或者指数）跑累了

当主人和小狗准备爬一座单坡高山的时候，双方是同时起步的，小狗后来速度加快了，远远跑到主人前面，由于是连续攀爬，小狗别说回到主人身边，连【30日均线】都不回；又经过一段时间的攀爬，小狗终于跑累了，速度慢下来了，小狗是休息一会继续上爬还是用最省力的翻滚方式快速接近主人？

虽然小狗速度慢下来了，主人（【60日均线】）还保持匀速运行，但此时此刻，主人手中的拴狗绳（MACD的【0轴】）变得越来越短了。这种情况出现之后，小狗一定会调皮地用最省力的翻滚方式快速接近主人。

小狗跑累了，速度慢下来了，有很明显特征，我们还能提前把风险的弦绷紧点，随时防止小狗做翻滚动作。但是精确的判断，还是要借助MACD，一般MACD一个组合周期（8到10个交易日）的临界点（第8到第10个交易日）附近就是小狗要做翻滚动作的危险区间。一般第7个交易日就要防备，第9个交易日一般可以说是最后的防线，第10个交易日常常是为时已晚。

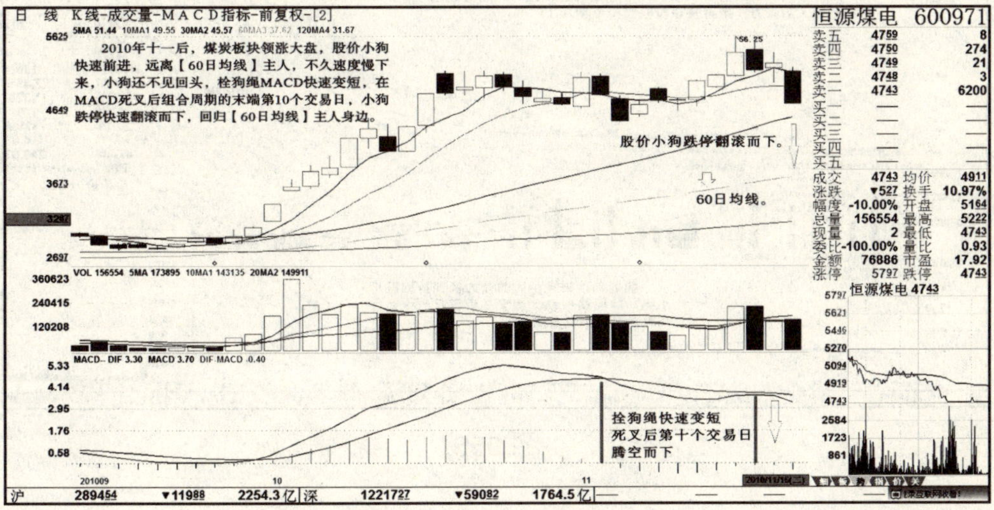

图 055

（二）小狗（股价或者指数）跑快了

同样的，当主人和小狗准备好爬一座单坡高山的时候，双方是同时起步的，小狗后来速度加快了，远远跑到主人前面。同样的，小狗既没有回到主人身边，甚至连【30日均线】都不回，到最后，小狗反而速度加快。这种情况，小狗一定会有危险。

这种情况出现之后，我们发现，小狗和主人（【60日均线】）的距离拉大了，但是主人（MACD的【0轴】）手中的拴狗绳却没有同时放长，也就是说此时距离越拉越开，长度不变的拴狗绳一定会绷得越来越紧，无形的拴狗绳是不会断的，那么结果只有一个，小狗被绳子巨大的张力快速拉了回来，小狗跑得越快，最后拉回来的张力就越大，拉回来的速度就越快，拉回来的距离也就越大。

小狗跑多远，跑多快，才能被绷紧的绳子的巨大张力拉回来，这个临界点如何把握？精确的判断，同样还是要借助MACD，一般MACD一个组合周期（8到10个交易日）的临界点（第8到第10个交易日）附近就是拉回来的开始。一般第7个交易日就要防备，第9个交易日可以说是最后的防线，第10个交易日常常是为时已晚。

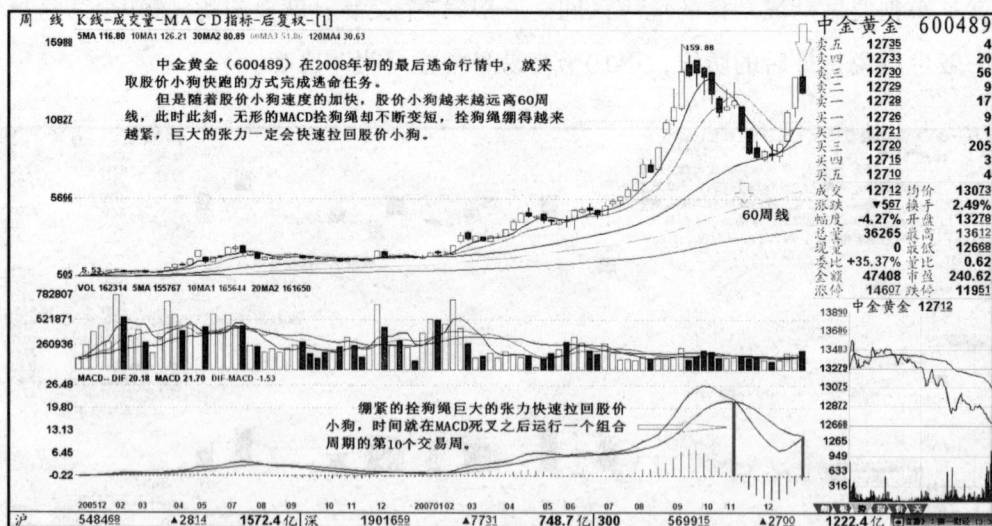

图 056

以上小狗跑累了和小狗跑快了是我们在单边运行的过程中进行空间判断的好办法，当然，其中也结合了时间概念，可以说是时间和空间结合在一起综合判断的典型案例，尤其是将二者结合起来之后，能够更好地判断单边运行过程中空间阶段性顶部或者绝对顶部。反过来，下山过程中同样如此。将二者结合起来之后，能够更好地判断单边运行过程中空间阶段性底部或者绝对底部。

当然，这只是一个辅助手段，利用它们不是所有阶段性顶部、底部或者绝对顶部、底部都能一网打尽，一个阶段性顶部、底部或者绝对顶部、底部的准确判断，我们还要综合其他手段比如说管理层连续性的信息等等。

（三）【60日均线】处于相对平缓位置必定重新选择上山和下山

不少时候，主人（【60日均线】）并没有明显的上山或者下山动作，而是处于相对平缓的位置，此时我们还不能明显地识别主人（【60日均线】）到底是要选择上山还是下山。我们刚刚说过："由于【60日均线】是一条'安全线'，是安全和不安全的分界线，是新的起跑线，一起从0开始。"一定要记住，【60日均线】异常重要，不管小狗和主人在相对平缓的位置磨蹭多久，最终都要重新选择是上山或者下山。**【60日均线】是判断主人（【60日均线】）和小狗（股价或者指数）重新选择上山和下山的重要标志。**

尤其是在小狗和主人连续长期爬山或者连续长期下山之后，【60日均线】开始处于相对平缓的位置，都是判断重要头部或者重要顶部的好方法（在相对位置磨蹭很久，再度选择原来的上山方向或者原来的下山方向,此处不做深入讨论，只要我们发现小狗和主人继续选择原来的方向前进就行了），也就是说，【60日均线】是判断"趋势成立"的好方法。

如果说，投资者不能准确判断阶段性或者绝对顶部、底部并及时顺利出逃、进场，那么阶段性或者绝对顶部、底部确认了、趋势成立了，即是我们最后的出逃机会和最好的进场机会。

比如说，2007年10月16日上证6124.04点阶段性见顶之后，经过10、11、12月一段时间的震荡整理，再度回升，股指能不能类似于2006年9月份、2007年3月份、2007年7月份那样发动新的行情，走出新的上涨波段？甚至能否如市场所言，再创8000点，10000点？

从上证图上我们可以看出，2007年经过5·30大幅震荡之后，2007年7月下旬当小狗和主人（【60日均线】）开始再度攀爬6124.04点这座山峰。到达山顶之后，主人（【60日均线】）的速度已经明显慢下来了，进入相对平缓位置；到了2007年11月22日，主人（【60日均线】）掉头是休整还是下山意图不明，相对平缓位置时间一般较长，我们还不能完全确认主人（【60日均线】）的最终选择；到了2008年1月初，这时候主人（【60日均线】）还在一路向下，小狗甚至出现和主人相反的方向，小狗还在向上攀爬，试图站上6124.04点眺望一下8000点，甚至10000点，但是主人很快将小狗拉回来；2008年1月16日，小狗和主人再度会合了，主人丝毫没有掉头向上再攀高峰的意思，下山主意已决，小狗不得不和主人同向运行。于是2006年9月份的历史不再重演，8000点，10000点当时也更是一个梦。当然，这里还有更重要的综合判断因素，我们讲完MACD的时间节奏周期之后，将会在后面补充。

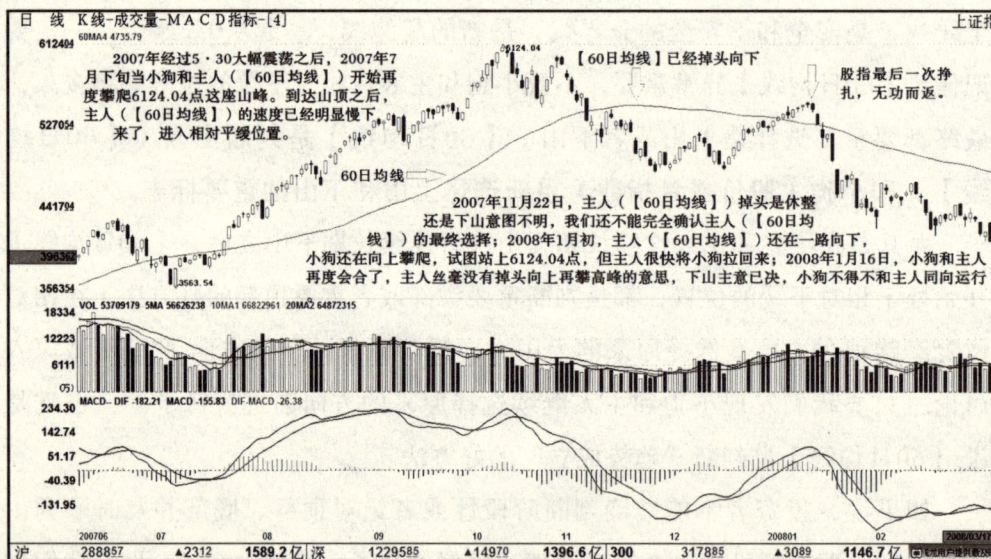

图 057

二、时间：股价和指数以MACD为标准

从时间上，K线的运行基本上以8到10个交易日为一个组合周期。

●上升趋势中，一般将会连续上涨5到7个交易日（中间可以出现一到两个

交易日的震荡阴线），然后是3个交易日的震荡调整。

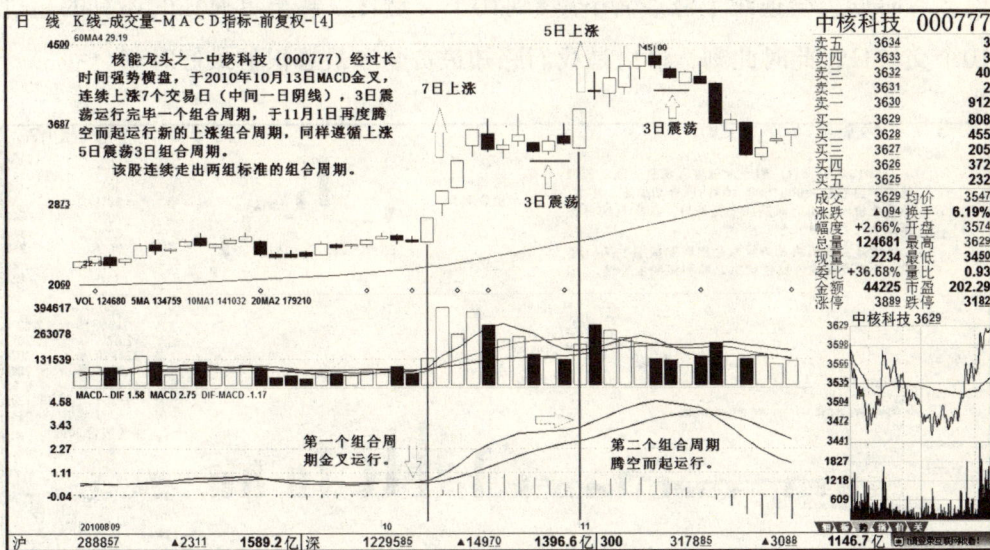

图 058

●下降趋势中，连续下跌5到7个交易日（中间可以出现一到两个交易日的反弹阳线），然后是3个交易日的反弹回升。

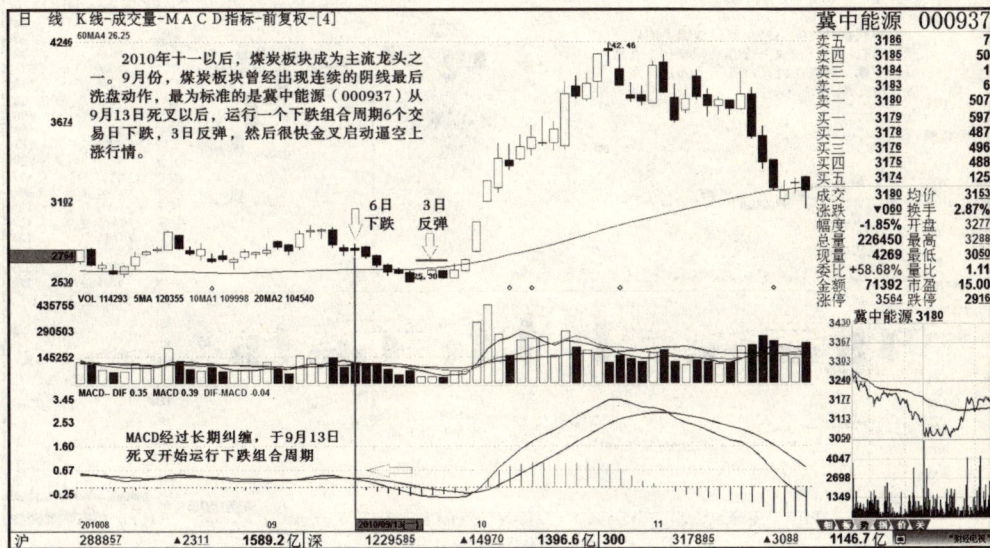

图 059

当然，凡事不可能绝对，对疯狂的单边上扬或者疯狂的单边下跌趋势来说，有时候，会连续上涨或者下跌8到10个交易日，甚至更疯狂的还有的超过10个交易日，此时此刻，恰恰是我们感知最贪婪和最恐惧的最好时刻。

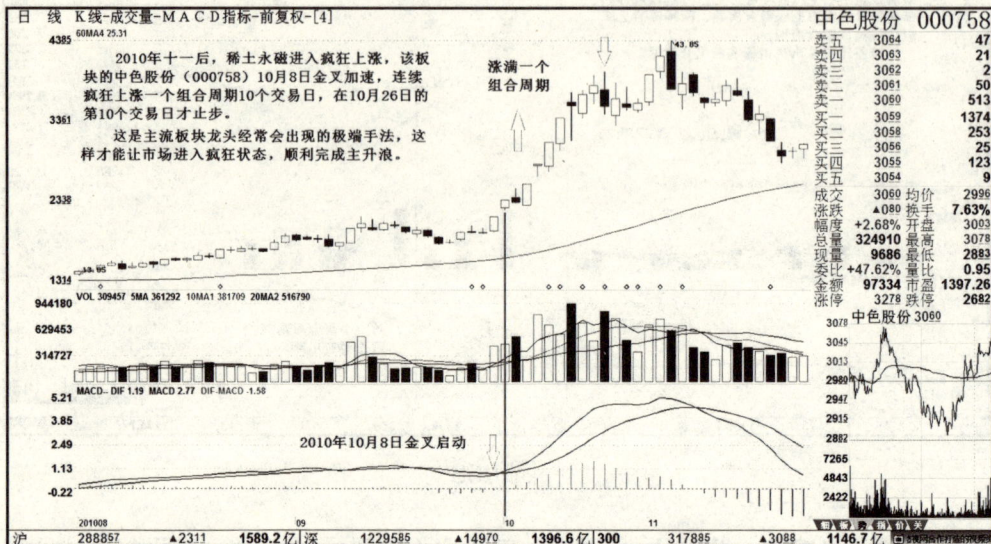

图 060

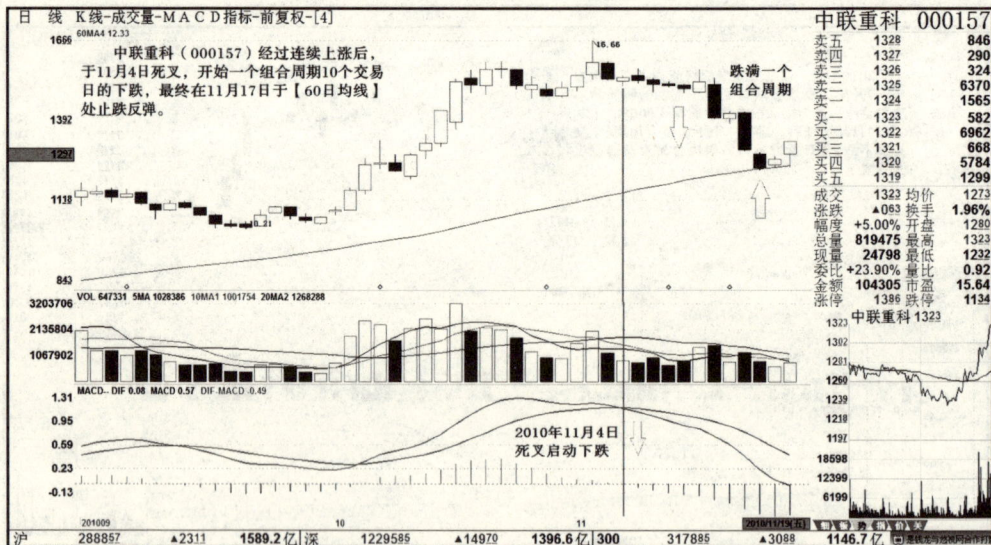

图 061

尽管最恐惧和最贪婪的时候，疯狂上涨或者疯狂下跌会用尽8到10个交易日，但是还是符合一个组合周期的规律。

所以，8到10个交易是一个组合周期，正是借助上述一般的周期规律，我们可以很好地把握大势和主流龙头的时间节奏。

首先来回忆一下我们对MACD的界定："从MACD的定义中，我们知道MACD的作用类似于均线系统，它的本质还是属于均线系统的范畴，均线系统本身已经反映了股价目前的运动趋势，MACD同样也反映了股价运行的趋势。"

既然MACD的本质还是属于均线系统的范畴，那么MACD和均线系统一样均反映了股价运行的趋势，MACD和均线系统一样具有助涨助跌的特性，二者均没有助盘整的特征，在盘整期间，二者基本上不具备明显的趋势特性。

基于这一基础理念，我们必须结合趋势来展开MACD组合周期的讲解。趋势又是由K线组成的。所以，在详细讲解MACD组合周期之前，我们还是首先认识一下K线的组成。任何K线的运行都是采取趋势的方式，趋势也就是通道。无论是个股还是指数，都是由一根一根K线构筑而成的，K线是最基本的元素，在某一段时间内，这些元素会形成一种趋势。个股或者指数就是在一个接一个的趋势中不断向前运行。

（一）趋势的3种形态

从时间上，我们将K线的运行分解成8到10个交易日为一个组合周期，股价和指数就是一个组合周期一个组合周期地向前运行；但是从空间上，K线的运行又是采取趋势（也可以说通道）的方式运行。

不管市场如何变化，趋势基本上就是3种：上涨趋势、下跌趋势、横盘震荡趋势。每一种趋势都包含3个部分：趋势形成点、趋势延续段、趋势终结点。每一个趋势的形成点，也是上一个趋势的终结点；每一个趋势的终结点，也是下一个趋势的形成点。

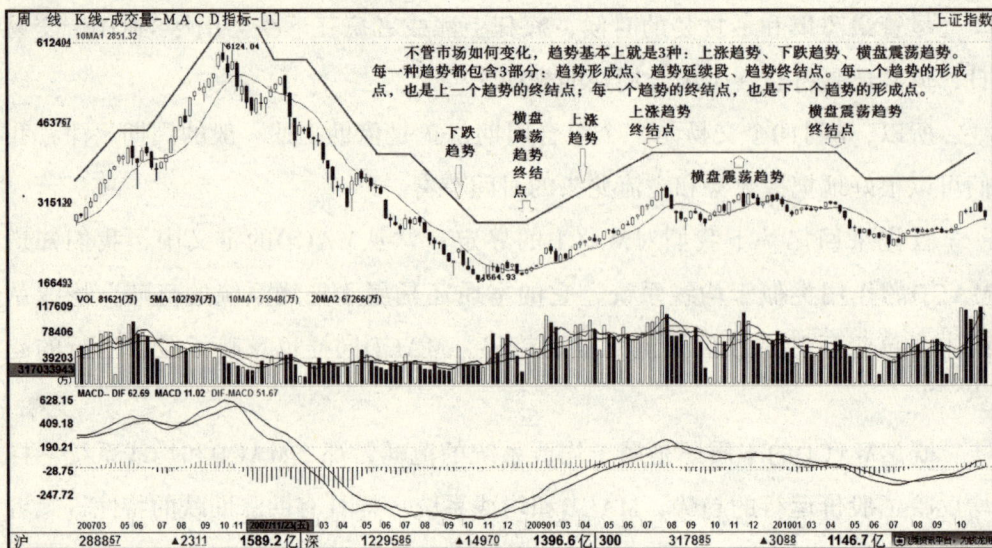

图 062

1. 横盘震荡趋势

3种趋势中横盘震荡趋势的震荡方式有时表现出无规则运行态势，这种态势极难掌握和把握，单凭K线观察，毫无时间感和空间感以及方向感，基本上处于混沌状态。这种情况下，我们往往需要借助MACD对其方向性进行综合判断。

有时候，其表现出来非常明显的箱体震荡的方式，只不过箱体的高度不一样罢了，尤其是单边趋势之后跟随箱体震荡方式，一般都会很快发生较大的方向性变化，我们对这部分做深入分析。

箱体震荡方式中，箱体高度高一点的最常用的是"涨不过三，跌不过三"的方式，箱体高度低一点的最常用的是"巨阴巨阳交错"的方式。当然，有的箱体高度更高，那是大型形态变化的情况，或许以一个组合或者几个组合构筑而成，本质其实都是一样的，我们在此简单说明一下基本处于一个组合周期中的两种方式：

●横盘振荡1：涨不过三，跌不过三

"涨不过三，跌不过三"形态的特征：

（1）第一步——终结单边趋势。一般都出现在一轮单边上涨组合周期或

者单边下跌组合周期之后，预示主力将要改变手法，原有的单边趋势暂缓或者终结；

（2）第二步——构筑箱体运行。原来8到10个交易日一个组合周期的单边节奏突然缩短变成"涨不过三，跌不过三"，这样投资者天性中具有追涨杀跌本性的投资者在这里受到双倍惩罚，原有的节奏彻底被打乱，原有的惯性操作手法被终结；

（3）第三步——打破箱体运行，恢复原有单边趋势。箱体横盘震荡形态的出现，一般还要恢复运行一组原来的单边组合周期，完成阶段性或者绝对性大型头部、底部，或者大型中继平台。当箱体震荡改变投资者原有的惯性节奏，随后的第三步又会让他们发现市场原来单边的趋势并没有改变，自己改变节奏是错误的，于是又恢复到原来的惯性操作并发誓不管趋势如何改变绝不再改变惯性节奏，这就是主力想要的结果，恰恰此时局势彻底扭转了。

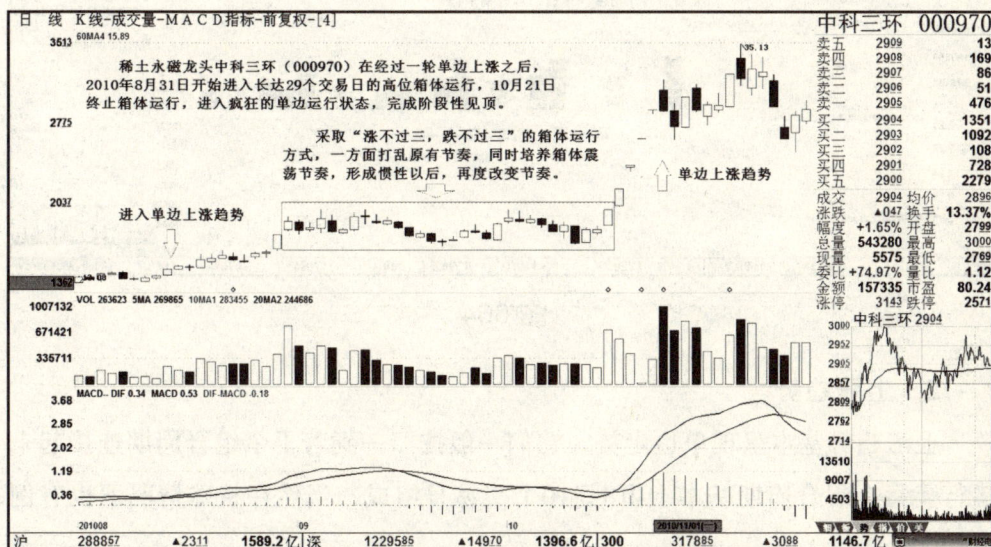

图 063

● 横盘振荡2：巨阴巨阳交错

"巨阴巨阳交错"横盘震荡方式，虽然级别上比不上"涨不过三，跌不过三"横盘震荡方式大，但它的节奏更快一些，实际上，"巨阴巨阳交错"横盘震荡方式和"涨不过三，跌不过三"横盘震荡方式在本质上是一样的。

不过，我们认为巨阴巨阳的震荡方式对投资者的摧残是双倍的。由于人性中具备追涨杀跌的特点，看到上涨就追进，次日随即下跌，投资者因害怕不得不割肉出局，但是割肉完毕，第三日却再度上涨，投资者认为割肉割错了，随即再度杀入，结果第四日又被摧残，这就是典型的两面挨揍。等到你明白了，改变了，认为踏上了追跌杀涨快速转换的节奏，恰恰主力又变了。

有时候，我们会发现，主力会将两种横盘震荡方式结合在一起使用，这样，更让投资者无所适从。

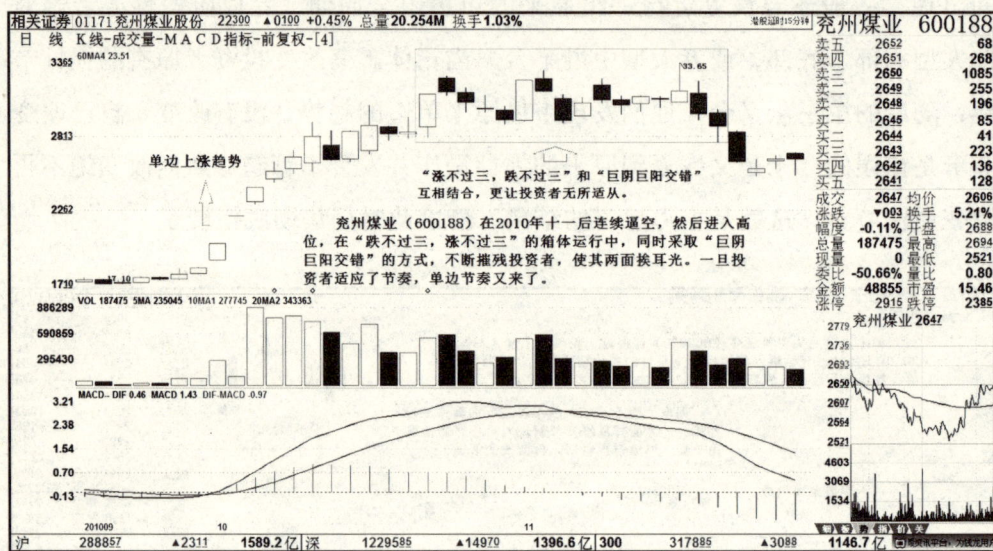

图 064

2. 上涨趋势

上涨趋势基本呈现单边走势，它们一般按照一到若干个组合周期连接起来运行。每个组合周期基本上由8到10个交易日组成，当然在特殊情况下也有例外。

●上涨5到7个交易日，震荡3个交易日

在每一个由一到若干个组合周期组成的上涨趋势中，其中每个组合周期的8到10个交易日中，一般情况下，上涨5到7个交易日（中间可以出现一到两个交易日的震荡阴线），然后是3个交易日的震荡。

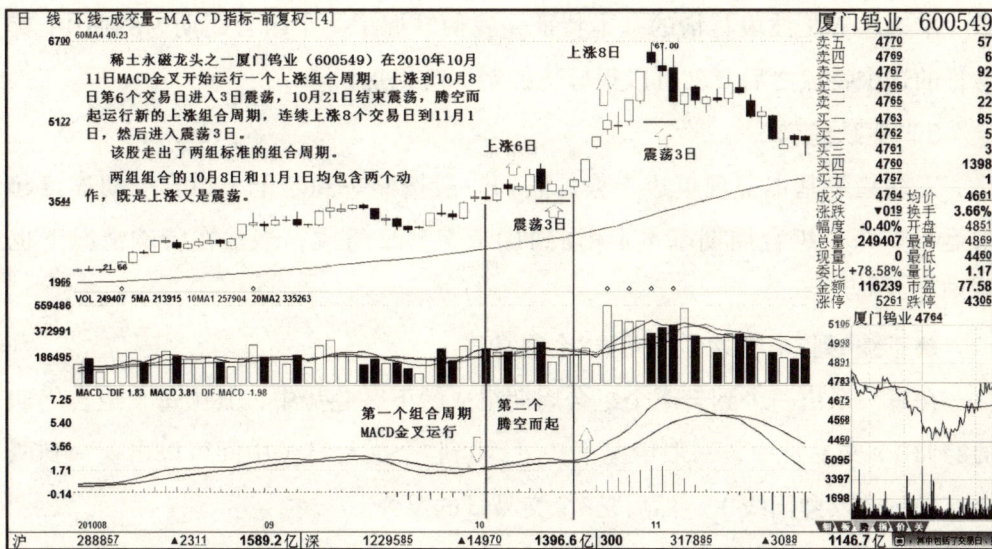

图 065

●疯狂状态下整个组合周期连续上涨

在每一个由一到若干个组合周期组成的上涨趋势中，其中每个组合周期的8到10个交易日中，有的3个震荡交易日的震荡幅度较小，甚至在盘中直接完成，这样就出现了在疯狂状态下，我们常常会发现超强情况下一个组合的8到10个交易日全部为上涨，也就是将上涨时间放大到最大极限，制造极度疯狂。

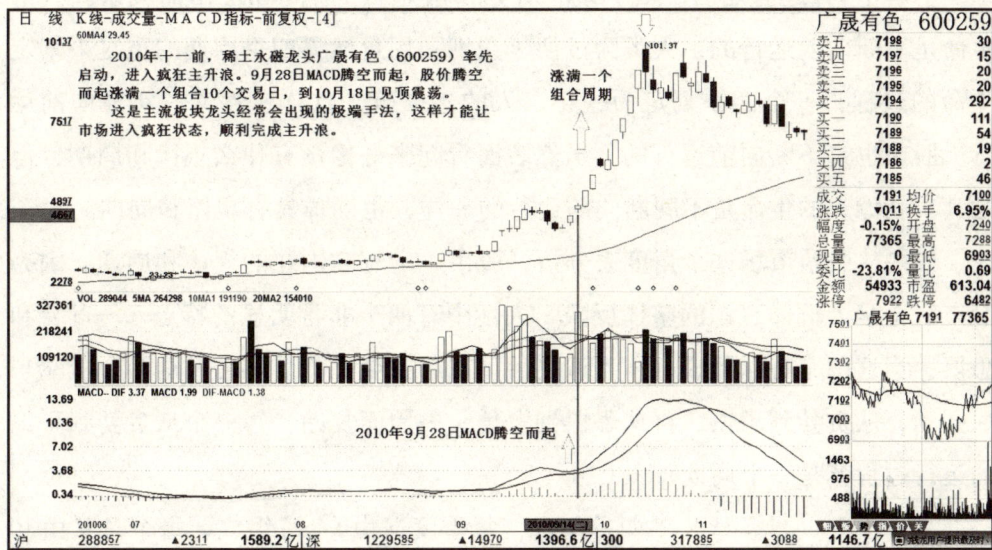

图 066

单边趋势是波段行情的基本特征，我们掌握了一个组合周期为8到10个交易日的这个特点之后，就可以很好地控制风险把握机会。

3. 下跌趋势

下跌趋势基本呈现单边走势，它们一般按照一到若干个组合周期连接起来运行。每个组合周期基本上由8到10个交易日组成，当然在特殊情况下也有例外。

● **下跌5到7个交易日，反弹3个交易日**

在每一个由一个到若干个组合周期组成的下跌趋势中，其中每个组合周期的8到10个交易日中，一般情况下，下跌5到7个交易日（中间可以出现一到两个交易日的反弹阳线），然后是3个交易日的反弹。

● **疯狂状态下整个组合周期连续下跌**

在每一个由一个到若干个组合周期组成的下跌趋势中，其中每个组合周期的8到10个交易日中，有的3个反弹交易日的反弹幅度较小，甚至在盘中直接完成，这样就出现了在疯狂状态下，我们常常会发现超弱的情况下一个组合的8到10个交易日全部为下跌，也就是将下跌时间放大到最大极限，制造极度疯狂。

了解了3种趋势之后，我们现在开始讲解趋势周期和MACD的关系。人的生命是不断向前运行的，人类为了便于识别，用自然界四季周期的重复来划定生命的过程，一个四季划定为一年，人的生命就是这样一年又一年地向前运行。股市也是不断向前运行的，虽然表面看起来好像没有什么规律和周期，但是其实就像人的生命是不间断向前运行的一样，也同样具有规律和周期。

如果从股票市场这个角度去分析，股市一定有它内在的规律和周期，因为股市完全是人群体意识的整体反映。人性中有两个非常明显的特点——贪婪和恐惧，当这两个特点形成群体意识之后，市场就会在贪婪和恐惧这两个极端来回摆动，从贪婪到恐惧，再从恐惧到贪婪……周而复始，每一个从贪婪到恐惧的运行过程就是一个周期。

一年由春、夏、秋、冬四季组成，每季度又由3个月组成，每个月又由30

天左右组成，每天又由24小时组成（也可以说白天和黑夜组成）……每一个大小周期均包含了一个完整的阴阳周期转换；那么贪婪到恐惧的周期过程就是由月上涨趋势、月横盘震荡趋势、月下跌趋势组成（年趋势或者季度趋势对我们年轻的中国股市来说太短，仅供参考），每个月趋势又由日上涨趋势、日横盘震荡趋势、日下跌趋势组成，每个日趋势又由60分钟上涨趋势、60分钟横盘震荡趋势、60分钟下跌趋势组成……

对股市来说，我们就是要找到各种趋势的时间周期转换特征。

不管是大趋势还是小趋势，它们仅仅是在时间或级别方面存在较大差别，但是本质上没有什么区别。

任何时候原有的趋势改变了，市场就会发生变化。我们只有顺势而为，趋势才能成为我们的朋友。我们在市场中，任何时候都要关注趋势所处的状态，才能在上涨趋势中获取利润，在下跌趋势中规避风险，在横盘震荡趋势中懂得休息，才能很好地把握机会，规避风险。

我们继续借用小狗和主人来剖析时间周期，趋势就是小狗（股价和指数）围绕主人（【60日均线】）的跑动状态。我们发现，小狗围绕主人（【60日均线】）的跑动轨迹，基本上是采取8到10个交易日（周或者月）一个组合周期来跑动的，在疯狂跑动状态下，可以达到极限超过11个交易日（周或者月）。这个周期需要用MACD的运行方式来加以划分。

我们以小狗（股价和指数）围绕主人（【60日均线】）的跑动状态来展开说明，这样可以层层推进，层层深入。

（二）DIF和MACD回归【0轴】趋势周期的判断

小狗（股价和指数）不管跑得多远，再度回归主人（【60日均线】）附近之后，吃饱喝足了将会和主人一起，再度选择上山或者下山。【60日均线】这里就是一个转折点，往往还是重大方向的转折点，一般都会形成较大的中级波段上涨或者下跌。尤其是经过长期横盘，MACD来回死叉、金叉，最终选定一个方向之后，更是具有巨大的中级波段或者下跌波段，所以我们必须对这种走势进行全面、深入分析。

当小狗（股价和指数）跑到主人（【60日均线】）身边的时候，MACD一定会回到【0轴】附近，小狗（股价和指数）主人（【60日均线】）再度选择上山或者下山，那么MACD也将会从【0轴】附近选择新的方向。

1. DIF和MACD在【0轴】附近金叉趋势周期的判断

每当一轮单边上涨或者下跌进入震荡，小狗（股价和指数）都会回到主人（【60日均线】）身边，此时此刻，MACD回到了【0轴】，面临新的方向选择。但是由于震荡方式表现出无规则的运行态势，这种态势极难掌握和把握，单凭K线观察，毫无时间感、空间感、方向感，基本上处于混沌状态，接下来到底主人和小狗将要选择什么方向运行？这种情况下，K线组合周期和MACD结合起来就发挥了很大的作用：

对MACD略知一二的投资者可能看到DIF和MACD在【0轴】就马上买入，认为可能继续上涨，但是有时候结果并不是继续上涨，而是买在了最高点。此时此刻，主人和小狗将要选择什么方向运行？确定方向选择的时间，恰恰是在MACD金叉之后K线运行8到10个交易日一个组合周期。

这里有两个经典的案例，正好一正一反说明了MACD明确的金叉时间和K线周期的关系，从而让我们很好地把握机会，同时回避风险。

上证2002年"6·24"行情暴涨之后，随即很快进入震荡回落，2002年8月16日，小狗回到主人身边，21日MACD金叉。此时此刻，主人和小狗将会选择一个重要的方向。到底是选择继续上山，还是选择下山？如果从【60日均线】呈现继续上涨的态势看，以为主人会选择继续上山，于是提前介入，但是结果并不是如此，在21日MACD金叉之后，股指运行了10个交易日看似要上山，不过到了第12个交易日，MACD却是死叉，【60日均线】主人仅仅挣扎了8个交易日，于9月16日也掉头向下下山，股指随即又开始了一轮长长的下山之路。为什么会如此？

毕竟上涨下跌是由很多因素共同决定的，但是为了不过于复杂，这里我们抛开其他因素不谈，专门从本章技术MACD和K线组合周期这条主线来分析。回到上一个话题：为什么会如此？因为，我们还忽视了主人的爱人。

当2002年8月21日MACD金叉的时候，主人（【60日均线】）的爱人（【30日均线】）和主人的方向相反，爱人要下山，小狗跟随主人爱人更紧；

主人要上山，MACD也金叉走好，意见不统一，需要时间协调，协调的时间就是8到10个交易日一个组合周期。一个组合周期运行完毕，时间到了，9月4日，【30日均线】向下死叉【60日均线】，爱人下山决心已定，小狗更是紧随，MACD随即次日（9月5日）也倒戈，此时此刻，更重要的是【60日均线】主人的其他家人5、10、120、【250日均线】全都下山意愿强烈，只剩下主人一个人还在做最后的挣扎，6：1，主人势单力薄，最终不得不掉头下山。

这里就是我们在《赢在股市1》中反复强调的多头排列是何等的重要，意见不统一，是断然发动不了行情的。MACD金叉之后K线组合8到10个交易日的一个组合周期就是为了协调各方形成多头排列，协调成与不成，一个组合见分晓。

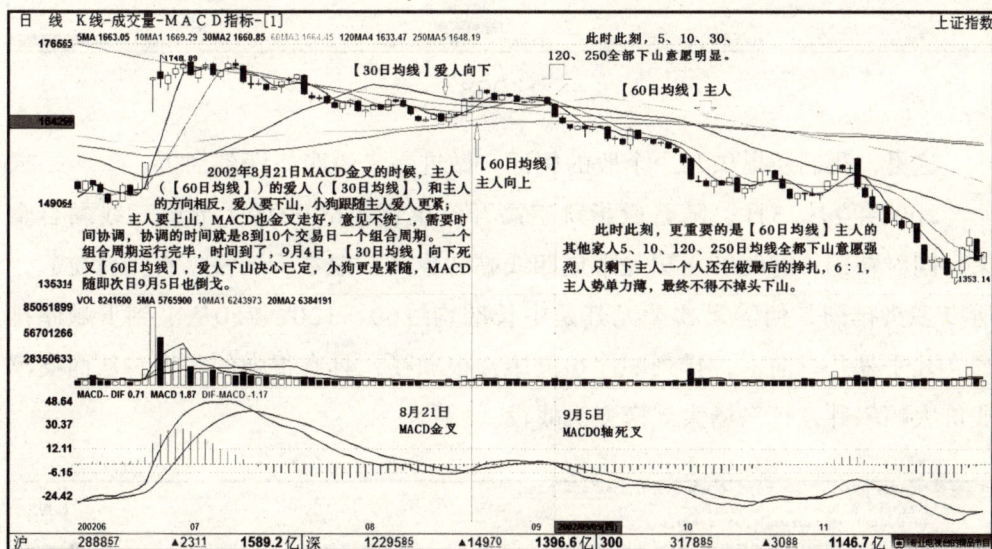

图 067

我们再来看看2003年3月28日，股指经过一轮上涨，再度回落，MACD在【0轴】附近金叉，这次主人和小狗是选择向上还是向下？很明显，即便在3月28日金叉的时候，爱人还是有下山的意念，不过次日就改变了，所以多方达成一致意见，形成多头排列之后，股指在MACD金叉之后运行到第9个交易日就迫不及待地快速向上。但是由于长期均线120正处于从下降趋缓到走平状态，【250日均线】更处于缓慢下降状态，它们极度松散，所以即便快速上涨，行情很快就结束了。

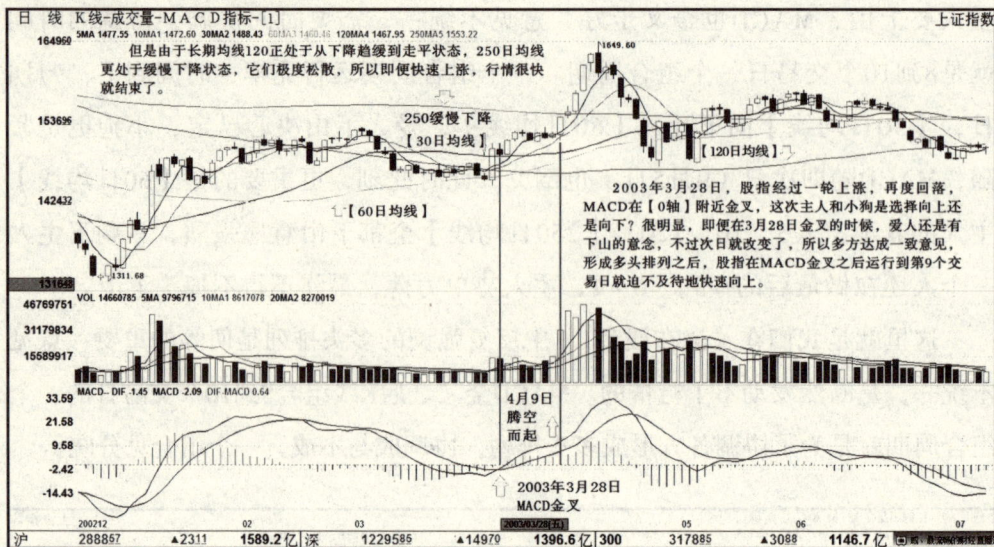

日 线 K线-成交量-MACD指标-[1] 　　　　　　　　　　　　　　　　　　上证指数

图 068

　　这里，我们还提供几个个股的例证，做进一步说明，深刻剖析。

　　2007年7月23日，随着股指跳空高开，宝钢（600019）形成三线黏合金叉，同时鞍钢（000898）更是形成四线黏合金叉，根本不调整，直接就拉起，所以多头排列是何等重要。尤其是中长期均线60、120、250从上到下顺序排列，几乎是并行向上，排列顺序很健康，很顺畅，具有很强的张力，从而支撑股价大幅飙升，打一场大规模多头战役。

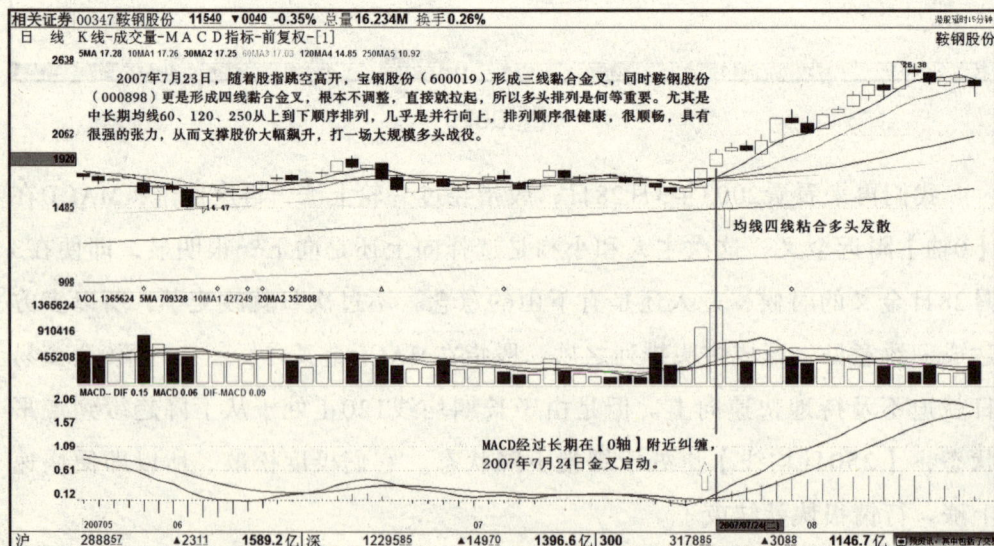

相关证券 00347鞍钢股份　11540 ▼0040 -0.35% 总量16.234M 换手0.26%　　　　　　　　　　　　　鞍钢股份
日 线 K线-成交量-MACD指标-前复权-[1]

图 069

下面我们再提供一个反证，2008年2月20日，长城开发（000021）虽然金叉了，但是我们一定要将多条件是否出现共振结合起来看，才能准确判断是否会启动。

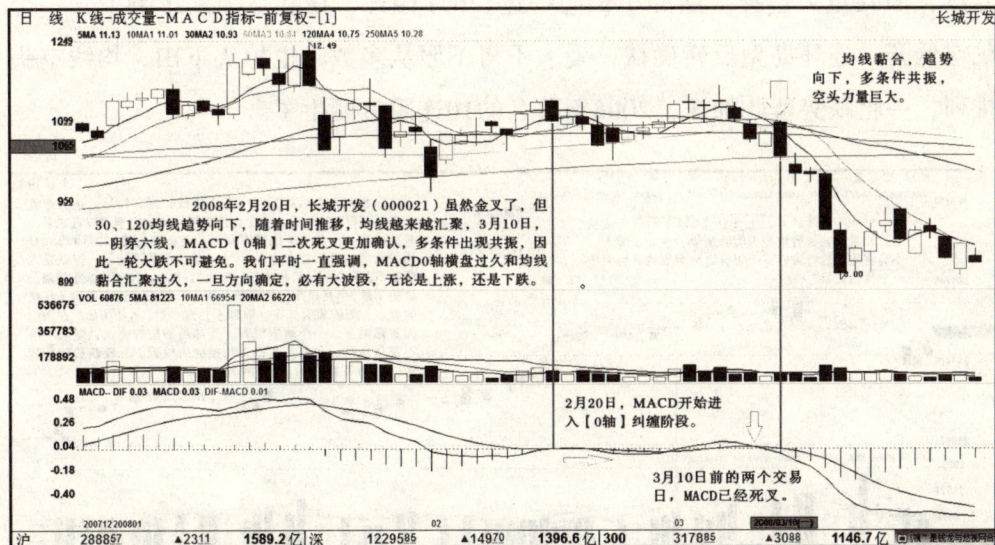

图 070

这个例证也说明了【0轴】附近双底形态不管是成功还是失败，它所具有的爆发力和杀伤力都是巨大的，充分显示了"共振"的威力。

2. DIF和MACD在【0轴】附近死叉趋势周期的判断

其实我们在上述的案例中，从长城开发（000021）在【0轴】金叉到死叉的转换过程中，已经认识到MACD在【0轴】死叉之后K线运行一个组合完毕，各方协调一致的杀伤力。

现在我们再举例说明：上证指数从2007年10月16日的6124.04点，在短短的7个月时间里，到2008年4月击穿3000点，腰斩一半。4月23日，管理层宣布"降低印花税"大利好，随即爆发了短暂的4·24行情，股指运行到2008年5月22日，上证在【0轴】附近形成死叉。此时此刻，行情是否能够延续，主人、爱人、小狗在死叉运行完毕一个组合之后到底将会协调出一个什么结果？

股指死叉之后运行了10个交易日，到6月4日，主人下山意图很坚决，爱人有上山的意图，MACD极度接近之后，开始远离，小狗也下山意图明显，更重

要的是120日和【250日均线】发散向下，这次也是6：1，意见还是不统一，但是爱人明显不占优。并且在6月6日那周收盘之后，周线DIF和MACD更加亲密接触接近了，这是下跌7个月以来，二者第一次如此接近，这可是到了超级临界点，面临重大选择。随即小长假一过，6月10日，在利空因素影响下，一个跳空低开，连环岛型反转确认，爱人不得不服从多数，也掉头下山，均线空头排列，一轮跌势就此加速，2008年著名的10连阴就诞生了。

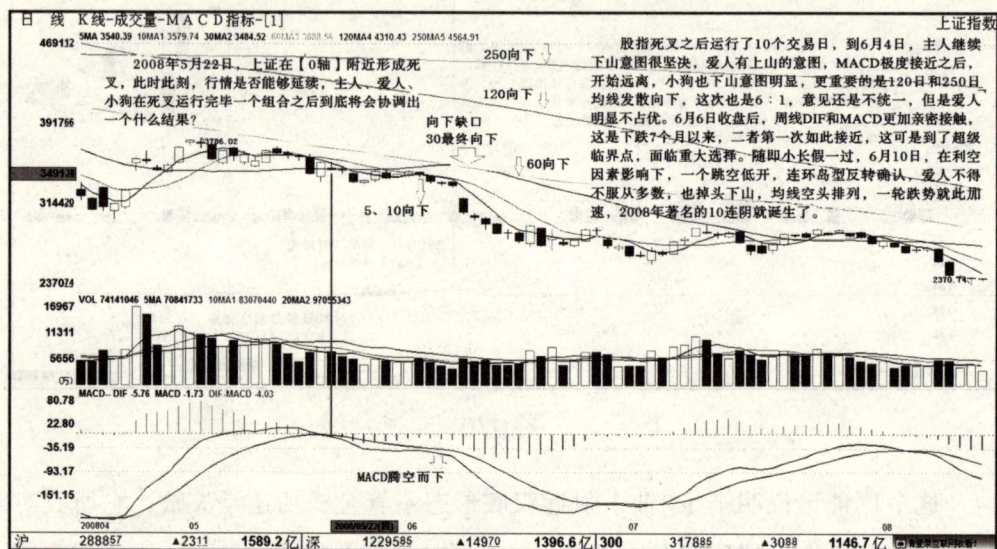

图 071

能够将【0轴】附近的转换演绎成经典的案例，我们认为非海通证券（600837）莫属。

该股从2008年6月26日开始，在【0轴】附近出现3组金叉很快再度3组死叉，股价在越来越黏合汇聚的5、10、30、60、120、250日6条均线之间反复震荡，好冲动的投资者看到第一次出现【0轴】金叉黏合汇聚，就很容易杀入，等待暴涨；但是该股很快死叉，让他们很是苦恼；很快该股再度金叉，让他们又重燃希望；很快随着第二次死叉的出现，希望又破灭了；不要紧，第三次金叉又出现了，希望第三次出现，但是绝望也第三次跟随而来。在这样反复折腾之后，市场最终将要给出一个方向，那么避免折腾和看清方向的根本原则就是均线系统的走势，MACD在【0轴】附近的形态是一个大趋势"探测

器"，**最终决定多空大规模战役的是"均线系统形成空头还是多头"**。有了这个，我们就可以悠闲地看主力折腾，等待战役的打响：多头战役，我们进场；空头战场，我们观望休息。

该股随着2008年7月31日第三次死叉，很快【10日均线】】向下死叉【30日均线】，【60日均线】向下死叉【250日均线】，主人以及其家人基本上都有下山的愿望，愿望共振，下山是必然。

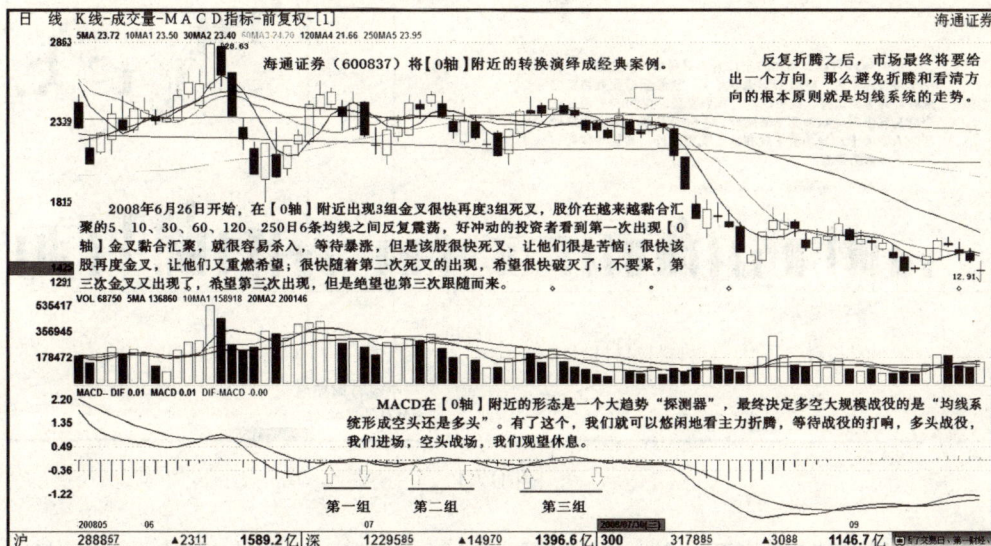

图 072

另外，还有一个案例我们必须提出来，我们一直在对比验证，这一套MACD和K线运行组合周期的理论是否在其他市场也管用。所以，我们后来长时间地同步关注美股、石油、黄金、港股等外盘市场，最后发现同样如此。因为每个市场使用的技术都是一样的。

我们看美国道琼斯指数2007年10月11日在14198点遇阻以后快速回落，2007年11月26日止跌开始反弹，在市场一片看好声中，这次能否再度继续创出新高？

2007年12月18日和2007年12月31日最后一个交易日，在一个组合周期内，MACD形成双死叉，已经预示此处将要出现较大的方向选择。此时此刻，我们发现，在2007年最后一个交易日出现MACD死叉的同时，【60日均线】主

人全家除了主人爱人【30日均线】还在横盘观望之外，其他均掉头向下，下山意图强烈。

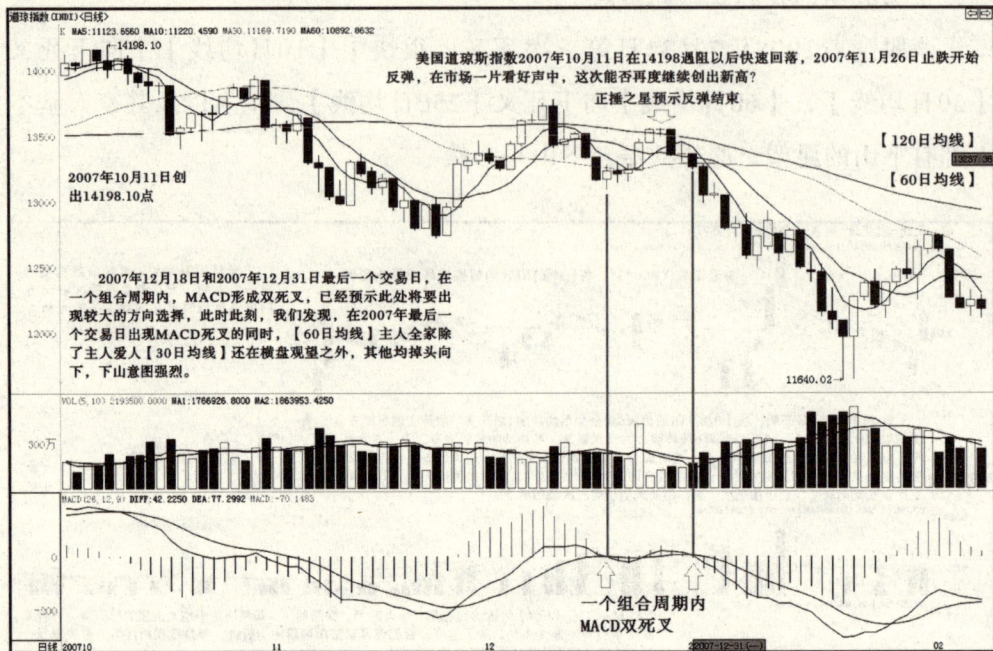

图 073

同样是道琼斯指数，从2008年8月20日开始，MACD在【0轴】附近，在一个组合周期之内出现3次死叉，尤其在2008年9月4日长阴促成死叉之后，很快主人全家所有的均线形成空头排列，下山不可避免。即便我们不知道2008年9月15日才开始明朗紧随其后的《雷曼兄弟宣布申请破产保护》引爆美股暴跌，我们仅凭技术就可以提前、最起码及时规避中级风险，反过来也可以提前或者及时抓住中级机会，这就是"MACD和均线系统共振"的威力。作为世界经济风向标的道琼斯，这次正好为我们提供了一个经典的例证，这就是我们一直强调的：

一切都反应到盘面上，市场的所有内在信息最终都要通过盘面反映出来。

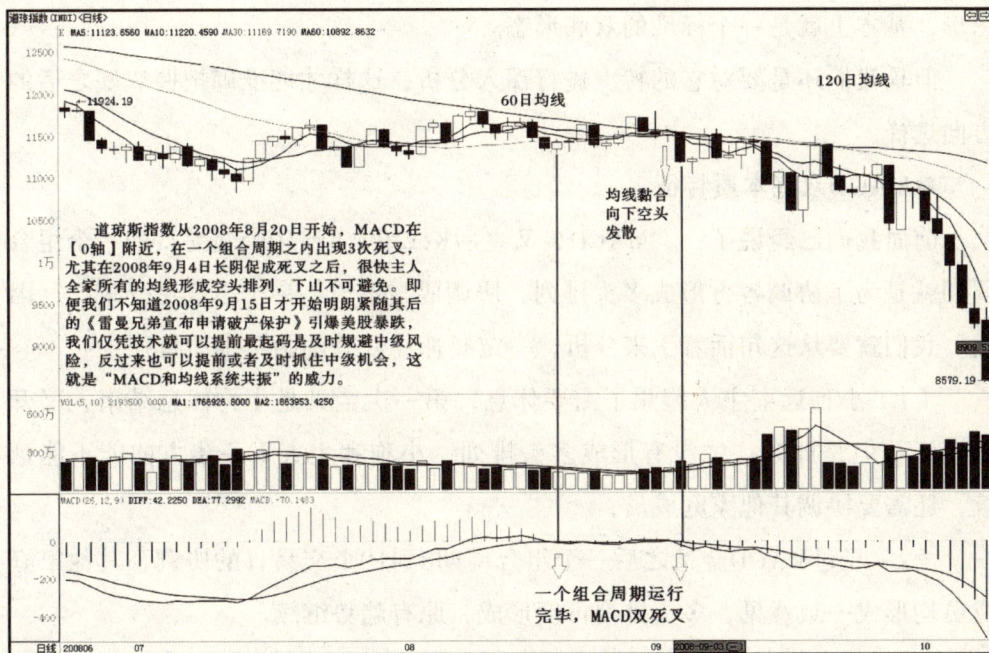

图 074

（三）DIF和MACD远离【0轴】趋势周期的判断

我们在《赢在股市1》中专门讲过MACD的几种重要形态，其实，我们认为最重要的除了上面讲到的【0轴】附近金叉死叉之外，当DIF和MACD远离【0轴】之后，我们就要靠双底形态、腾空而起、腾空而下几种形态来辅助判断K线周期的趋势和拐点。

如果单从MACD金叉死叉来看，并不具备任何十拿九稳的意义，必须和K线的组合周期结合起来，MACD的威力才能显现出来。一旦结合起来，就演变成了MACD在一个组合之内的变化情况，那么一个组合8到10个交易日之内，当远离【0轴】之后，本质上都会形成双底的各种变化。这里，我们要始终围绕【60日均线】来展开讲解，也只有继续借助小狗和主人以及爱人的帮忙，我们才能将千变万化独立的死叉金叉讲解得清楚透彻。现在我们就从双底讲起。

1. DIF和MACD远离【0轴】附近双底趋势周期的判断

标准的双底形态，非常明显，不需要我们做进一步的详细解释就能一眼看出来，比如说《2010年股票池》中的华工科技（000988）在2010年10月份的图形，基本上就是一个标准的双底形态。

但是我们还是要对它的特点进行深入分析，这样才能准确把握双底之后的方向选择。

●MACD双底本质特征

前面我们已经说了："MACD金叉之后K线组合8到10个交易日的一个组合周期就是为了协调各方形成多头排列，协调成与不成，一个组合见分晓。"因此，我们就要从这句话着手来分析，一定要抓住双底的两个本质特征：

（1）小狗远离主人跑累了需要休息，第一次金叉是小狗休息结束，又开始活跃，但是此时均线没有形成多头排列，小狗和主人下一步方向能不能延续，还需要协调其他家庭成员；

（2）经过MACD金叉之后一个组合周期8到10个交易日的协调，其他家庭成员均形成一致意见，多头排列再度形成，原有趋势继续。

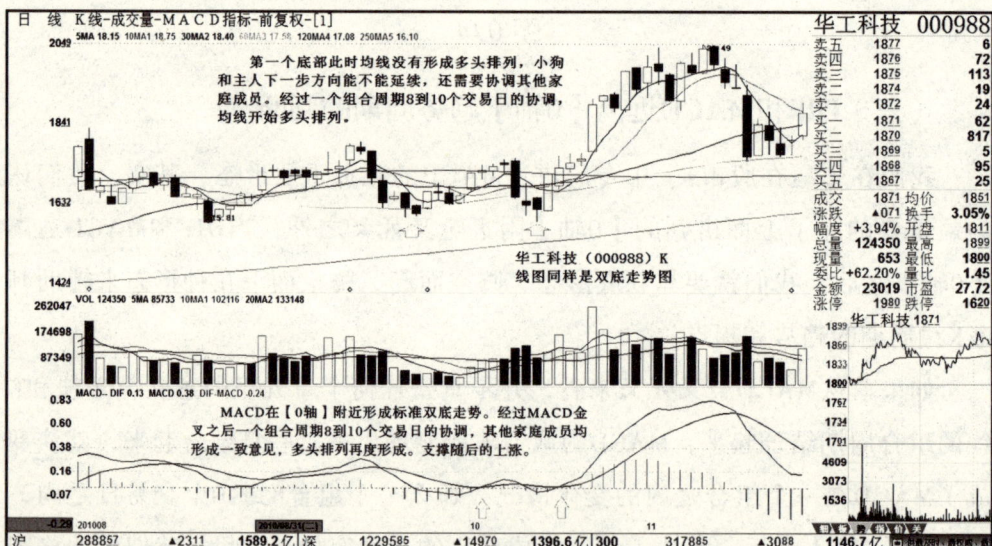

图 075

这里的关键是，第二次金叉的时候能不能延续原有趋势，需要看是否意见一致，形成多头排列，唯有多头排列才能继续原来的趋势。

●MACD双底主要协调对象

这里还要强调两点的是：

（1）如果出现在【0轴】附近双底金叉成功，【30日均线】爱人是协调的重点对象。

（2）如果在远离【0轴】处双底金叉成功，5、【10日均线】小孩子家就是协调的重点对象。

但是，在实际中，出现标准双底形态这种情况非常少见，更多的是千变万化的MACD金叉死叉形态，不管怎么变化，我们都要用双底的眼光去看待，这样心中才有一个标准，一把尺子，否则，单凭一个金叉死叉就去判断，很容易有两眼一抹黑的感觉。

在长期的研究中，我们将双底的演化形态又归纳为腾空而起和腾空而下这样双底结合的两种形态，基本上就可以涵盖MACD最本质和最实用的特征。

2. 腾空而起趋势周期的判断

腾空而起就是DIF和MACD经过一次金叉之后，经过K线一个组合周期8到10个交易日左右的运行，没有形成死叉发展成为双底，而是DIF回探到MACD附近不死叉，就直接掉头向上，MACD就好比跳板一样，DIF回落到这里，就腾空而起。

这是一种非常强势的MACD双底形态，具有以下3个特征：

●MACD的第二个底部稍微或者明显高于第一个底部，这样才具备强大的弹力。

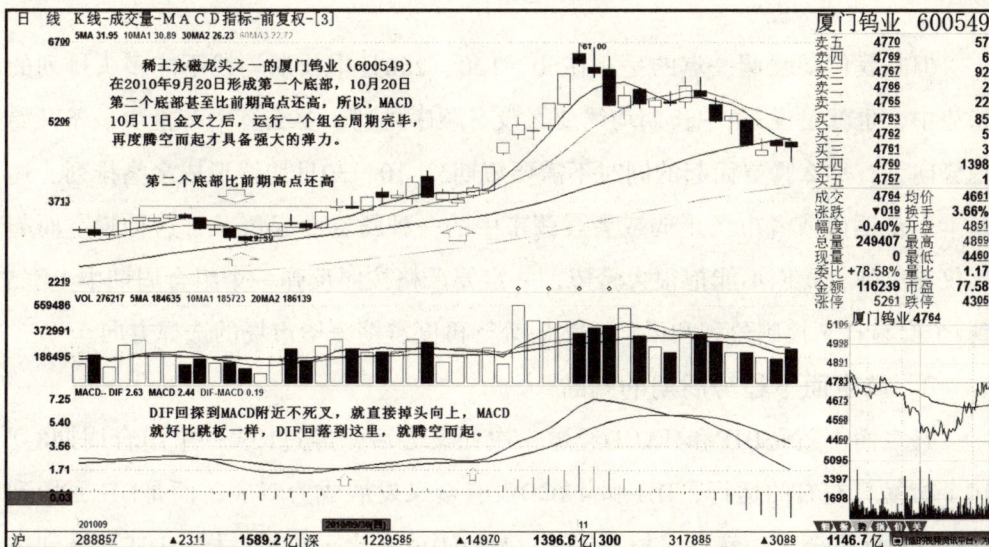

图 076

●在60、120、250中长期趋势继续多头排列（要求3条均线既要按照顺序排列，同时还要趋势向上）的上涨趋势中，腾空而起同时需要短期5、10、【30日均线】形成多头排列。

●腾空而起出现之后，一般情况下再度上涨基本符合一个组合周期中上涨5到7个交易日，震荡3个交易日来控制盈利和风险，极端情况下上涨一个组合周期。

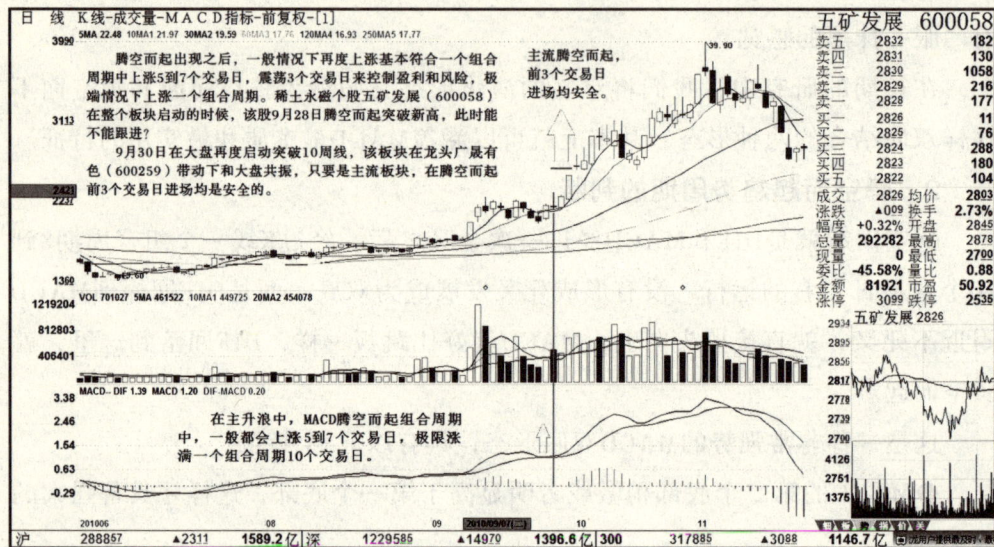

图 077

但是我们要强调一点的是，在60、120、250日中长期均线不能多头排列的趋势中，也就是说3条中长期均线要么没有顺序排列，要么其中有至少一条开始趋势向下，那么腾空而起的同时不需要短期5、10、30日均线形成多头排列。这基本上是熊市或者市场走弱或者震荡市中的一种腾空而起情况，这种腾空而起仅仅是反弹，我们不能抱很大希望，一定要严格按照反弹一个组合周期中上涨5到7个交易日来控制盈利和风险，然后等待再度震荡完毕市场的选择方向。

3. 腾空而下趋势周期的判断

腾空而下就是DIF和MACD经过一次死叉之后，经过K线一个组合周期8到10个交易日左右的运行，DIF和MACD没有金叉发展成为双底，而是DIF回探到MACD附近不金叉，就直接掉头向下。MACD就好比天花板一样，DIF回升到这

里，就腾空而下。

这是一种非常强势的MACD下跌形态，具有以下3个特征：

●DIF和MACD死叉之后，MACD呈现下降趋势，这样MACD类似天花板的压力才显得比较强劲，这样才具备强大的反弹力；

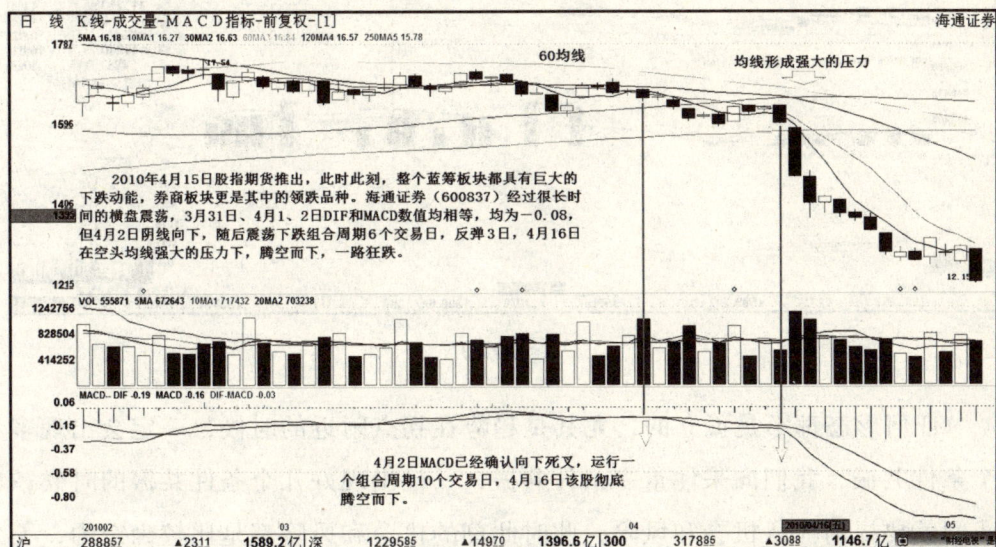

图 078

●腾空而下出现的时候，随后跟随多条均线空头排列，更显出趋势的不可逆转性；

●腾空而下出现之后，一般情况下再度下跌基本符合一个组合周期中下跌5到7个交易日，反弹3个交易日来控制盈利和风险，极端情况下下跌一个组合周期。

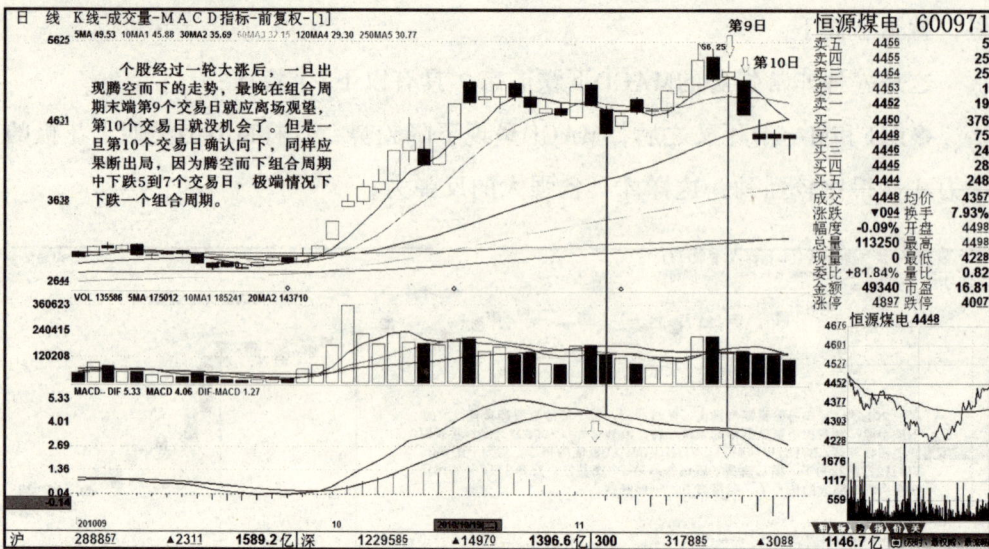

日　线　K线-成交量-MACD指标-前复权-[1]　　　　　　　　　　　　　　第9日　恒源煤电　600971

图 079

　　任何形态都不是孤立的，尤其是趋势在拐点附近的时候，一定会出现多个条件共振，我们向来注重多条件共振，一旦出现好几个条件共振的时候，我们就要提前注意机会和风险，此时此刻的机会和风险都是比较确定的，无论是机会或者风险，来了，就不是一天两天的事情，都是一个能够延续一段时间的趋势。

第三章
基本形态

第1节

4个形态回顾

　　前面我们讲了MACD组合周期帮助我们解决了空间和时间两大问题。实际上，两个认识——【60日均线】等同于MACD的【0轴】，K线的运行基本上以8到10个交易日为一个组合周期，是将买卖的量化标准进一步细化。

　　要想将买卖的量化标准更进一步细化，让买卖更精准一些，我们离不开"K线组合"，因为比"均线系统"更快的是"K线组合"，"K线组合"能够最快速地告诉我们市场趋势和波段拐点什么时候发生，也就是第一时间告诉我们现在的趋势和波段什么时候终结，新的趋势和波段什么时候开始。

　　在长时间的研究中，我们发现，进场买入的时候，有4种K线组合形态具有典型的意义，它们其中的一些形态如果和10周线以及MACD组合周期共振出现，我们就能准确地发现主流热点龙头将进入主升浪；如果其中的一些形态在底部区域出现，并且和MACD组合周期形成共振，我们就能准确发现市场底部区域。

　　这4种非常典型的买入K线组合形态就是我们在《赢在股市1》中讲到的4个买入基本形态——

四种买入基本形态

● 【倒锤子星】

● 【阴阳并线】

● 【一阳穿五（多）线】

● 【三线金叉】

其实4种经典买入形态中，【一阳穿五（多）线】和【三线金叉】的本质是相同的，【倒锤子星】和【阴阳并线】的本质也是相同的。比如说将【倒锤子星】组合中的"倒锤子星"去掉就是【阴阳并线】；比如说【一阳穿五线】和【三线金叉】的关系，只不过【三线金叉】是强势的表现。它们只是时间周期不到，所以调整的时间就会采取不同的方式，不过本质上都是一样的。

在此我们要强调一点的是，股市说复杂也复杂，说简单也简单，我们要想赢在股市，并不是越复杂越能挣钱，其实越简单，反而越能挣钱，这就是大道至简。比如说【一阳穿五线】，其实每年只要耐心发现符合这种条件的龙头个股，尤其是具有板块效应的话，我们在股市就可以一招鲜，吃遍天——

当股指正好突破【10周线】时，个股出现【一阳穿五线】，同时该股出现明显的板块效应，我们可以认定是主流热点龙头启动，他们开始进入波段主升浪。

比如说：2008年下半年美国次贷危机快速扩散，中国三驾马车中的"出口"受到重创，中国管理层为了"保八"，2008年底的中央经济会议总体要求提出了"立足扩大内需保持经济平稳较快增长，加快发展方式转变和结构调整提高可持续发展能力"，并且明确指出"在贯彻落实明年经济工作的总体要求，必须抓住关键、突出重点。必须把保持经济平稳较快发展作为明年经济工作的首要任务。要着力在保增长上下工夫，把扩大内需作为保增长的根本途径，把加快发展方式转变和结构调整作为保增长的主攻方向"，同时在2009年经济工作的重点任务中详细布局"要支持能够扩大最终消费需求、带动中间需求的项目"，"要以提高居民收入水平和扩大最终消费需求为重点，调整国民收入分配格局。提高居民收入在国民收入中的比重，继续做好调整企业退休人员养老金工作，提高居民财产性收入，大力促进农民消费，稳定发展住房消费和汽车消费，着力发展服务消费和旅游消费，不断增强最终消费能力"，所以，"扩大内需"、"提高消费"无疑成为保八的重中之重。

因此，当2009年11月2日，上证出现难得的【一阳穿五线】的时候，消费中的一个重要板块——酒类板块中的一些个股和大盘同步出现【一阳穿五线】，从而发动了一轮消费行情。

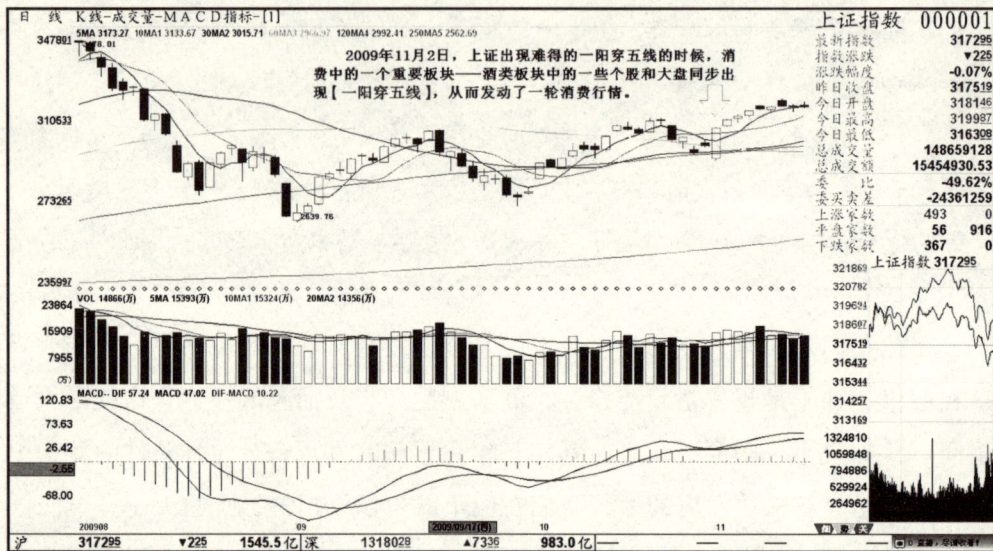

图 080

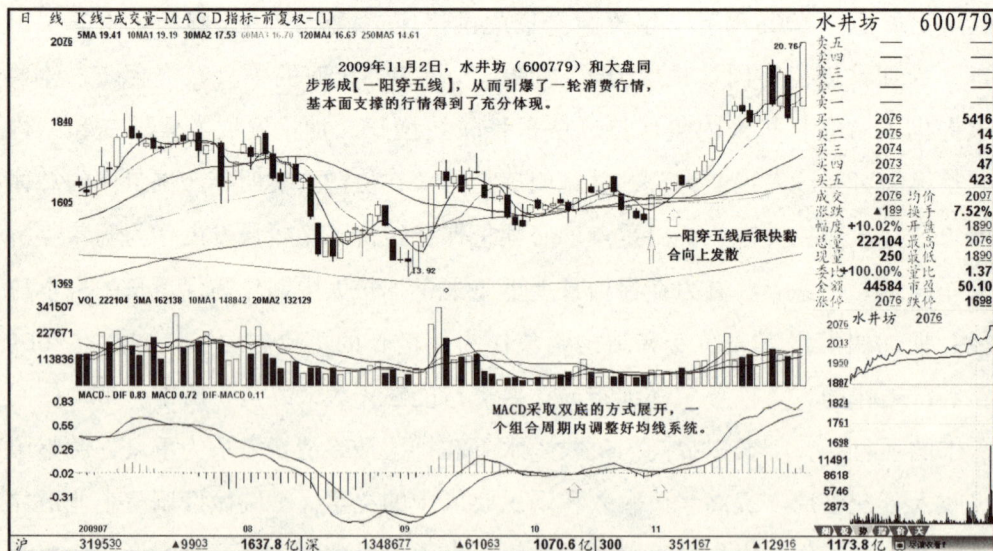

图 081

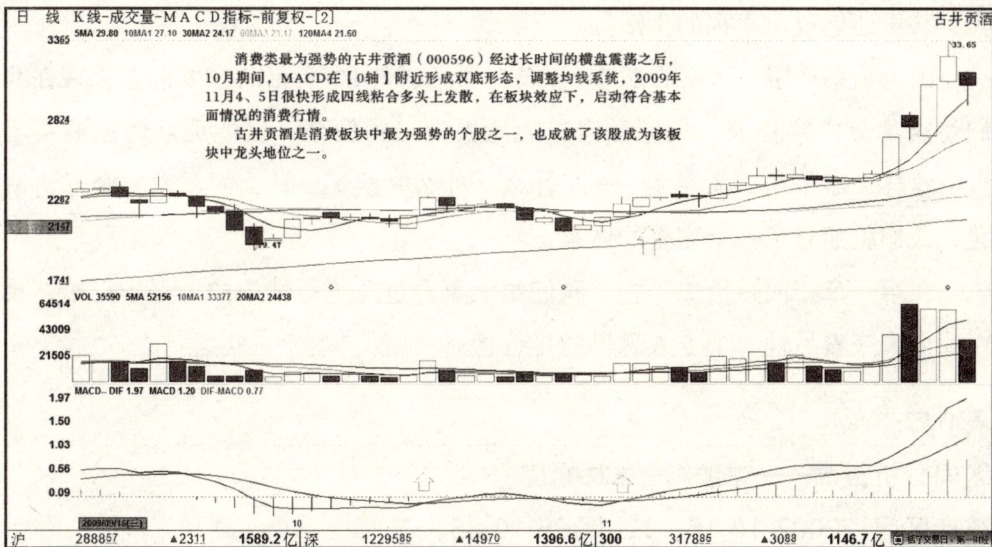

图 082

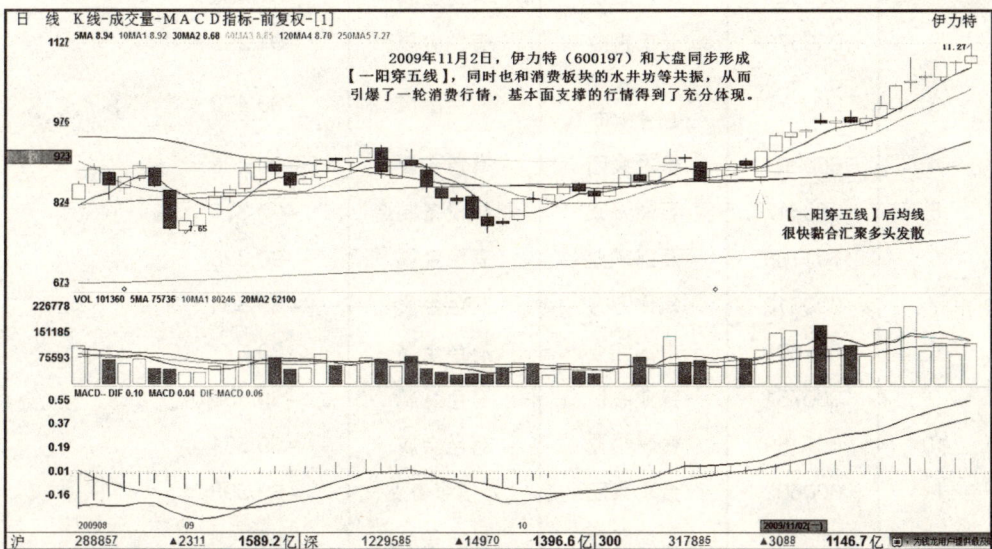

图 083

　　【一阳穿五线】，一年难得见一次，一旦遇见，具有几大特征，每次我们就可以过一个大年。同样，在股市中，只要掌握【三线金叉】这一手，每年在股市都能过几次小年。无论是四种经典买入形态，还是四种经典卖出形态，只要我们研究透了其中自己擅长和熟悉的任何一种，那么我们一辈子都不愁吃喝，甚至还能过上幸福的生活。

因为篇幅所限，《赢在股市1》没有展开讲解4个卖出的基本形态，现在我们将这部分内容补上，大家融会贯通地去学习和领会，就能更好地把握买卖点。这样，股市的三大要素——买什么，什么时候买，什么时候卖？全部讲解完，我们就建立了一个完整的体系。

在第一章"回顾历史"中，我们给大家看过几轮行情中的上涨排行榜，现在我们再来看另外一个令人恐惧的排行榜。

表 017

区间分析报表——深沪A股涨跌幅度

统计区间：2007.10.16，二~2008.10.28，二

排名	代码	名称	板块类别	涨跌幅度（%）
1	000758	中色股份	有色金属	−91.486
2	000878	云南铜业	有色金属	−91.290
3	000657	*ST中钨（暂停上市）	有色金属	−90.472
4	600961	株冶集团	有色金属	−90.438
5	000617	石油济柴	机械设备制造	−90.377
6	601168	西部矿业	有色金属	−90.326
7	000612	焦作万方	有色金属	−89.804
8	601600	中国铝业	有色金属	−89.671
9	000751	锌业股份	有色金属	−89.658
10	600459	贵研铂业	有色金属	−89.581
11	000602	金马集团	通信服务业	−89.398
12	002097	山河智能	机械设备制造	−88.766
13	002172	澳洋科技	化纤行业	−88.647
14	600307	酒钢宏兴	钢铁行业	−88.646
15	600685	广船国际	机械设备制造	−88.561
16	000908	天一科技（现为*ST天一）	机械设备制造	−88.509
17	000755	山西三维	化工行业	−88.489
18	600331	宏达股份	有色金属	−88.456

续表

排名	代码	名称	板块类别	涨跌幅度（%）
19	000960	锡业股份	有色金属	−88.385
20	002075	ST张铜 （重大资产重组， 停盘）	有色金属	−88.204
21	600150	中国船舶	机械设备制造	−87.772
22	600072	中船股份	机械设备制造	−87.687
23	002019	鑫富药业	生物医药	−87.665
24	002145	中核钛白 （现为*ST钛白）	化工行业	−87.575
25	600595	中孚实业	有色金属	−87.515
26	600362	江西铜业	有色金属	−87.458
27	002155	辰州矿业	有色金属	−87.446
28	600711	ST雄震	有色金属	−87.227
29	002114	罗平锌电	有色金属	−87.209
30	000807	云铝股份	有色金属	−87.107
31	600219	南山铝业	有色金属	−86.803
32	600456	宝钛股份	有色金属	−86.791
33	600497	驰宏锌锗	有色金属	−86.749
34	000628	*ST高新 （现为高新发展）	房地产	−86.532
35	600771	ST东盛	生物医药	−86.489
36	002160	常铝股份	有色金属	−86.435
37	600531	豫光金铅	有色金属	−86.362
38	000060	中金岭南	有色金属	−86.359
39	600385	ST金泰	生物医药	−86.041
40	600817	ST宏盛 （重组停盘）	信息技术业	−85.749
41	000543	皖能电力	电力行业	−85.456
42	600052	浙江广厦	房地产	−85.357
43	601919	中国远洋	远洋运输业	−85.287
44	000831	关铝股份 （现为*ST关铝）	有色金属	−85.253

续表

排名	代码	名称	板块类别	涨跌幅度（%）
45	600162	香江控股	机械设备制造	−85.078
46	600984	ST建机 （现为*ST建机）	机械设备制造	−85.038
47	600432	吉恩镍业	有色金属	−84.969
48	601318	中国平安	金融保险	−84.865
49	000825	太钢不锈	钢铁行业	−84.858
50	000572	海马股份	汽车行业	−84.848

这个排行榜是2007年10月16日大盘见顶到2008年10月28日大盘见底，上证累计下跌70%左右时个股下跌幅度排行榜。在下跌幅度排行榜下跌前50名的个股中：

板块	个股数（只）	百分比（%）
有色金属	26	52%
机械设备制造	8	16%
合计	34	68%

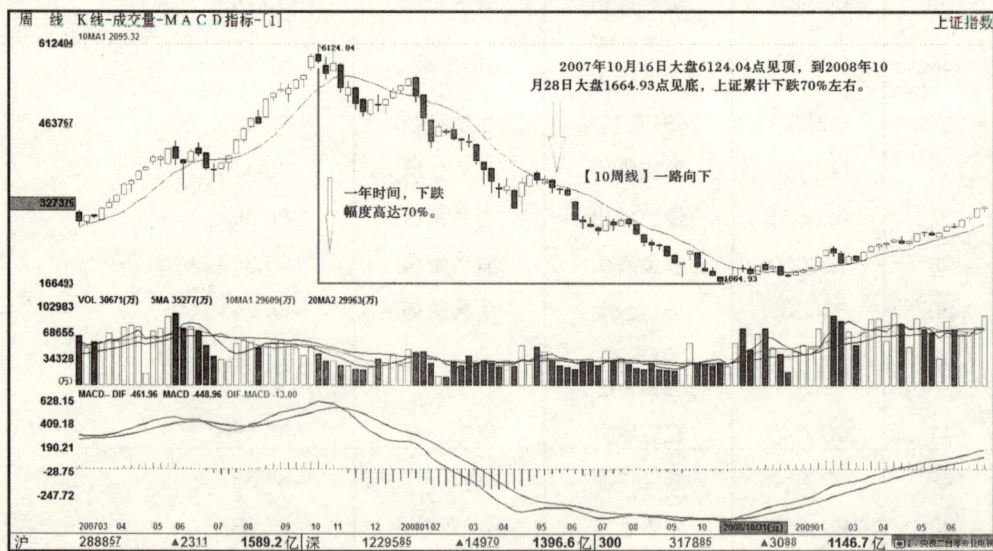

图 084

　　这两个板块恰恰是2005年底到2007年见顶，整个大牛市中上涨幅度最大的三大板块中的两个。我们知道，尽管在2008年底到2010年11月的上涨中，有色金属再度成为反弹主流龙头板块之一；尽管它们中间的龙头股黄金等上涨幅度高达十几倍，但是它们中间很多细分龙头离2007年的历史高点还相差太远。

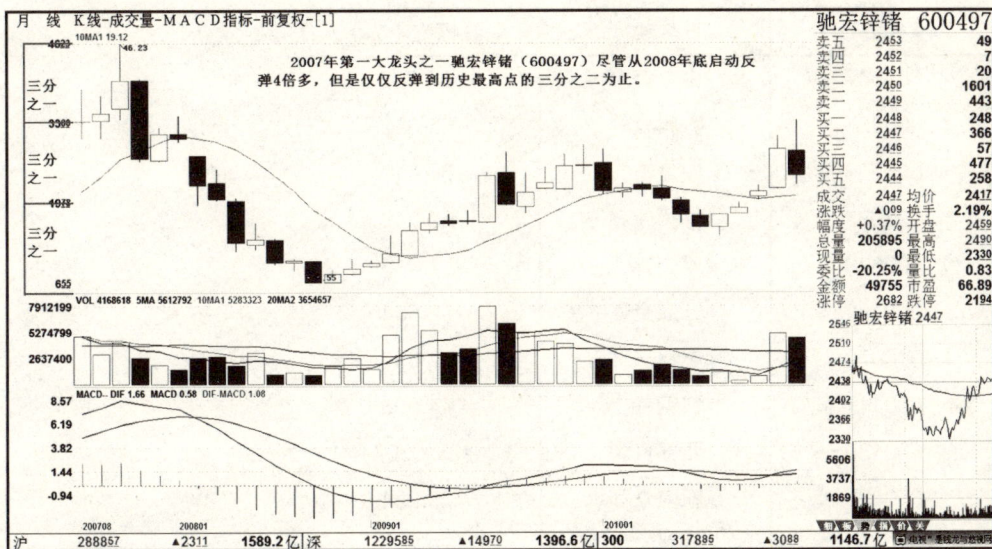

图 085

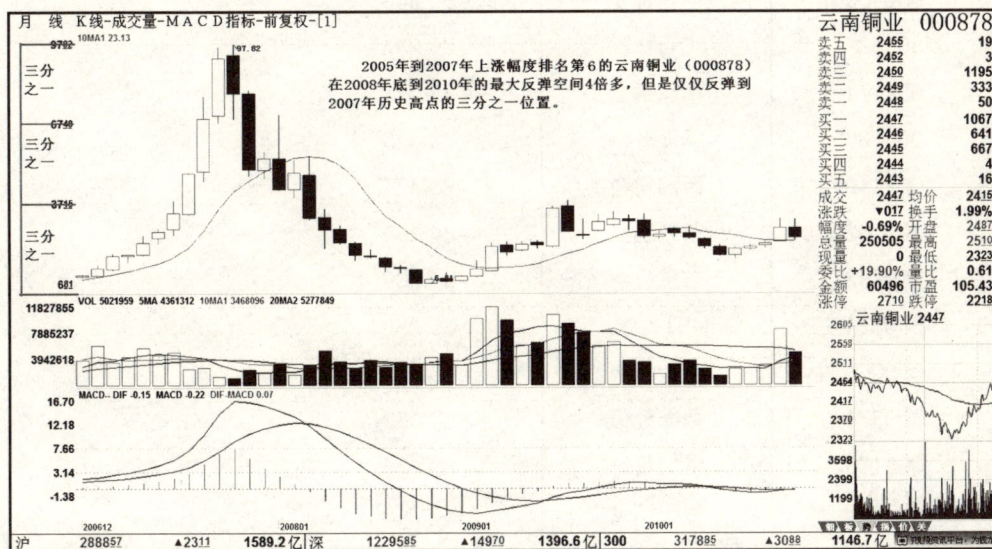

图 086

黄金为什么能再度创出历史新高？请看表018：

表 018

区间分析报表——深沪A股涨跌幅度

有色金属区间：2007.10.16，二~2008.10.28，二

代码	名称	涨跌幅度（％）
600547	山东黄金	−64.502
600255	鑫科材料	−65.332
600768	宁波富邦	−66.110
002082	栋梁新材	−69.343
600549	厦门钨业	−72.519
002182	云海金属	−72.594
000970	中科三环	−72.886
600111	包钢稀土	−74.208
600139	西部资源	−75·304
600888	新疆众和	−79.224
000762	西藏矿业	−79.248
600673	东阳光铝	−80.556
600489	中金黄金	−81.403
600338	ST珠峰	−81.534
002171	精诚铜业	−82.912
000630	铜陵有色	−83.310
002149	西部材料	−83.471
000962	东方钽业	−84.468
600432	吉恩镍业	−84.969
000831	*ST关铝	−85.253
000060	中金岭南	−86.359
600531	豫光金铅	−86.362
002160	常铝股份	−86.435
600497	驰宏锌锗	−86.749
600456	宝钛股份	−86.791
600219	南山铝业	−86.803

续表

代码	名称	涨跌幅度（%）
000807	云铝股份	−87.107
002114	罗平锌电	−87.209
002155	辰州矿业	−87.446
600362	江西铜业	−87.458
600595	中孚实业	−87.515
000960	锡业股份	−88.385
600331	宏达股份	−88.456
600459	贵研铂业	−89.581
000751	锌业股份	−89.658
601600	中国铝业	−89.671
000612	焦作万方	−89.804
601168	西部矿业	−90.326
600961	株冶集团	−90.438
000878	云南铜业	−91.290
000758	中色股份	−91.486

从表018可以看出，山东黄金（600547）是上证从2007年的6124点下跌到2008年的1664点，有色金属板块中下跌幅度最小的，所以该股能够在2008年底启动的行情中。到目前为止，不仅创出历史新高，而且还能继续向上拓展空间。

当然，该股能够再度上涨并且大涨，一定是大环境、大趋势配合的结果。该股就是在美元不断贬值，黄金成为避险的良好品种的大背景下出现了暴涨。

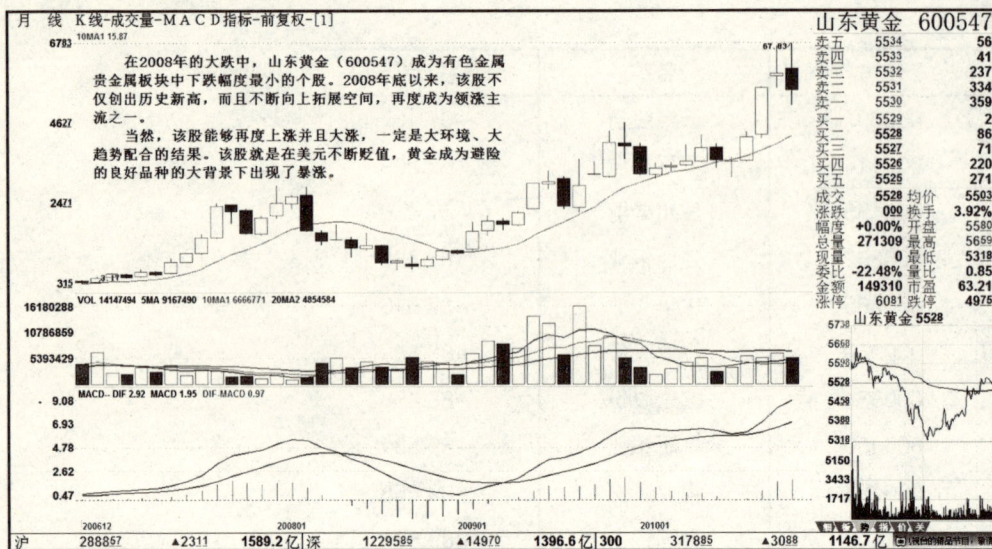

图 087

当然，有色金属板块中还有的个股也创出了历史新高，我们来看表019：

表 019

区间分析报表——深沪A股涨跌幅度

有色金属区间：2008.10.28~2010.11.11

代码	名称	涨跌幅度（%）
600259	广晟有色	1026.187
600111	包钢稀土	1016.180
600139	西部资源	1072.169
000970	中科三环	929.032
000758	中色股份	723.107
600549	厦门钨业	698.042
600547	山东黄金	765.477
000762	西藏矿业	618.750
600489	中金黄金	666.113
600432	吉恩镍业	505.301
002155	辰州矿业	564.138
600459	贵研铂业	580.574

表 019是2008年10月28日大盘见底，到2010年11月11日大盘阶段性上涨至3186点有色金属上涨排行榜前10名的个股。从这个排行中，我们可以看出除了中色股份（000758）、贵研铂业（600459）没有创出历史新高之外，其他八只个股均创出历史新高。上面我们讲了，黄金是美元贬值时具有保值功能的大背景支持，其他的几只个股多少都有新能源或者稀有金属的大背景，稀土和稀有金属成为国家战略，所以它们创出新高和大涨也是大背景支持的结果。

这十只个股，我们认为除了黄金要小心之外，其他新能源和稀有金属一旦业绩进入高速增长，将会和大盘共振，阶段性进入主升浪，成为某一个阶段的领涨龙头。

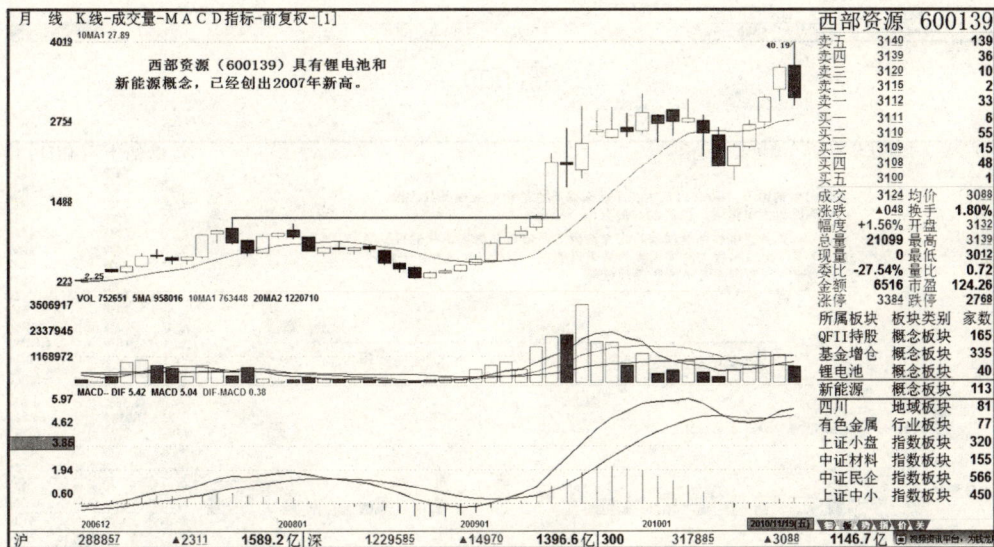

图 088

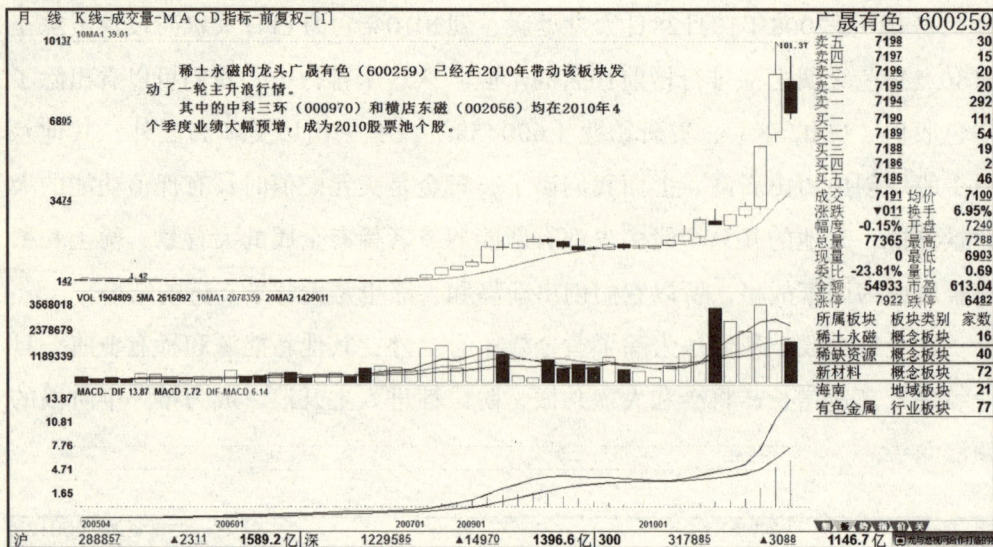

月　线　K线-成交量-MACD指标-前复权-[1]　　　　　　　　　　　　　　　　　　　　广晟有色　600259

稀土永磁的龙头广晟有色（600259）已经在2010年带动该板块发动了一轮主升浪行情。
其中的中科三环（000970）和横店东磁（002056）均在2010年4个季度业绩大幅预增，成为2010股票池个股。

图 089

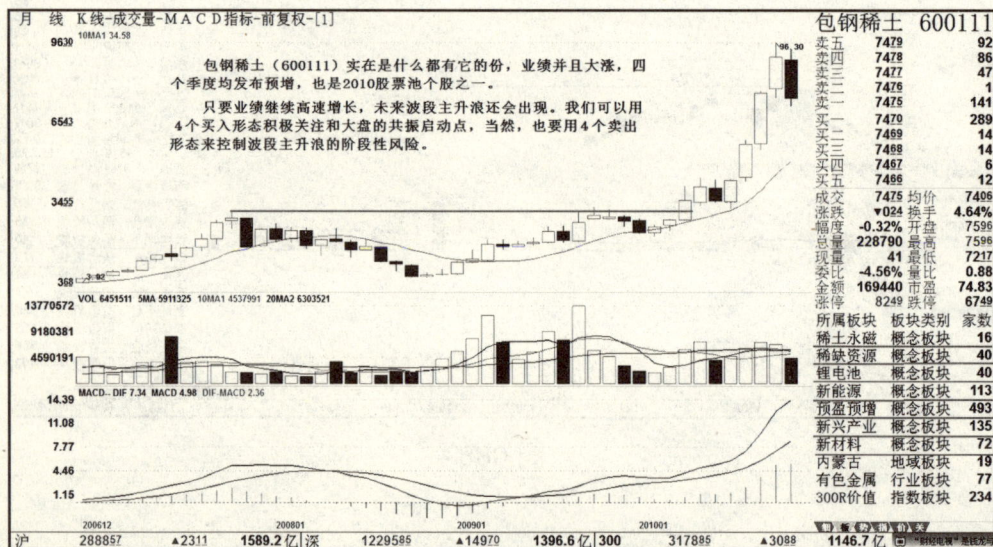

月　线　K线-成交量-MACD指标-前复权-[1]　　　　　　　　　　　　　　　　　　　　包钢稀土　600111

包钢稀土（600111）实在是什么都有它的份，业绩并且大涨，四个季度均发布预增，也是2010股票池个股之一。
只要业绩继续高速增长，未来波段主升浪还会出现。我们可以用4个买入形态积极关注和大盘的共振启动点，当然，也要用4个卖出形态来控制波段主升浪的阶段性风险。

图 090

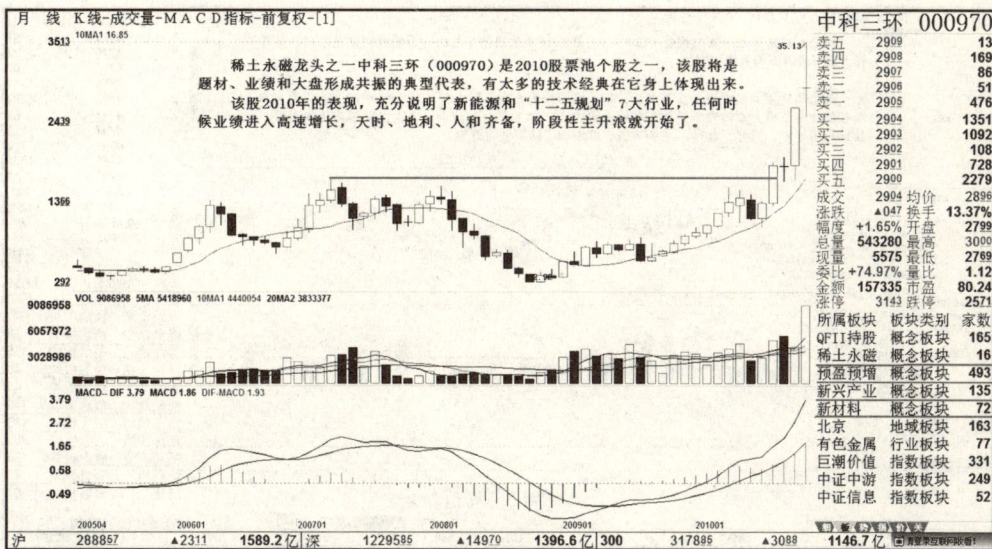

图 091

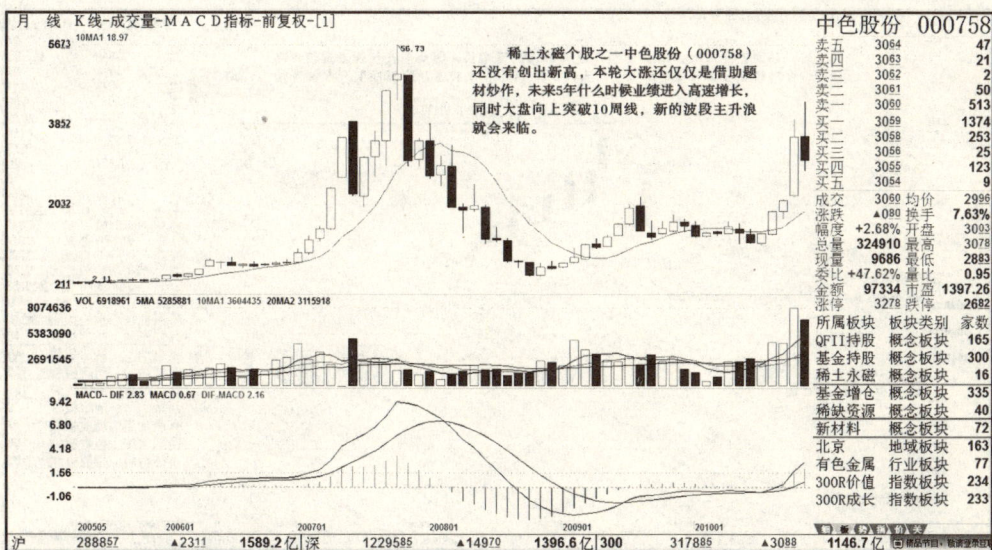

图 092

121

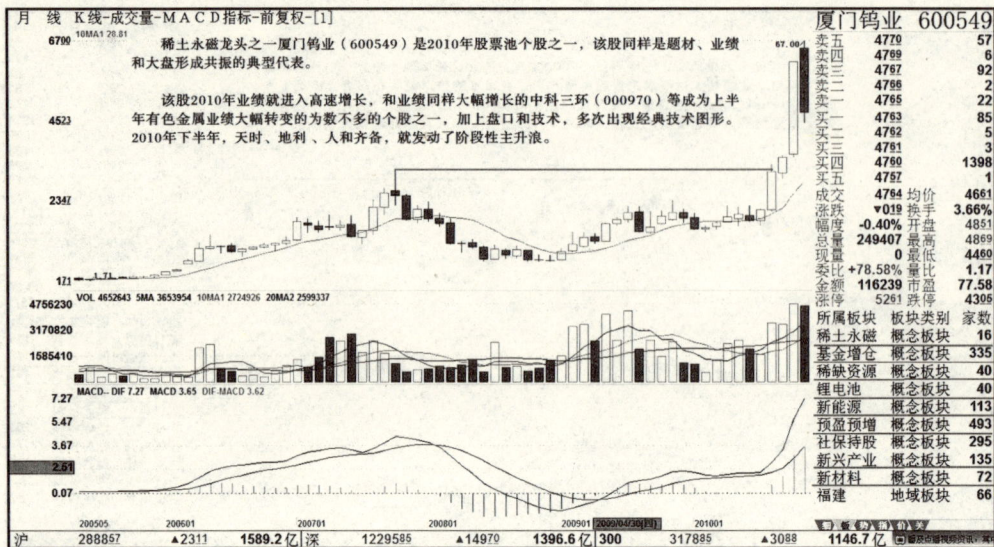

图 093

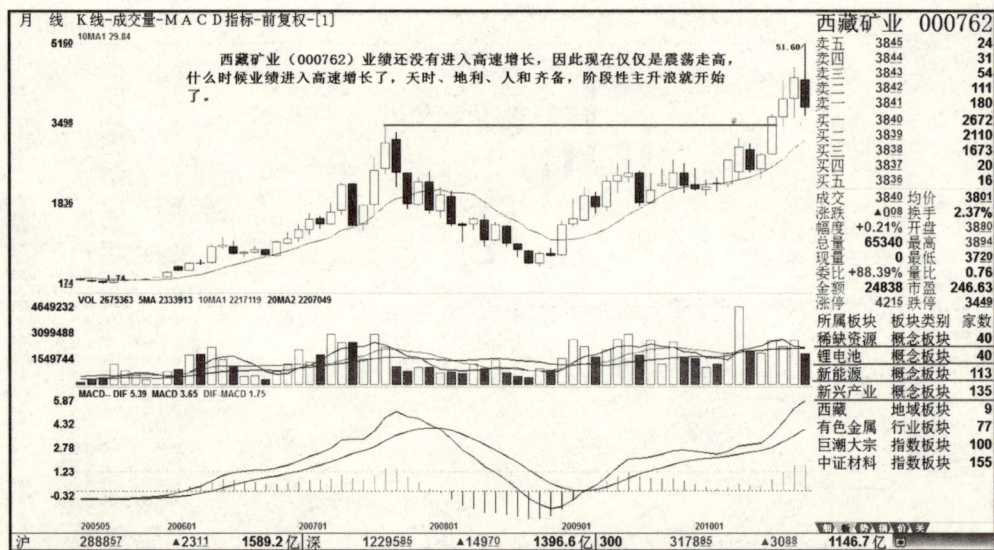

图 094

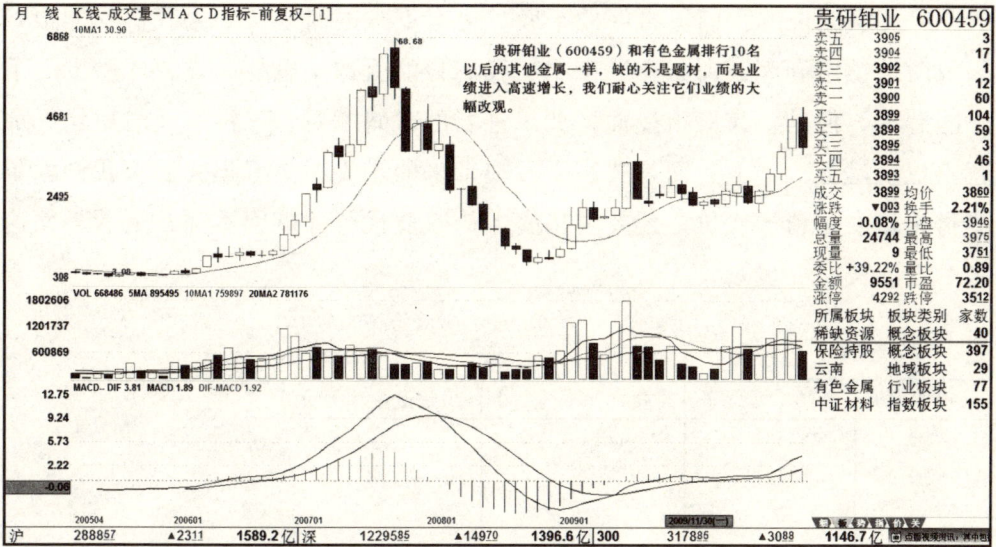

图 095

现在我们再来看一张图，这是巴菲特在2007年10月清仓的港股中石油的图形。巴菲特在2003年4月中国股市低迷徘徊时，以每股1.6~1.7港元的价格大举介入中石油H股23.4亿股，该股2007年最高冲高到19.82港元以后，便一路下跌，到2008年10月份最低探到3.777港元，下跌幅度高达80%。

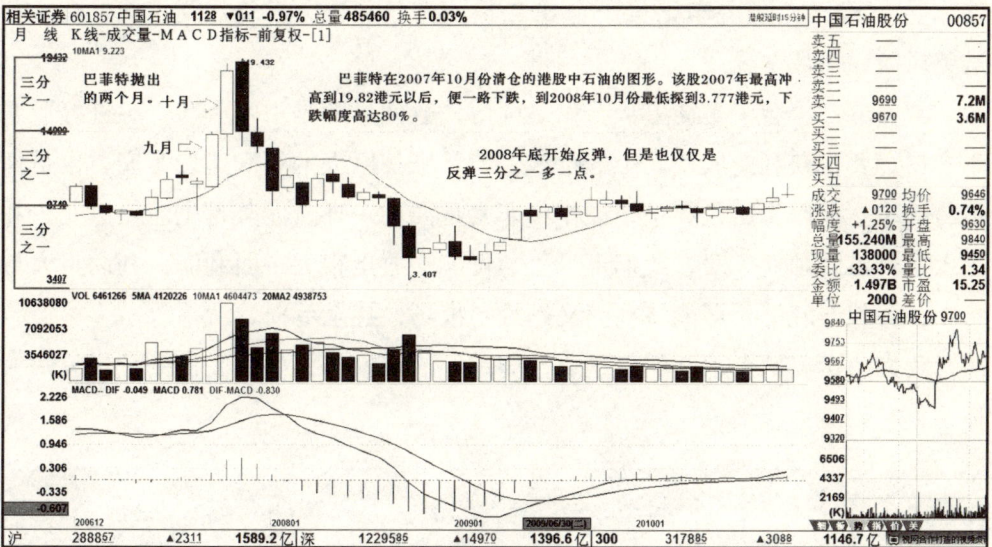

图 096

以上事例告诉我们，再好的个股，也有下跌的时候，如果我们不能很好很及时地锁定利润，那么在股市中，我们只能就像坐电梯一样，体验上上下下的感觉。但是，在股市里面，如果进场的时间不对，又没有及时离场，那就不仅仅是上上下下，而是要遭受亏损带来的难受了。亏损之后，我们除了要付出精力、精神代价，还要付出多大的效益代价才能回本呢？请看下面这张亏损图表：

表 020

亏损比率%	金额（万元）	需赢利比率（%）	起始资金（万元）
10	90	11.1	
20	80	25	
30	70	44	
40	60	67	100
50	50	100	
60	40	150	
70	30	230	
80	20	400	

由此可见，保住本金，避免亏损是何等重要。我们知道，**巴菲特成功的秘诀有三条：第一，尽量避免风险，保住本金；第二，尽量避免风险，保住本金；第三，坚决牢记第一、第二条**。三条秘诀，反复强调，就是一条：避免风险，保住本金。

常言道："会买是徒弟，会卖是师傅，会休息的是祖师爷"，买进好股票不容易，要把获利的股票卖个好价钱，能保证住巨大的利润落袋为安，也是件不易的事。所以卖出是在整个操作中非常重要的一环，尤其是主流热点龙头和进入主升浪的独立个股，我们走早了，可能会放走很大一段利润，利润将大打折扣；我们走晚了，可能将利润又送给了市场，甚至亏损。

我们的卖出原则，其实也是非常简单，简单就是最好，我们的卖出有两大体系，它们是：

卖出两大体系

● 第一体系——MACD与均线双控卖出

● 第二体系——K线组合形态卖出

第2节

第一体系
——MACD与均线双控卖出

当大盘股指突破10周线之后，每年进入主升浪的主流热点龙头和独立个股都会相继进入自己的主升浪。它们启动前，月线MACD一般会出现金叉、金叉后运行至第8到第10根K线启动、二次金叉、DIF回探MACD后腾空而起这四种形态中的任何一种，然后进入主升浪。

如果我们要想完整地操作业绩大幅增长的主流热点龙头和独立个股，就必须把握好卖点。在长期的实战中，我们发现用好MACD这一普通的技术指标，再结合均线进行双控卖出，便会完整地把握好整个波段行情的收益。

对于MACD，投资者可以说是再熟悉不过了，但就在我们寻找最佳卖点时，却发现它在帮助我们"卖股票"上有着一种导航作用。这个导航作用就是我们对MACD第二大认识中的"K线的运行分解成8到10个交易日为一个组合周期，股价和指数就是一个组合周期一个组合周期地向前运行"。一般来说，在上升或者下降趋势中，MACD的运行常常与8到10个交易日（……交易周、交易月……）的K线周期相吻合，K线每次从MACD出现金叉或者DIF腾空而起开始，前5到7个交易日（……交易周、交易月……）是上涨、下跌，后3个交易

日（……交易周、交易月……）是调整（回抽）。

我们在掌握了MACD这一特点之后，就会对K线的组合运行有本质的认识。所以，我们卖出的原则，一般是把MACD和均线结合起来进行综合考虑后最终决断。

由于我们重点是对预增的行业龙头和预增的独立个股进行操作，主要是抓它们的大波段，因此，我们首先是用月线把握大方向，而在具体卖出之际，再结合日线精确把握卖点。另外，因个股的启动与大盘上穿10周线不尽一致，因而对它们的卖出原则，也有所不同。如下是不同的两种卖出原则：

一、和大盘同步启动个股的卖出原则

这类个股在上涨趋势中，月K线一般运行有5~7个月的上涨，所以，在前3个月的K线上涨时，我们一般不考虑卖出。从第四个月的K线开始，如果日线图上同时出现下列情况，我们就要开始实施卖出：

●均线：【5日均线】向下击穿【10日均线】，形成死叉。

●MACD：DIF向下击穿MACD，形成死叉。

【5日均线】向下击穿【10日均线】形成死叉和DIF同步向下击穿MACD，形成死叉，两者的死叉前后应出现在3个交易日之内，当以上两个死叉形成"共振"时，我们可考虑卖出。否则，暂不考虑卖出。

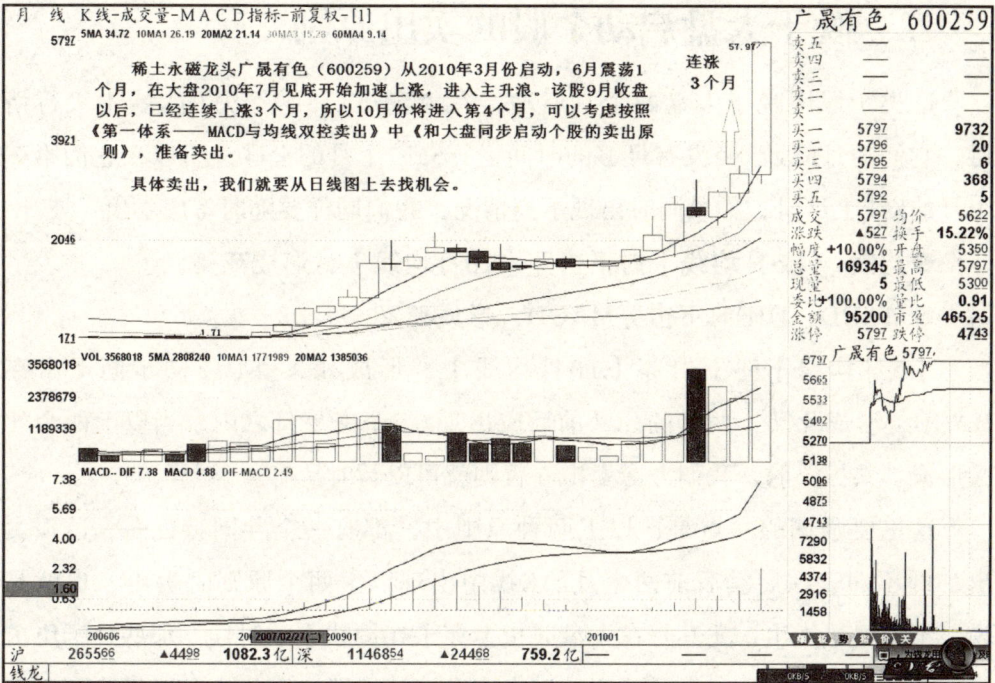

图 97

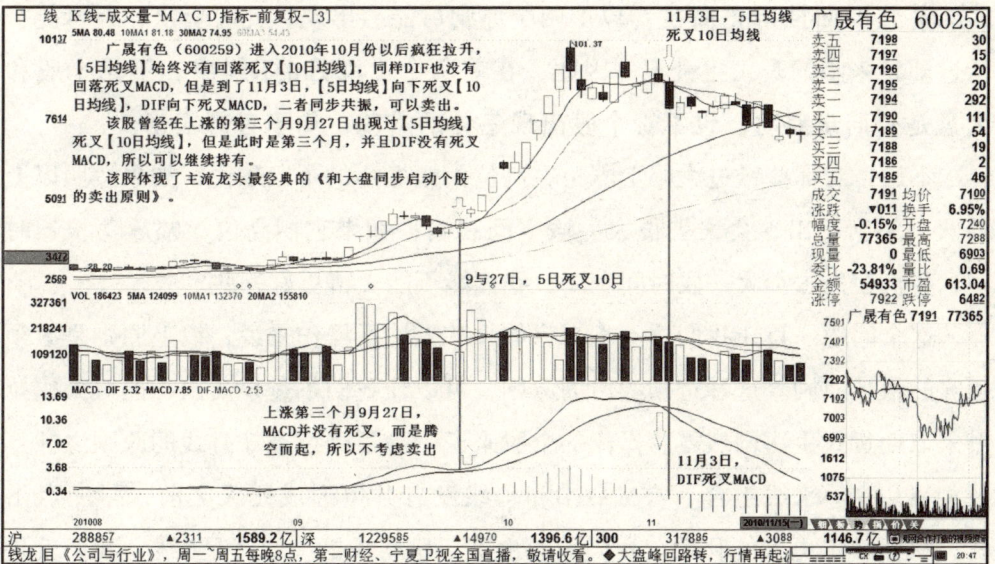

图 98

二、晚于大盘启动个股的卖出原则

这类个股因晚于大盘两个月启动，在大盘运行5~7个月的K线中级行情时，它们的月K线已经没有足够的时间运行5到7个月的上涨，所以在它们第三个月的K线上涨时，如果同时出现下列情况，我们同样要随时考虑卖出：

●均线：【5日均线】向下击穿【10日均线】，形成死叉。

●MACD：DIF向下击穿MACD，形成死叉。

【5日均线】向下击穿【10日均线】，形成死叉和DIF同步向下击穿MACD，形成死叉，两者的死叉前后应出现在3个交易日之内，当以上两个死叉形成"共振"时，我们考虑卖出。否则就可以暂时持有。

这里要强调的一点是：以上两种原则中，都有一个共同特征——过顶卖出，即不建议在启动后前两个月的K线中出现以上两个原则时卖出，也就是说，不要过早卖出，尤其是在大盘股指上穿【10周线】的时候。那些处于历史高位附近，即将突破或者已经突破进入主升浪的个股，因为大盘股指刚刚突破【10周线】，还没有开始突破前期高点，所以有些个股将会采取缓步推进的方式，**甚至要回抽历史高位，**以上两个原则可能会出现，此时卖出，有可能会错过即将来临的真正主升浪，因此，**在前两个上涨月的K线中，不论个股和大盘是否同步启动，也不管个股出现怎样的震荡，均不考虑卖出。**

不过，对那些经过大幅上涨、在高位大幅振荡的个股来说，如果按照以上的两个原则卖出，会失去很大一段空间利润；如果它们高位大幅震荡很长时间，我们会失去很大一段时间利润，我们能不能卖得更好一些？

这个问题一直让我们放不下来，如果从大波段操作来说，以上原则是必须遵守的最佳原则。这种过顶卖出的原则，可以让我们不过早卖出，但对大幅拉升采取期货式手法剧烈震荡操作的个股来说，除了继续遵守月线的原则之外，我们可以加入K线组合，在MACD和均线没有共振形成死叉之前，早一点出货，从而锁定更大的利润。我们前面也讲到比均线更快的就是K线，我们就是利用经典的几种K线组合形态，可以更精准地卖在顶部、逃在顶部。这就是我们接下来要讲到的卖出第二体系——K线组合形态卖出。

第3节

第二体系
——K线组合形态卖出

一、【一阴穿五（多）线】

　　"K线组合"永远比"均线系统"更早地预知趋势和波段的开始和终结，4种买入K线技术形态中的【倒锤子星】、【阴阳并线】就是感知市场最贪婪的最好"K线组合"形态，它们可以更早地让我们买在最恐惧的底部区域。

　　同样，要想卖在最贪婪的顶部区域，我们也需要借助"K线组合"来帮助我们，它们正好和买入的"K线组合"形态相反。

　　和【一阳穿五线】对应的是【一阴穿五线】，讲解【一阳穿五线】的时候，我们讲过，"股市就像战场，是多空双方在不断地争夺、交战，那么我们假定均线就是军队里面的兵种，不同的均线代表了不同的兵种。"

　　因此，当所有均线都汇聚黏合的时候，如果同时出现【一阴穿五线】，我们可以想象，一场较大的空方战役可能要打响。这里我们要特别强调的是，**均线汇聚的同时，"5条均线中至少有3条是空头排列向下发散"**，这样更能甄别【一阴穿五线】出现的时候是真下跌还是处于盘整阶段。我们在讲解【一

阳穿五线】的时候，从后来很多投资者使用的效果来看，很容易只见【一阳穿五线】，不见均线系统的排列方向，从而使用起来不是那么得心应手。所以，**无论是【一阳穿五线】还是【一阴穿五线】，重点一定要落在均线是否出现了汇聚多头发散或者空头发散上。**

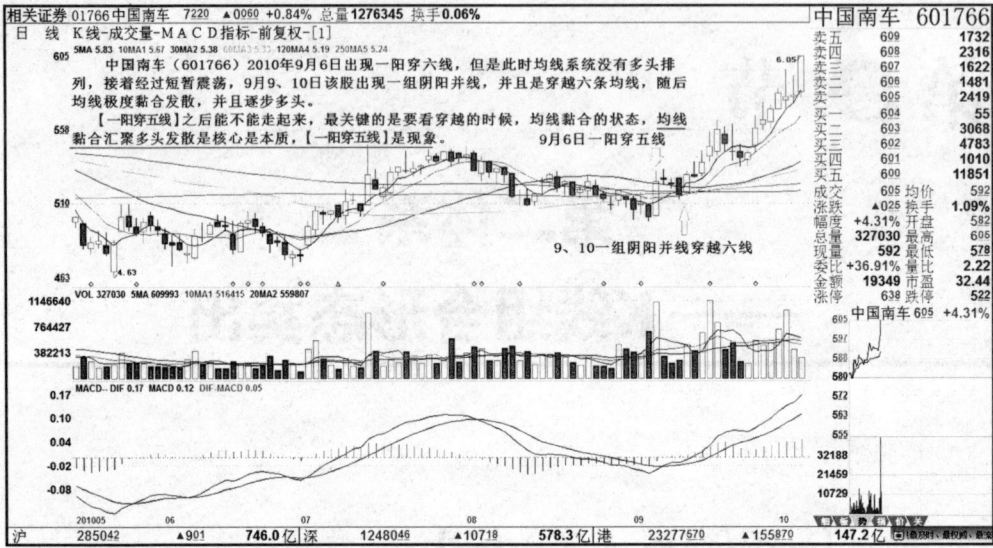

图 99

和【一阳穿五线】反过来，【一阴穿五线】的直观表现是一根阴线向下穿越五根均线，如图：

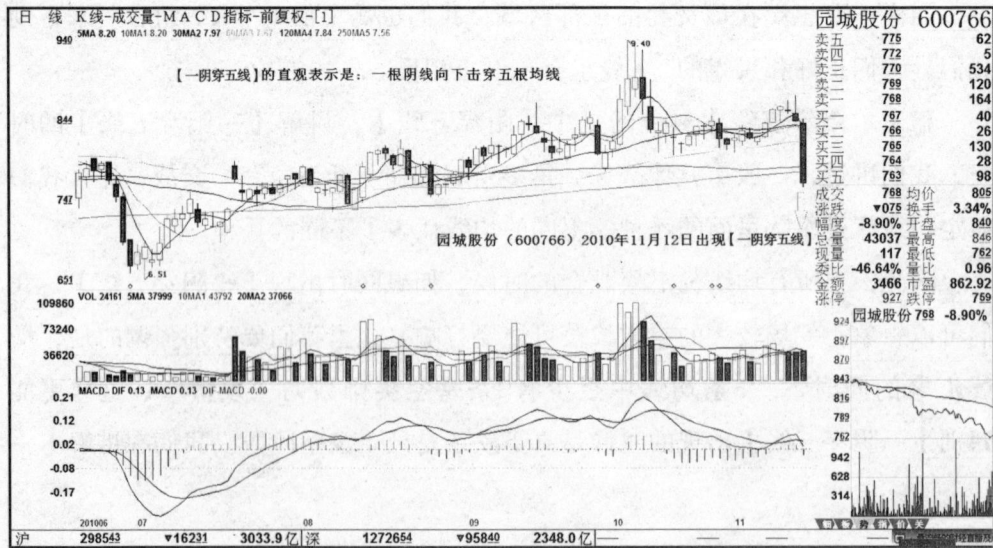

图 100

我们这么定义是为了便于快速查找识别，其实【一阴穿五线】出现之后，之所以预示一轮较大的下跌行情，我们知道本质上是：

【一阴穿五线】是因为多条均线汇聚在一起，否则如果均线松散，即使每日上涨最大空间放大到20％也不可能形成【一阴穿五线】。

均线汇聚说明了短中长线的看法和行动形成了共振，大家此时都在抛出获利了结或者"割肉"，市场一片看坏。**【一阳穿五线】和【一阴穿五线】都是中级趋势最终确认的重要标志，它们均是发现中级趋势领涨龙头和领跌龙头最明显的特征。**

领涨龙头中级买点出现的核心特征

1. 均线黏合；

2. 趋势向上；

3. 【一阳穿五线】；

4. 板块龙头形成共振效应，同步出现以上特征，中级向上趋势就成立，此处也是最佳买点。

领跌龙头中级卖点出现的核心特征

1. 均线黏合；

2. 趋势向下；

3. 【一阴穿五线】；

4. 板块龙头形成共振效应，同步出现以上特征，中级向下趋势就成立，此处也是最后的最佳卖点。

【一阴穿五线】的卖出条件

1. K线形态：【一阴穿五线】

（1）均线设定为常规均线"5、10、30、60、120、250"；

（2）当日阴线的最低价到最高价穿透至少5条均线，全部为实体穿透为最佳。

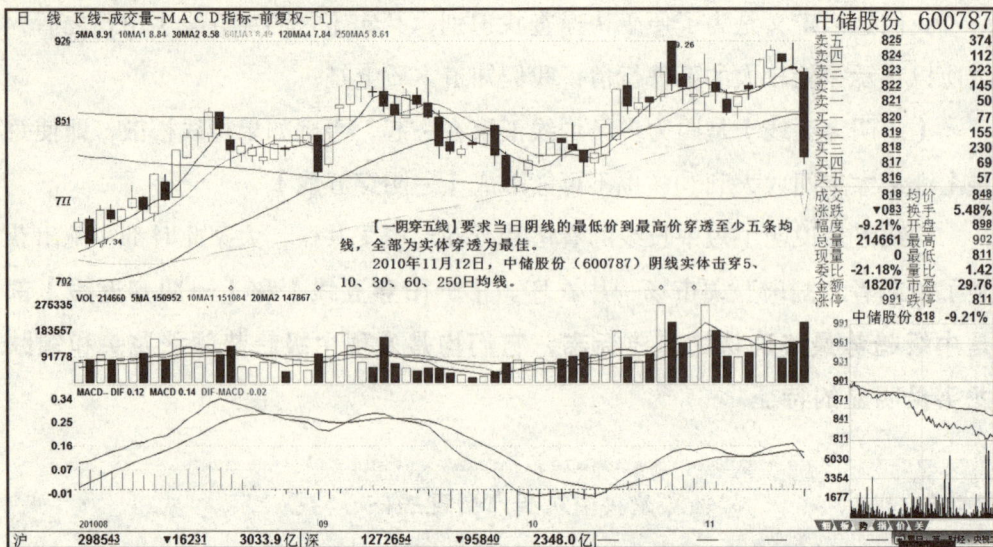

图 101

（3）此处若出现【正锤子星】、【阴阳并线】、【三线死叉】形成共振更佳。

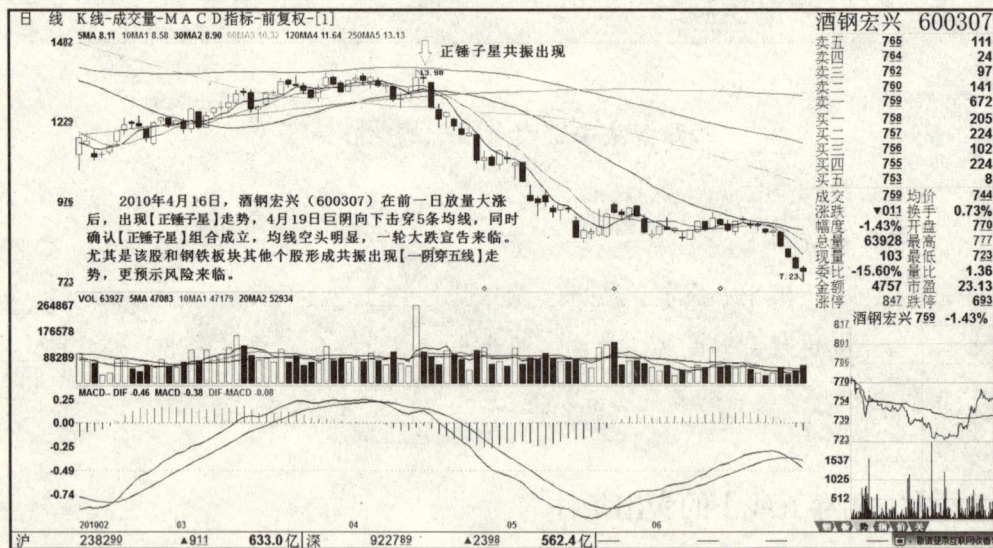

图 102

2. 均线系统

（1）至少5条均线汇集、黏合。越黏合效果越好；

（2）长期均线120、250日已经或者即将走平或者空头向下，至少两条短期均线空头向下。均线系统出现越多同时向下发散、空头排列效果越好。

3.　大熊或者板块领跌龙头最后的最佳卖点，除了以上两个基本要素之外，同时还伴随下列条件出现，更应注意中期风险

（1）日线【一阴穿五线】的同时，周线的K线同步击穿【30周线】或者【60周线】，周线的MACD处于死叉或者腾空而下的临界点，尤其是【0轴】附近即将死叉或者腾空而下更确认中级趋势的转变成立，随即进入主跌阶段；

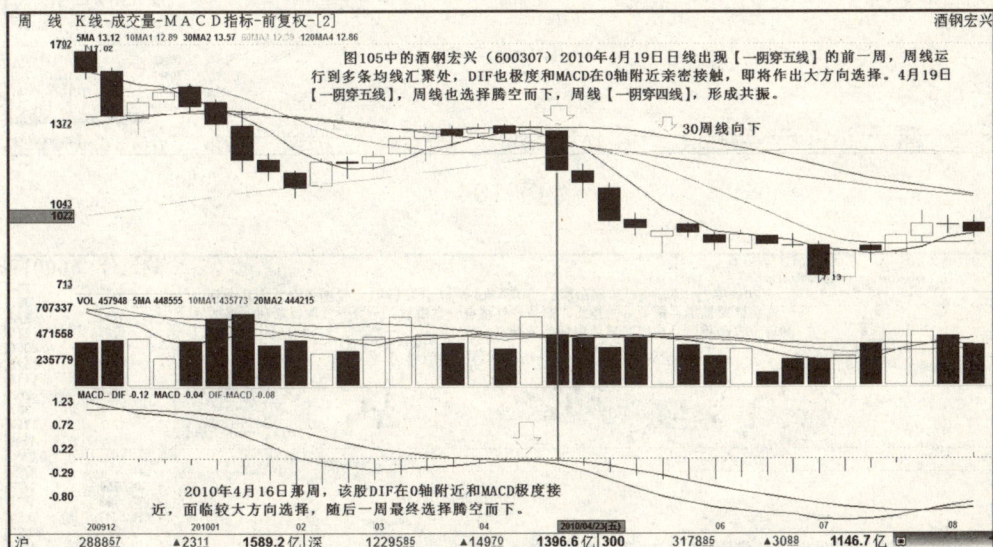

图 103

（2）日线【一阴穿五线】和【一阳穿五线】不断交错出现，说明多空双方其中有一方在拼死抵抗，做最后的挣扎，但是最终将有一方胜利。一旦一方取得胜利，那么胜利的一方趋势一旦形成，就是中级趋势确立。此时此刻，切不可贸然行动，一定要结合大盘、板块和周线综合判断，此时卖出一定要采取"宁可卖错，不可错过"的原则，买入一定要采取"宁可错过，不可买错"的原则，从而及时地规避风险，准确地把握机会。

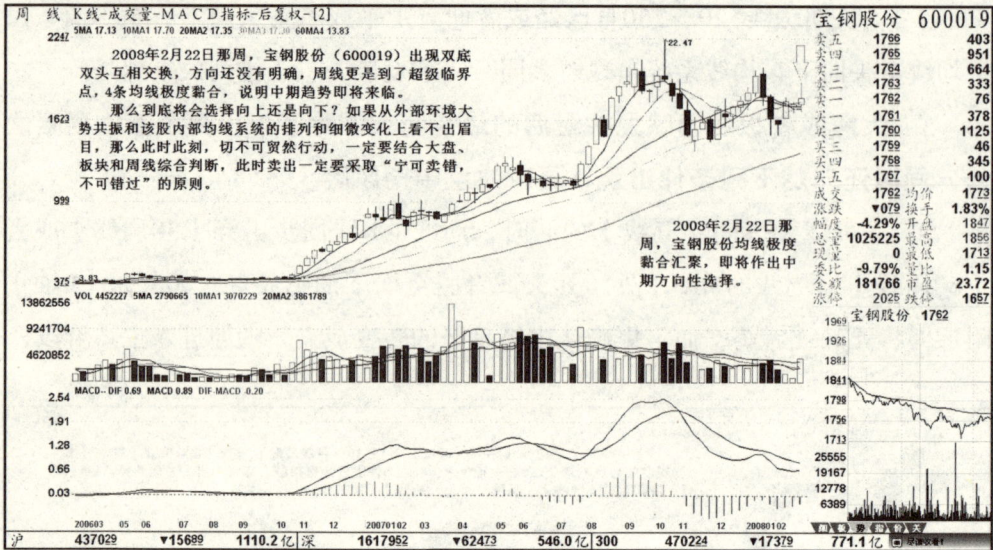

周线 K线-成交量-MACD指标-后复权-[2]
宝钢股份 600019

2008年2月22日那周，宝钢股份（600019）出现双底双头互相交换，方向还没有明确，周线更是到了超级临界点，4条均线极度黏合，说明中期趋势即将来临。

那么到底将会选择向上还是向下？如果从外部环境大势共振和该股内部均线系统的排列和细微变化上看不出眉目，那么此时此刻，切不可贸然行动，一定要结合大盘、板块和周线综合判断，此时卖出一定要采取"宁可卖错，不可错过"的原则。

2008年2月22日那周，宝钢股份均线极度黏合汇聚，即将作出中期方向性选择。

图 104

日线 K线-成交量-MACD指标-后复权-[1]
宝钢股份 600019

2008年2月26、28日分别出现【一阳穿五线】和【一阴穿五线】，说明多空双方其中有一方在拼死抵抗，做最后的挣扎。但是最终将有一方胜利，一旦一方取得胜利，那么胜利的一方趋势一旦形成，就是中级趋势确立。

2月26日【一阴穿五线】

28日【一阳穿五线】

图 105

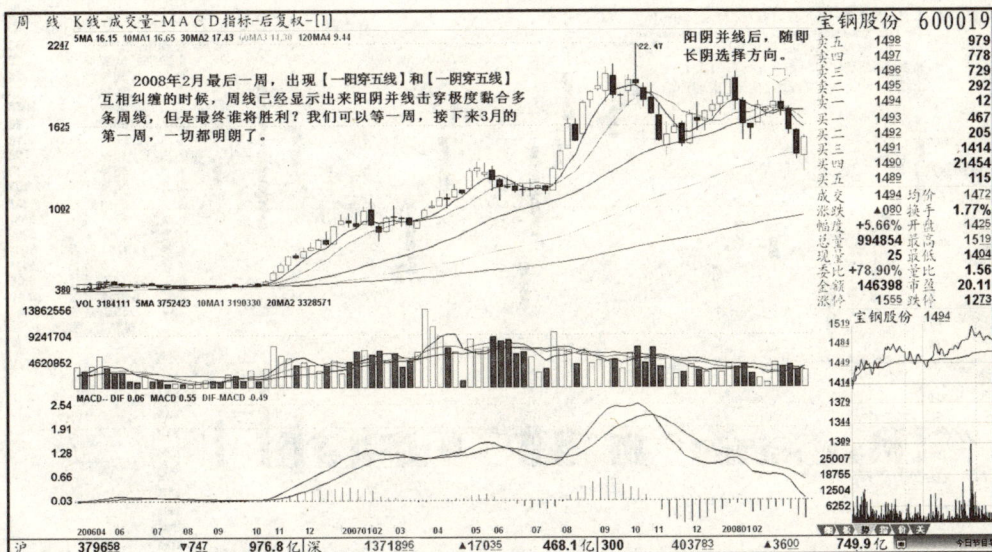

图 106

我们还要强调的是，任何主流龙头出现【一阳穿五线】或者【一阴穿五线】特征之后，能不能走出中级波段趋势，都需要大势、行业板块、个股基本面技术面三者形成共振，只有"天时、地利、人和"聚齐了，才能成就大趋势。这里大势起着决定性的作用，任何行业板块和个股基本面技术面都不可能逆大势而有大作为。所以，在《赢在股市1》出版之后，很多朋友简单地按照个股出现【一阳穿五线】就认为就要出现中级行情，这是太简单化了。这里，我们可以看看天威保变（600550）在2008年4、5月份的表现，就可以看出大势的作用是何等的重要。

在2008年大势节节败退，股指于4月22日击穿3000点狂跌50％左右的情况下，基本面相当好的太阳能龙头天威保变却能长期高位横盘震荡，多空双方长期保持僵持局面，在汇聚黏合的五条均线附近展开激烈争夺，并且在3、4月份出现4次【一阳穿五线】、1次【一阴穿五线】、3次【一阴穿四线】走势，实属罕见，可以说个股基本面和技术面的"人和"优势不可谓不强；同时在此期间，油价不断创出历史新高，煤炭价格高涨，太阳能不断被国家重点支持，可以说行业板块的"地利"优势不可谓不好，但是降低印花税造就的大逃亡大势的"天时"让天威保变的突破很快夭折了。

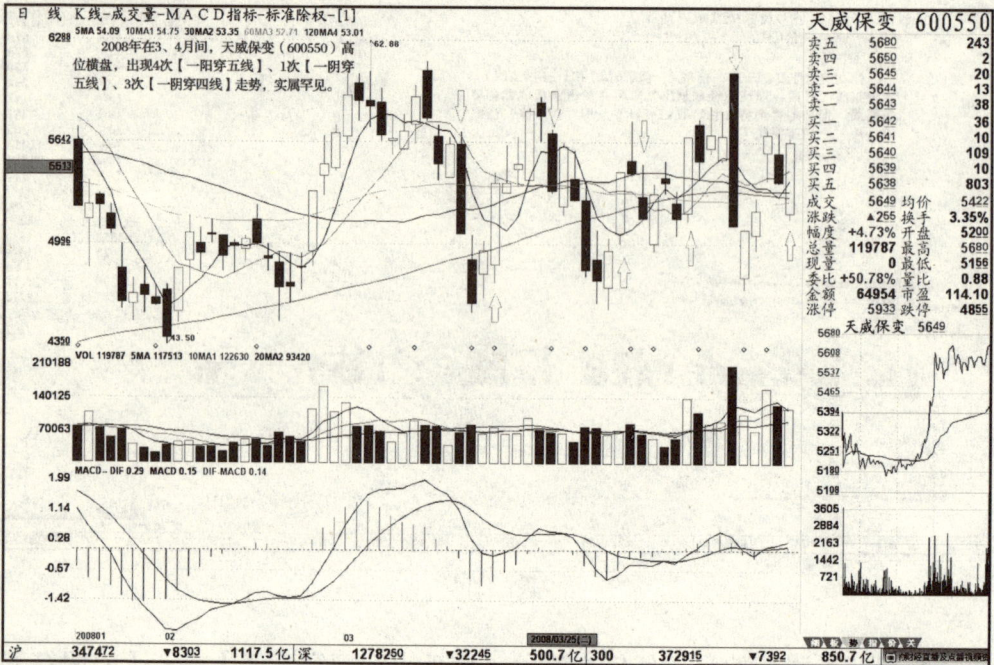

图 107

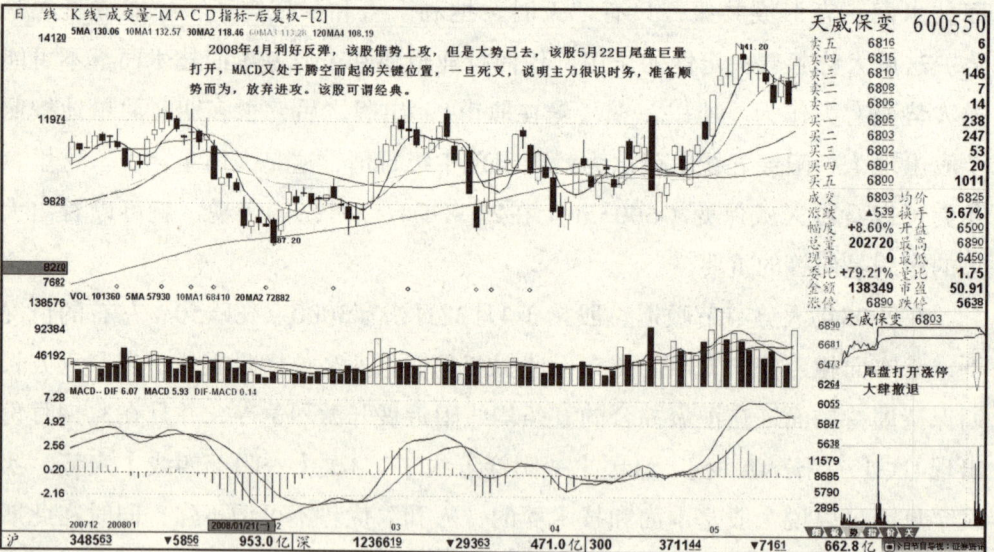

图 108

二、【三线死叉】

【三线金叉】以"均价线、均量线、MACD"三线均形成金叉为标准，该方法真正将三者统一起来，尤其是价、量在本组方法里面得到了很好的统一，这样更有利于大家认识股价上涨的本质。反过来，【三线死叉】以"均价线、均量线、MACD"三线均形成死叉为标准，该方法真正将三者统一起来，更有利于大家认识股价下跌的本质。

【一阳穿五线】、【三线金叉】，和【一阴穿五线】、【三线死叉】，基本上都是中级买卖形态。

我们应该庆幸2007、2008、2009、2010年如此短暂的4年时间，将中级买卖的两种对立形态完整地呈现在我们面前，掌握这些其实并不需要很高深的学问，【一阳穿五线】、【三线金叉】和【一阴穿五线】、【三线死叉】是最简单、最直观的判断标准，只要你严格遵守了，将"知"、"行"统一起来，做到知行合一，中级风险我们是完全可以回避的，同样，中级机会是完全可以把握的。

单就【三线金叉】的K线情况来看，本质和【一阳穿五线】是一样的，甚至当我们对这种形态了如指掌，融会贯通的时候，我们就能很好地抓住进入波段主升浪的主流热点主流龙头们。

1. 以【一阳穿五线】的方式向上突破

在市场处于较长时间的弱势格局运行或者震荡盘整的时候，准备进入波段主升浪的主流热点龙头们，其充分调整早已经完毕，此时此刻一般会保持长时间的强势运行格局，耐心等大势好转，积极做好启动前的准备。因此，几乎所有的短中长期均线在长时间的强势运行之中，呈现出汇聚黏合状态，一旦市场结束较长时间的弱势格局运行或者震荡盘整，进入波段强势的时候，主流龙头们就会长阳突破极度黏合汇聚的均线系统，选取【一阳穿五线】的方式进入波段主升浪。

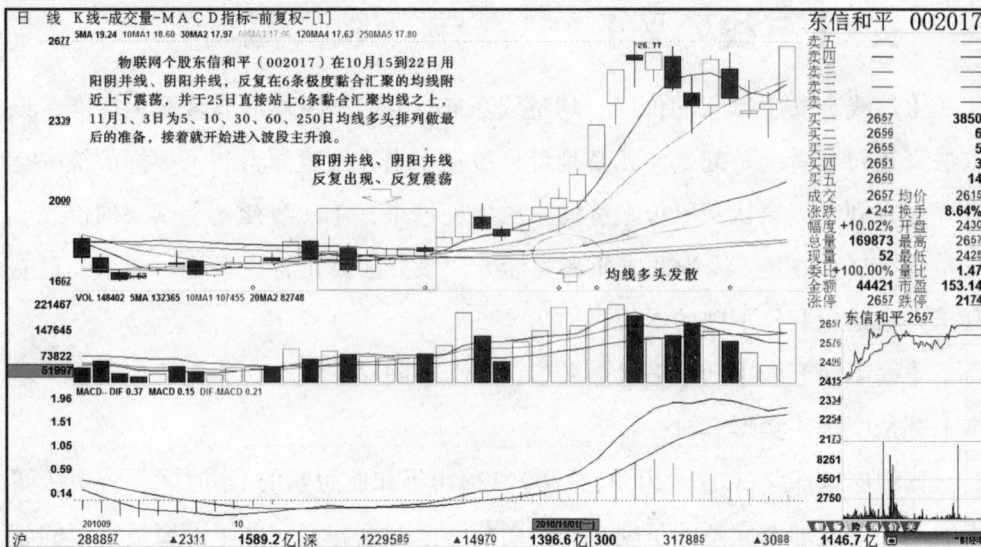

图 109

2. 以【三线金叉】的方式向上突破

当市场运行在强势上升趋势中的时候，准备进入波段主升浪的主流热点龙头们，早已摆脱了长期均线的束缚，并且远远地将长期均线甩在了下面，长期均线成为强支撑。此时此刻，长阳突破的是极度黏合的短期均线系统，以【三线金叉】的方式进入波段主升浪。

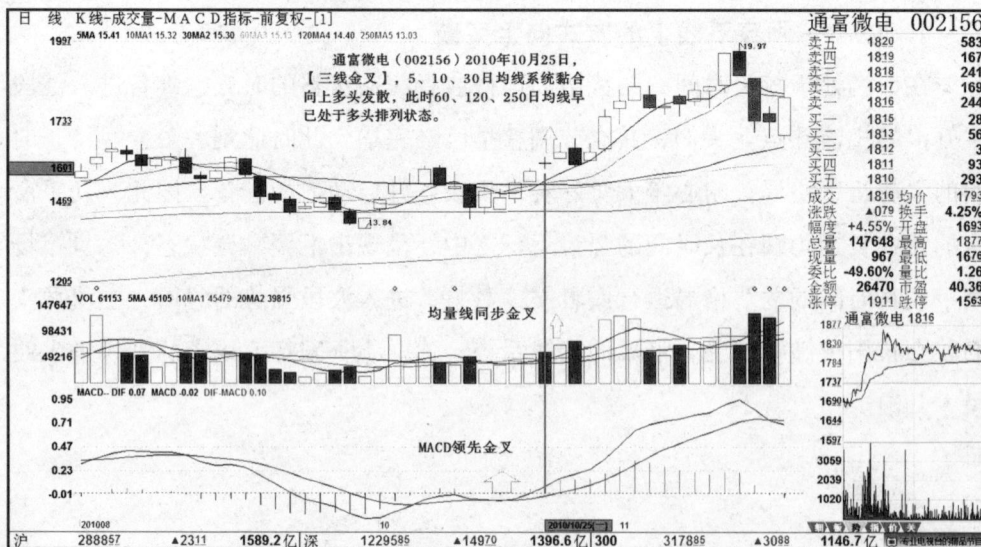

图 110

反过来，单就【三线死叉】的K线情况看，本质和【一阴穿五线】是一样的，甚至当我们对这种形态了如指掌，融会贯通的时候，我们就能很及时地规避进入波段主跌浪的领跌龙头们。不过有所不同的是：

3. 以【三线死叉】的方式向下突破

在市场处于较长时间的强势格局运行或者盘整阶段，准备进入波段主跌浪的主流热点主流龙头们，在保持长时间的横盘震荡运行格局，耐心等大势转弱，积极做好下跌前的准备。因为这个时候，它们的长期均线还处于较远的位置，但是它们的短期均线已经处于汇聚黏合状态，一旦市场结束较长时间的强势格局运行或者盘整，进入波段弱势的时候，主流龙头们就会长阴击穿极度黏合汇聚的短期均线系统，选取【三线死叉】的方式进入波段主跌浪。

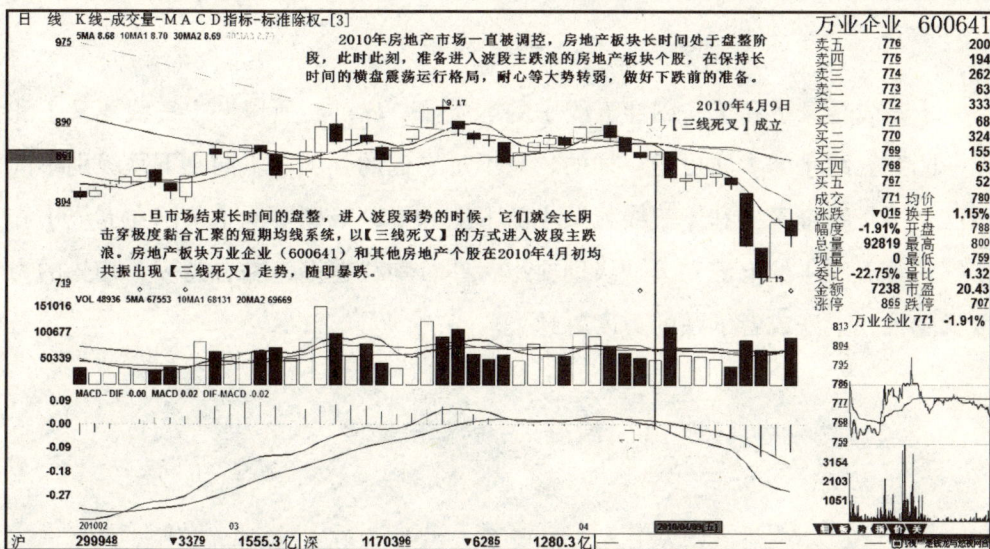

图 111

4. 以【一阴穿五线】的方式向下突破

当市场长期运行在横盘震荡趋势中的时候，进入主跌浪的主流热点的主流龙头们，短期均线系统和中长期均线系统开始汇聚黏合到一起，此时此刻，就会出现长阴击穿极度黏合的短中长期均线系统，以【一阴穿五线】的方式进入波段主跌浪。

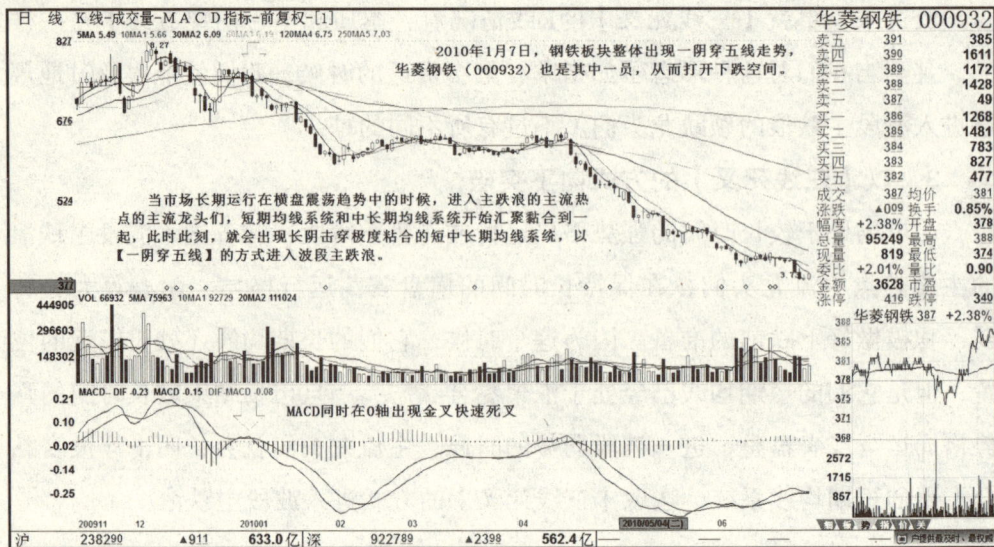

图 112

【三线金叉】和【一阳穿五线】的本质是一样的，所以，【三线死叉】和
【一阴穿五线】的本质也是一样的，只不过它们的强弱度不同、下跌级别不同
而已，【三线金叉】和【三线死叉】的上涨和下跌级别要比【一阳穿五线】和
【一阴穿五线】的上涨和下跌级别要小一些，均线越多，黏合越多，趋势的力
度就越大，上涨或者下跌的力度就越大。

【三线死叉】的卖出条件

● 均线系统

（1）至少3条均线汇集、黏合。越黏合效果越好；

（2）汇聚、黏合的均线系统，出现同时向下发散、空头排列。

● 均量系统

（1）10、20均量系统即将和已经死叉发散；

（2）出现空头排列。

在【三线金叉】中，均量线出现：（1）10、30均量线系统即将和已经金
叉发散；（2）出现多头排列。这两个条件非常有必要，但是我们在长期的研

究中发现，【三线死叉】往往没有出现上述两个条件，均线系统和MACD空头力量非常强大的时候，下跌动能也是非常强大的，因此对【三线死叉】来讲，我们将均量线不作为必要条件，一旦均量线出现空头更好，没有出现，只要均线系统和MACD空头力量非常强大，我们也应注意风险。

5. MACD

（1）在【0轴】附近即将或已经死叉或者双底失败，【0轴】附近死叉最佳；

（2）底部区域，DIF下穿【0轴】也可；

（3）相对高位区域，MACD必须即将或者同步死叉，或者腾空而下。

这里，我们没有和【三线金叉】一样明确要求【三线死叉】MACD和均线系统在3个交易日之内出现同步。我们在长期的研究中发现，当MACD先期死叉以后，均线系统要晚几个交易日，或者均线先期汇聚死叉空头排列以后，MACD要晚几个交易日，二者会出现比3个交易日要多的时间周期，但是板块效应特别明显，这个时候我们不一定非要等到另外一个条件出现才下手卖出，这样往往就晚了。按照卖出时"宁可卖错，不可错过"的原则，我们对二者3日之内共振的时间也不做强求，卖出时，遵循"宁可卖错，不可错过"的总原则。

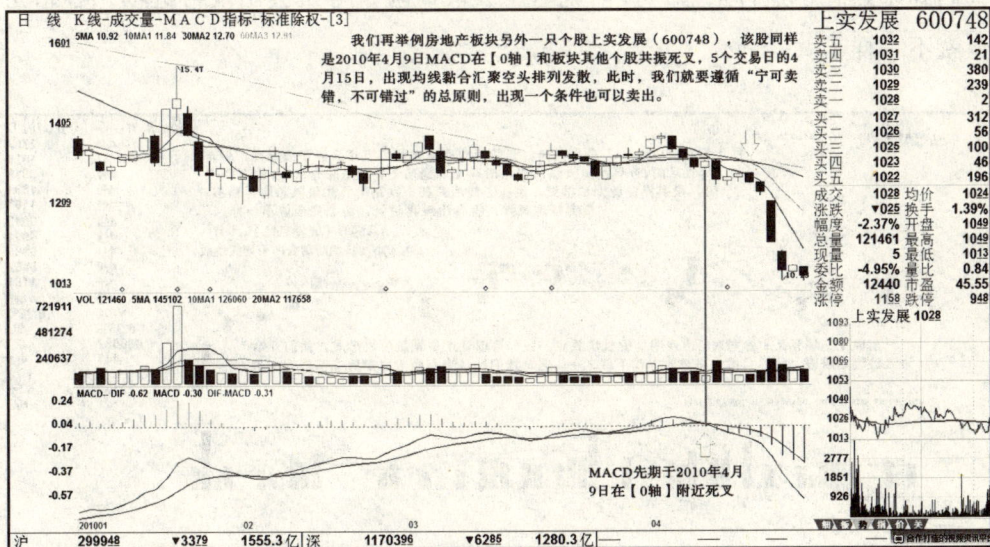

图113

和【一阴穿五线】一样，一旦个股出现【三线死叉】，同时出现明显的板块效应，我们就可以认定是领跌板块形成，它们开始进入波段主跌浪，同时大盘也将进入大幅下跌之中，这是我们反过来判断大盘走势非常好的工具。

其中一个经典案例就是，美国2007年以来爆发的次贷危机，2008年全面扩散，引发华尔街5大投资银行连续出现变故：2008年3月美国第五大投资银行贝尔斯登因濒临破产而被摩根大通收购；9月15日，美国第三大投资银行美林证券被美国银行以近440亿美元收购；9月15日，美国第四大投资银行雷曼兄弟控股公司申请破产保护；9月21日，美国华尔街最大的两块"金字招牌"高盛，摩根斯坦利宣布，将由当前的投资银行改制为银行控股公司。2008年9月间，美国金融危机这种加速恶化态势也影响到了我们的证券市场，金融板块在2008年9月很多都同步出现共振死叉格局，从而形成了巨大的做空动能。

民生银行（600016）的图形就是最经典的案例，尽管随后有重大利好支撑，金融连续反弹，但是随后再度下跌，尽管后面4万亿刺激金融也出现了大涨，但是从出现经典【三线死叉】到见底有50%多的震荡下跌空间，这个空间是很多投资者无法忍受的，很多投资者都倒在了最后疯狂下跌的路上，所以，我们如果熟悉了这种形态，提前规避一大段风险，等机会出现再进场，心态完全就不一样了。

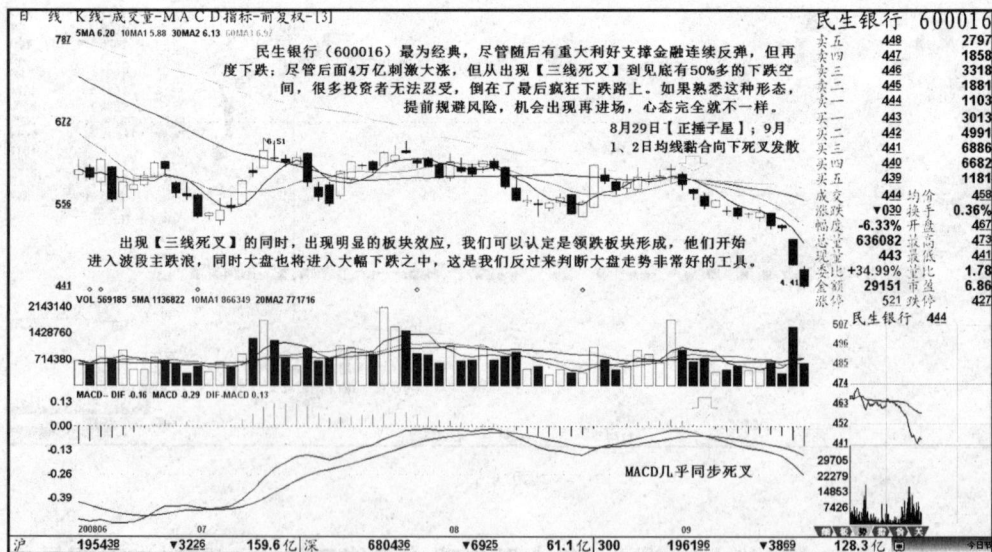

图 114

　　讲到板块效应出现【三线死叉】的威力，我们再举一例经典的案例，那就是2009年年底到2010年房地产调控政策下的房地产板块的走势。我们首先来看2009年到2010年中国房地产调控政策一览表。

表 021　　中国2009~2010年房地产调控政策一览表

时间	内容
2009年12月9日	中国国务院常务会议决定，自2010年1月1日起个人住房转让营业税征免时限由2年恢复到5年，其他住房消费政策继续实施。
2009年12月14日	中国国务院常务会议称，将继续综合运用土地、金融、税收等手段，加强和改善对房地产市场的调控。增加普通商品住房的有效供给，抑制投资投机性购房。
2009年12月17日	中国财政部等5部委发布通知，明确土地受让人拿地首次缴纳比例不得低于全部土地出让价款的50%，开发商拿地后分期缴纳全部土地出让价款的期限原则上不超过1年。
2009年12月23日	中国财政部调整住房转让营业税政策称，个人将购买超过5年（含5年）的非普通住房或者不足5年的普通住房对外销售的，按照其销售收入减去购买房屋的价款后的差额征收营业税；个人将购买超过5年（含5年）的普通住房对外销售的，免征营业税。
2010年1月10日	《国务院办公厅关于促进房地产市场平稳健康发展的通知》出台，这就是"国十一条"。国务院称，对二套房不再区分改善型和非改善型，一概执行40%首付；明确要求央行及银监会要加大对金融机构房地产贷款业务的监督管理和窗口指导；加强监控跨境投融资活动，防境外"热钱"冲击中国市场。
2010年1月18日	央行上调存款准备金率0.5个百分点。
2010年1月21日	国土资源部发布《国土资源部关于改进报国务院批准城市建设用地申报与实施工作的通知》提出，申报住宅用地的，经济适用住房、廉租住房和中低价位、中小套型普通商品住房用地占住宅用地的比例不得低于70%。
2010年2月25日	央行上调存款准备金率0.5个百分点。

续表

时间	内容
2010年3月10日	国土资源部出台了19条土地调控新政，即《关于加强房地产用地供应和监管有关问题的通知》，该通知明确规定开发商竞买保证金最少两成、1月内付清地价的50%、囤地开发商将被"冻结"等19条内容。
2010年3月12日	国土资源部称，将于2010年3月至7月在全国开展对房地产用地突出问题的专项检查，本次调查重点针对擅自改变房地产用地用途、违规供应土地建设别墅以及囤地炒地等问题。
2010年3月22日	国土资源部会议提出，在2010年住房和保障性住房用地供应计划没有编制公布前，各地不得出让住房用地；将在房价上涨过快的城市开展土地出让招拍挂制度完善试点；各地要明确并适当增加土地供应总量；房价上涨过快、过高的城市，要严控向大套型住房建设供地。
2010年3月23日	国资委要求78个不以房地产为主业的中央企业，要加快进行调整重组，在完成企业自有土地开发和已实施项目等阶段性工作后要退出房地产业务，并在15个工作日内制订有序退出的方案。
2010年4月2日	财政部下发通知称，对两个或两个以上个人共同购买90平方米及以下普通住房，其中一人或多人已有购房纪录的，该套房产的共同购买人均不适用首次购买普通住房的契税优惠政策。
2010年4月7日	国家发改委发布2010年经济社会发展工作重点提出，要进一步加强房地产市场调控，增加普通商品住房的有效供给，支持普通自住和改善性住房消费，大力整顿房地产市场秩序。
2010年4月11日	中国银监会主席刘明康表示，银监会要求所有银行在6月底之前提交贷款情况的评估报告，并称房地产风险敞口大，要严控炒房行为。银监会表示，银行不应对投机投资购房贷款，如无法判断，则应大幅提高贷款的首付款比例和利率水平。北京部分银行已将二套房首付比例提升至60%。
2010年4月14日	国务院常务会议指出，全球金融危机的影响仍在持续，将保持货币信贷适度增长，坚决抑制住房价格过快上涨，并将加快研究制定合理引导个人住房消费的税收政策。

续表

时间	内容
2010年4月14日前	中央媒体14天接力炮轰房价。
2010年4月15日	国务院出台具体措施，要求对贷款购买第二套住房的家庭，贷款首付款不得低于50%，贷款利率不得低于基准利率的1.1倍。对购买首套住房且套型建筑面积在90平方米以上的家庭，贷款首付款比例不得低于30%。
2010年4月17日	《国务院关于坚决遏制部分城市房价过快上涨的通知》发布，加码遏制高房价：3套房可停贷，对不能提供1年以上当地纳税证明或社会保险缴纳证明的非本地居民暂停放贷；税务部门要对定价过高、价格涨幅过快的房地产项目重点清算和稽查土地增值税；严禁非房地产主业的国有及国有控股企业参与开发和经营；对土地闲置及炒地房企，银行不得发放新项目贷款，证监部门暂停其上市、再融资和重大资产重组。
2010年5月2日	央行上调存款准备金率0.5个百分点。
2010年5月26日	国家税务总局公布了《关于土地增值税清算有关问题的通知》，明确土地增值税清算过程中的若干计税问题。
2010年9月30日	为进一步贯彻落实国务院关于坚决遏制部分城市房价过快上涨的通知精神，国家有关部委近日分别出台措施，巩固房地产市场调控成果，促进房地产市场健康发展。这些措施主要有： 一是各地要加大贯彻落实房地产市场宏观调控政策措施的力度。 二是完善差别化的住房信贷政策。 三是调整住房交易环节的契税和个人所得税优惠政策。 四是切实增加住房有效供给。 五是加大住房交易市场检查力度，依法查处经纪机构炒买炒卖、哄抬房价、怂恿客户签订"阴阳合同"等行为。

　　上表中，2009年12月9日的个人住房转让营业税征免时限由2年恢复到5年，2010年1月10日的《国务院办公厅关于促进房地产市场平稳健康发展的通知》，2010年4月17日的《国务院关于坚决遏制部分城市房价过快上涨的通知》，这3次的房地产政策对房地产市场的冲击是具有拐点性质的，对房地产股票也是具有拐点性质的。是非常经典的案例。

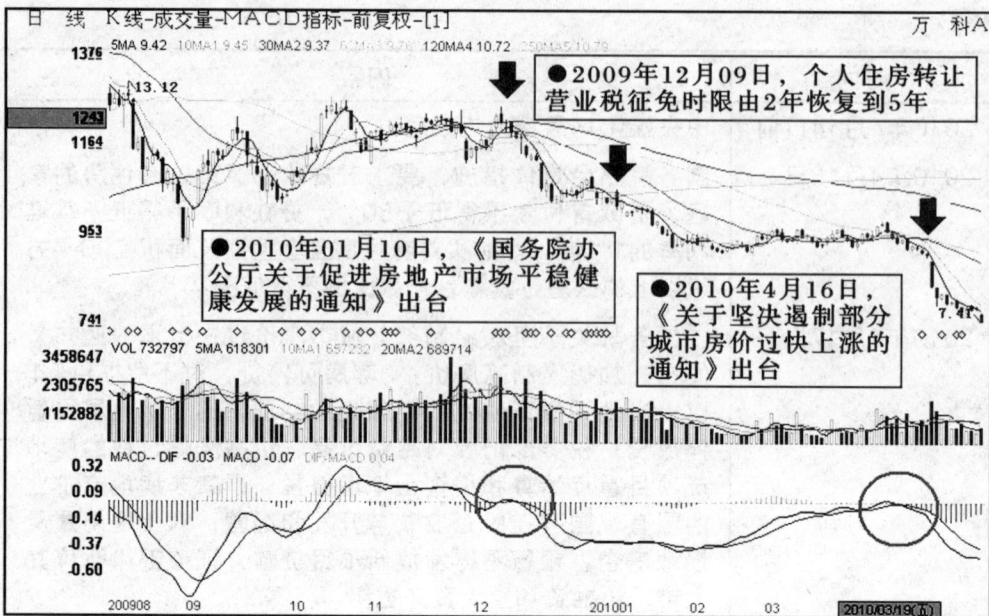

日 线　K线-成交量-MACD指标-前复权-[1]　　　　　　　　　　万科A

● 2009年12月09日，个人住房转让营业税征免时限由2年恢复到5年

● 2010年01月10日，《国务院办公厅关于促进房地产市场平稳健康发展的通知》出台

● 2010年4月16日，《关于坚决遏制部分城市房价过快上涨的通知》出台

图 115

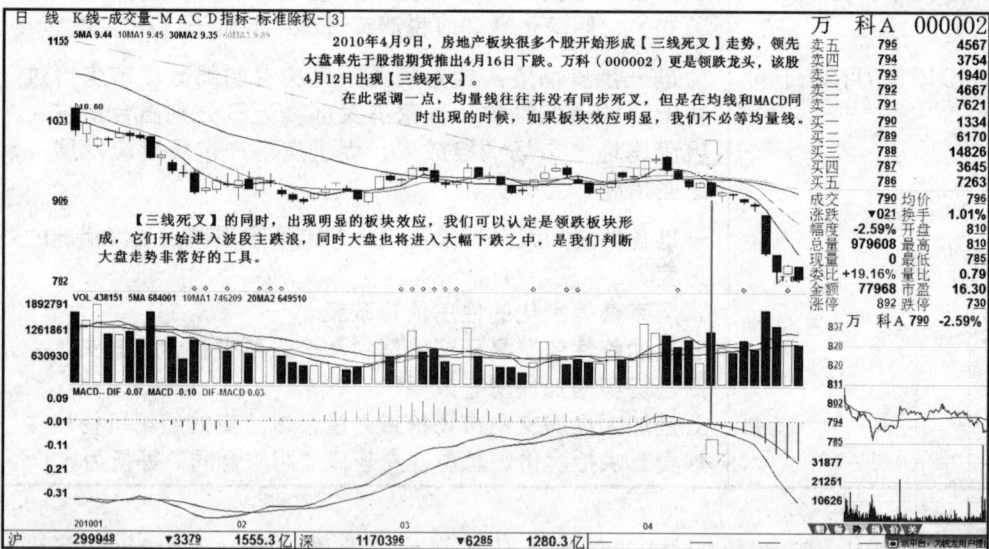

日 线　K线-成交量-MACD指标-标准除权-[3]　　　万　科A 000002

2010年4月9日，房地产板块很多个股开始形成【三线死叉】走势，领先大盘率先于股指期货推出4月16日下跌。万科（000002）更是领跌龙头，该股4月12日出现【三线死叉】。

在此强调一点，均量线往往并没有同步死叉，但是在均线和MACD同时出现的时候，如果板块效应明显，我们不必等均量线。

【三线死叉】的同时，出现明显的板块效应，我们可以认定是领跌板块形成，它们开始进入波段主跌浪，同时大盘也将进入大幅下跌之中，是我们判断大盘走势非常好的工具。

图 116

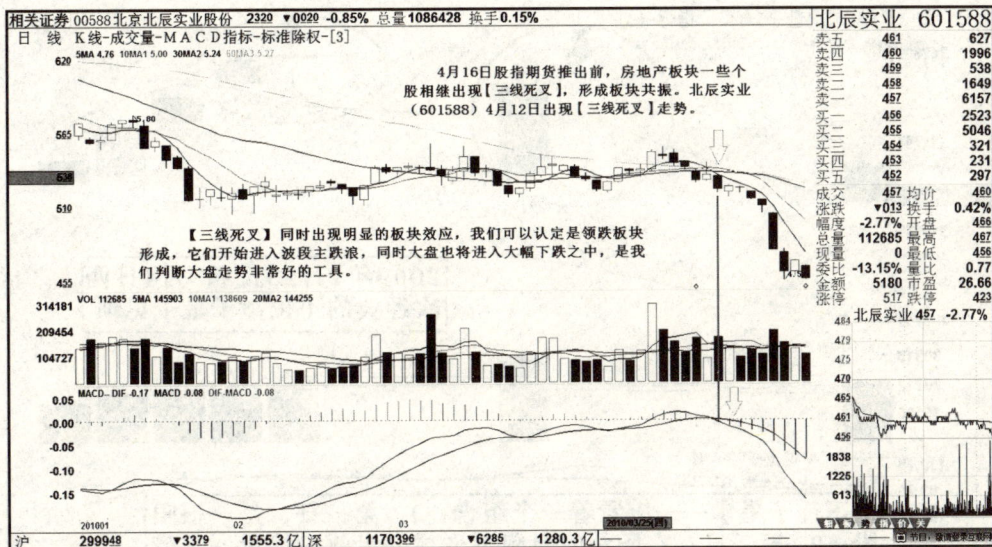

图 117

三、【正锤子星】

无论【一阴穿五线】还是【三线死叉】，有一个重要的依据就是"均线"，均线趋势明朗，一般都会离顶部错过一段时间和空间，如果再想卖得更精准一些，我们就要依靠经典的K线组合【正锤子星】和【阳阴并线】。

不管是在牛市还是在熊市，不管是大涨还是一轮反弹之后，**很多个股经过大幅上涨之后，见顶的经典标志一般都是【正锤子星】或者【阳阴并线】，它们是见顶转势的重要信号，要比均线更早地告诉我们拐点就在眼前**。就好比，【倒锤子星】和【阴阳并线】是见底转势的重要信号一样。

【一阳穿五线】和【三线金叉】本质上是一样的，【一阴穿五线】和【三线死叉】本质上是一样的。同样，【倒锤子星】和【阴阳并线】本质上是一样的，【正锤子星】和【阳阴并线】同样本质上也是一样的。

无论【倒（正）锤子星】还是【阴阳（阳阴）并线】，都是一个组合图形，它们并不是孤立存在，单独发挥作用，只有考虑到整个组合，才能比较全面、准确把握形态后面跟随的变化趋势。更为重要的是，无论是买入条件的4个基本形态，还是卖出条件的4个基本形态，我们一直强调它们出现在关键位置：临界点，并且和3个基本概念能够形成共振，更能发挥巨大的作用，效果也最明显。

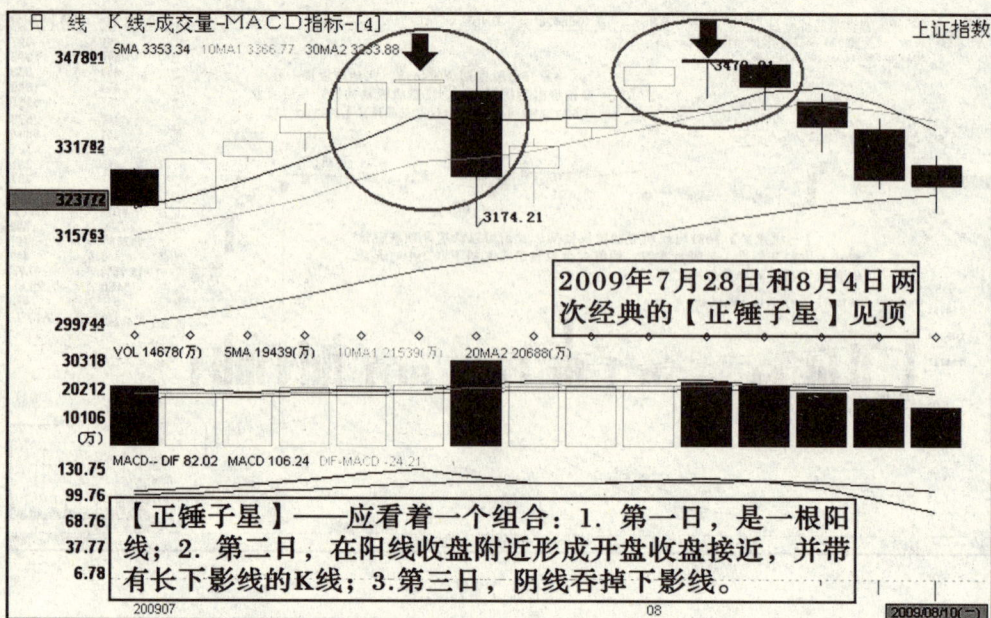

图 118

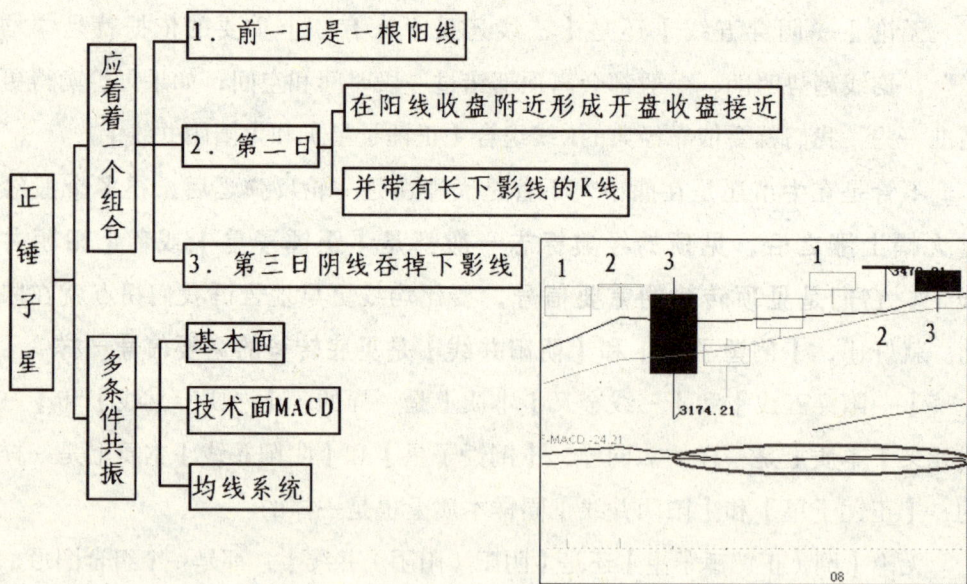

图 119

同样，在提出【正锤子星】卖出条件之前，我们还是要把握如下几点：

（1）【正锤子星】走势是一个组合图形，既要考虑到前面的阳线，又要等待后面的阴线确认；

（2）是否和大盘形成共振；

（3）是否具有板块共振效应；

（4）是否处于关键位置。

牢牢把握以上几点之后，我们再去把握具体卖点就容易得多，现在我们去理解【正锤子星】卖出条件也就容易得多。

1. 形态

（1）出现在长阳或者连续阳线之后，而不是出现在阴线之后，更不是出现在低位阴线之后；

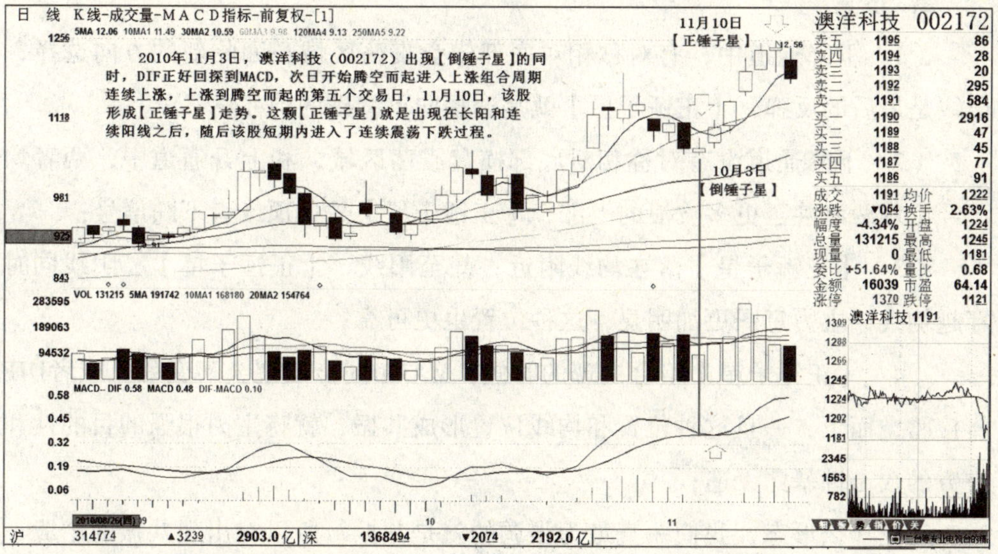

图 120

（2）开盘价在前日阳线收盘价附近最好，尽可能不远离前日阳线收盘价太远；

（3）下影线要切入阳线实体1/3以上，上影线越短越好，没有上影线最佳；

（4）收盘价和开盘价之间越小越好，小到成星最佳；

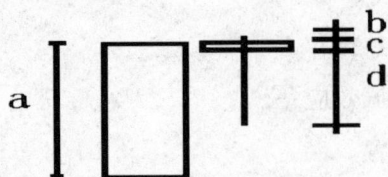

1. 下影线d切入阳线实体a三分之一以上为好；
2. 上影线b越小越好；
3. 开盘价和收盘价之间c越小越好

图 121

2. 位置

（1）下降通道中，有对称相对底部横盘震荡区域，面临新的方向选择，阳线是最后的反弹，【正锤子星】就是选择向下突破的前兆；

（2）下降通道没有对称相对底部横盘震荡区域，和上升通道中，两者均已经出现两波甚至更多波浪的上涨，【正锤子星】是见顶或者下跌信号；

（3）【正锤子星】落在均线附近，甚至阳线、【正锤子星】、阴线同时穿越均线，主力意图更加明显，这种位置也更可靠；

（4）【正锤子星】组合出现的时候，MACD同步出现金叉变死叉或者DIF直接腾空而下，一旦这种位置和均线位置形成共振，就将主力很强的目的性和空方的攻击性暴露无遗；

无论什么形态，我们一直最为强调的就是共振，所以对出现共振的个股，效果就更为明显。

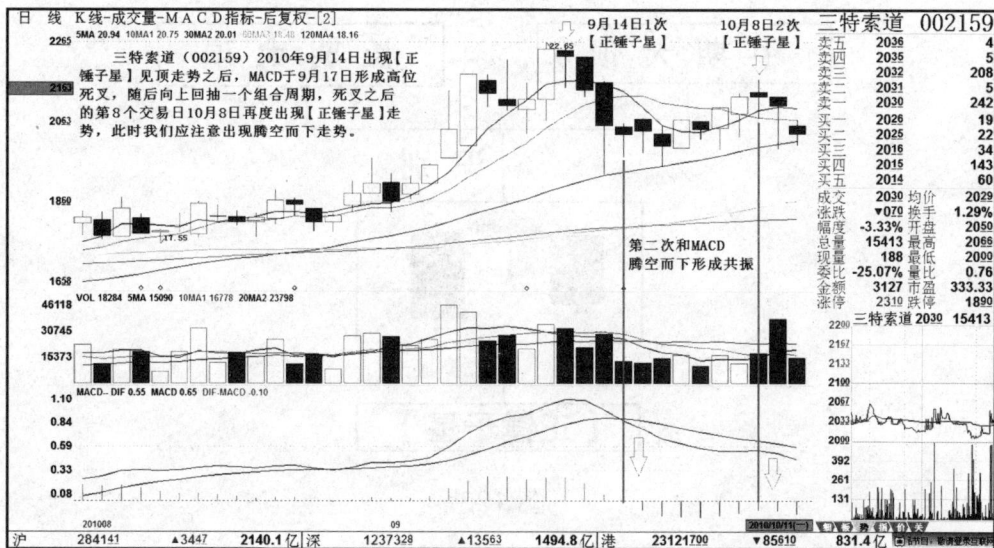

图 122

3. 卖点

（1）如果和大盘形成共振，同时出现【正锤子星】形态，在大盘选择向下的时候，一旦【正锤子星】得到确认，务必快速卖出；

（2）下跌通道有对称相对底部横盘震荡区域的，一旦出现【正锤子星】走势应果断卖出，卖错也得卖，从而回避可能出现的单边下跌走势；

（3）下跌通道没有对称相对底部横盘震荡区域，和上升通道中，同样是正锤子出现，就要不断减仓，规避风险。

无论是【正锤子星】，还是【三线死叉】，无论是【一阴穿五线】，还是【阳阴并线】，当这些都形成共振之后，就将主力很强的目的性和空方的攻击性暴露无遗，因此，我们不能将这些形态单独来看，要融会贯通，要有机地结合起来，牢牢把握住：

1．是否和大盘形成共振；

2．是否具有板块共振效应；

3．是否处于均线，均量、MACD的关键位置。

这样我们才能抓住机会规避风险。

【正锤子星】有一个非常重要的作用，就是——结合基本面、技术面等多条件共振，帮助我们识别中期大顶和长期大顶。

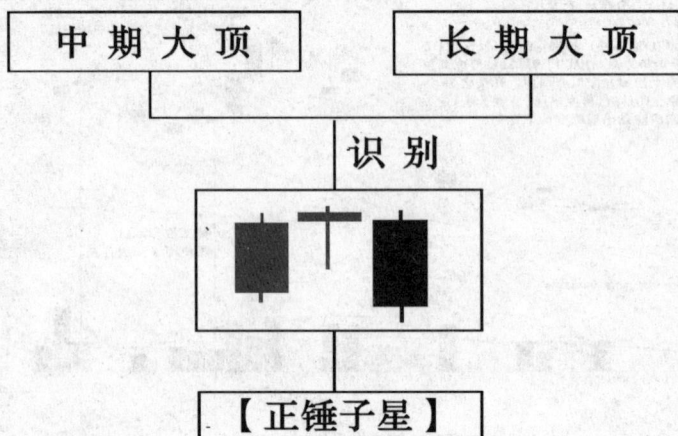

图 123

经典案例1：2009年7月底8月初的中期顶部见顶

1. 基本面

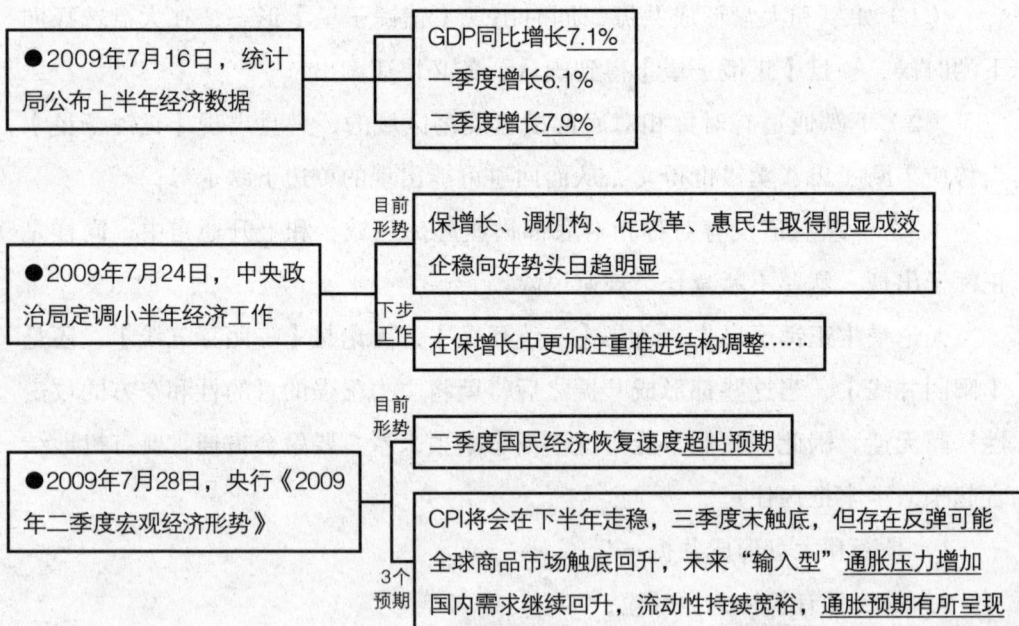

图 124

从图中我们看到：2009年7月16日公布上半年经济数据，2009年1季度GDP增长6.1%，二季度增长7.9%，上半年经济增长速度加快；随后7月24日政治局定调下半年

工作基调：经济企稳势头日趋明显；经济恢复超出预期，通胀压力增加，随即央行7月28日快速拿出方案。紧缩预期随之出现。7月24日市场又是如何反应的？

2. 日线技术面

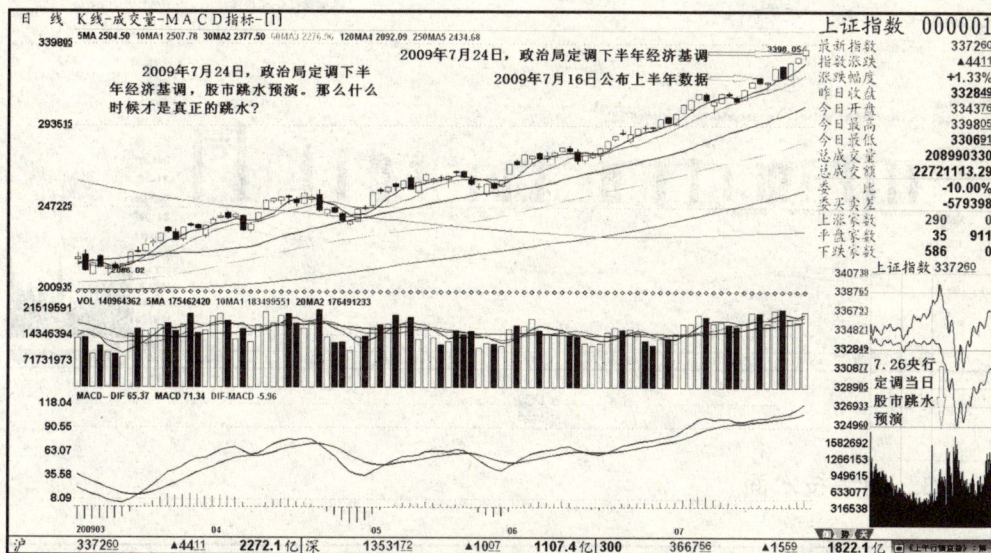

图 125

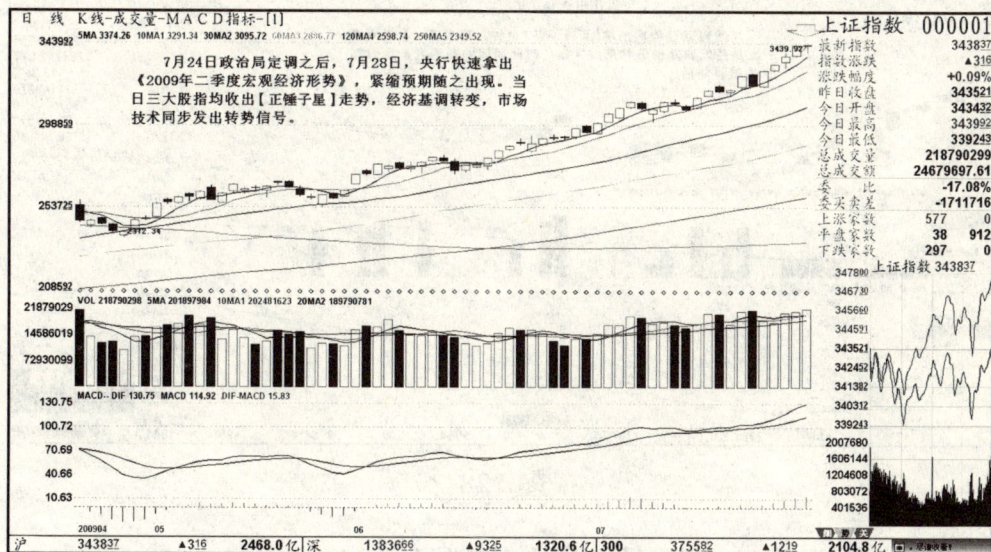

图 126

153

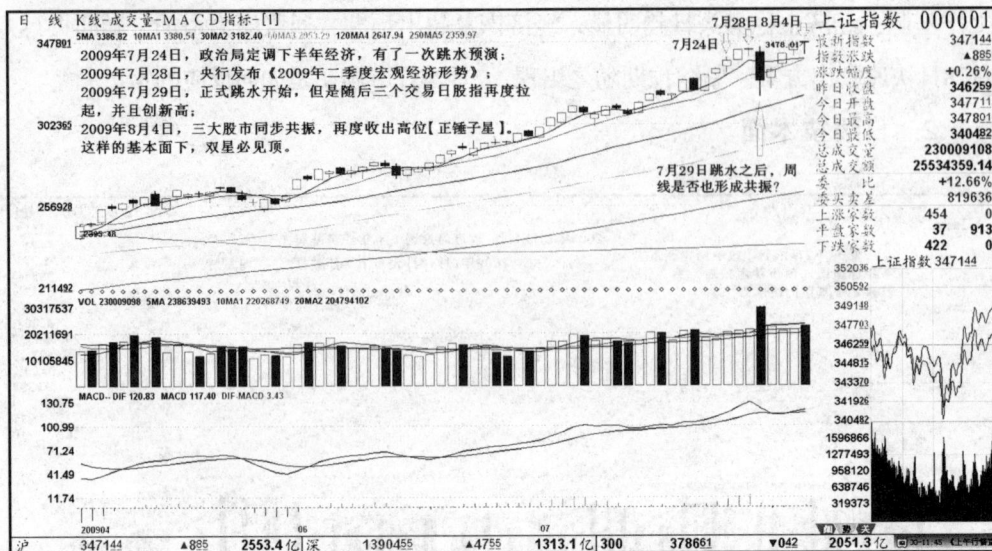

图 127

3. 周线技术面

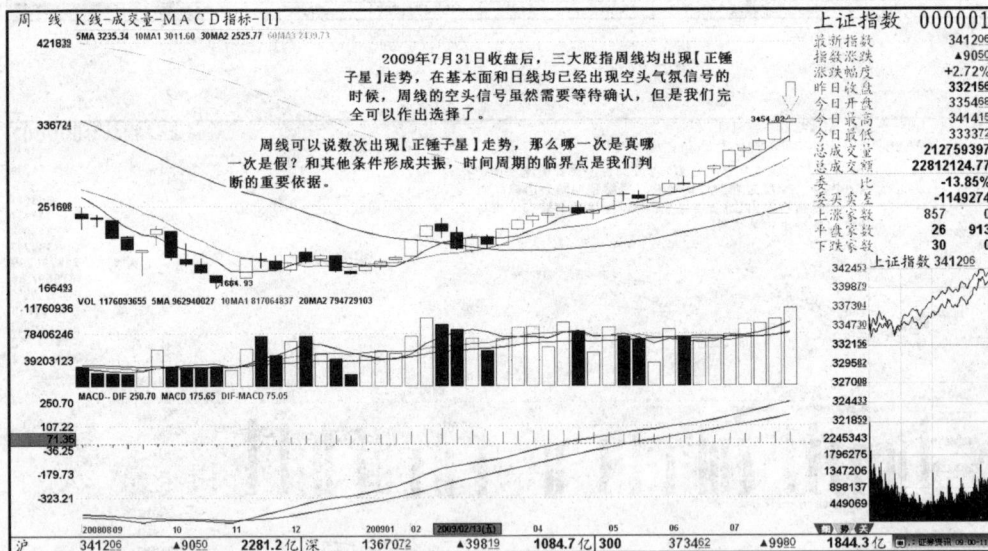

图 128

经典案例2：2010年4月中旬的中期见顶

1. 基本面

（1）2010年以来，房价疯狂上涨；

（2）4月15日周四前，中央媒体14天接力炮轰房价；

（3）4月15日周四，一季度重要数据公布：GDP增长11.9%，CPI上涨2.2%；

（4）4月16日周五，股指期货推出；二套房贷首付不低于50%，利率不低于1.1倍。

国际上，股指期货推出前后的表现如下表：

表 022

股指期货推出前后相应标的指数的表现

国家和地区	指数标的	推出时间	推出前6个月	推出前1个月	推出后1个月	推出后6个月
美国	标准普尔500指数	1982.02	-2.43%	2.62%	-0.72%	18.16%
日本	日经225指数	1986.09	5.94%	-4.35%	1.58%	17.88%
香港	恒生指数	1986.05	7.92%	14.34%	-5.90%	18.59%
台湾	台湾加权指数	1998.07	-1.69%	2.33%	-8.53%	-20.61%
韩国	KOSPI200期货	1996.05	-2.92%	9.15%	-5.43%	-21.60%

股指期货推出后短期内，看来是凶多吉少，加上房地产利空政策的密集轰炸，我们再看看技术上是否支持看空。

2. 日线技术面

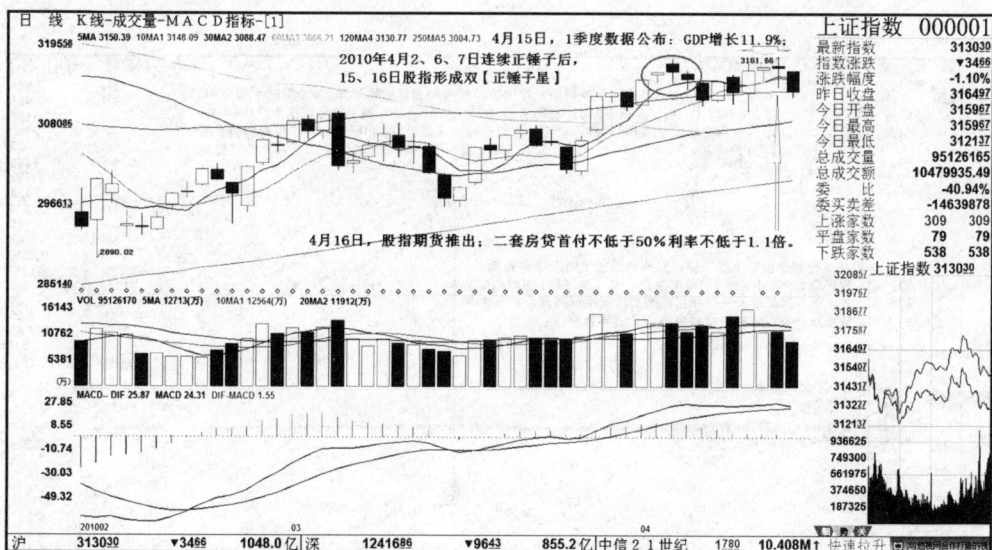

图 129

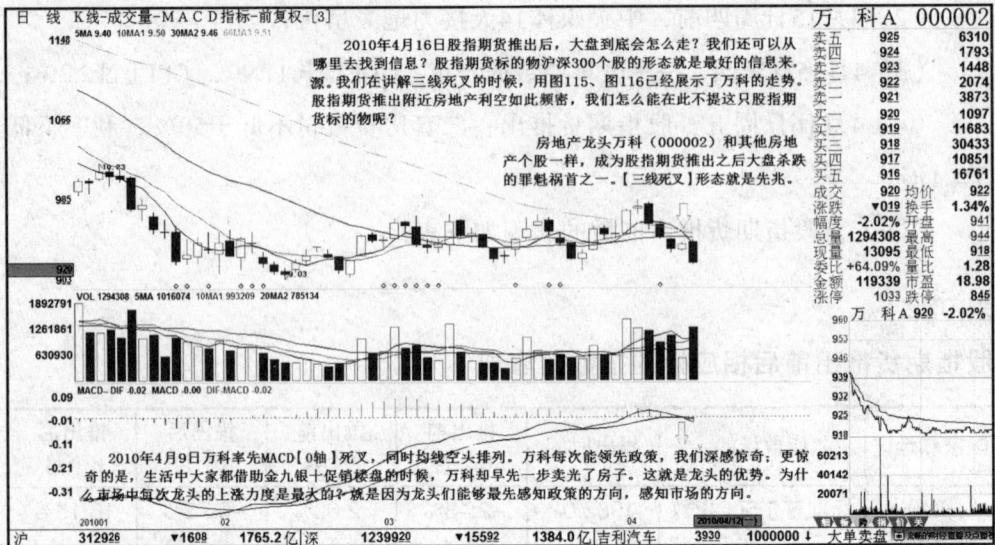

图 130

2010年4月9日万科率先MACD【0轴】死叉，同时均线空头排列。万科每次能领先政策，我们深感惊奇；更惊奇的是，生活中大家都借助金九银十促销楼盘的时候，万科却早先一步卖光了房子。这就是龙头的优势。为什么市场中每次龙头的上涨力度是最大的？就是因为龙头们能够最先感知政策的方向，感知市场的方向。同样，在证券市场，我们也可以同样用龙头来感知市场的方向，感知主流的脉搏，从而很好地抓住机会，规避风险。

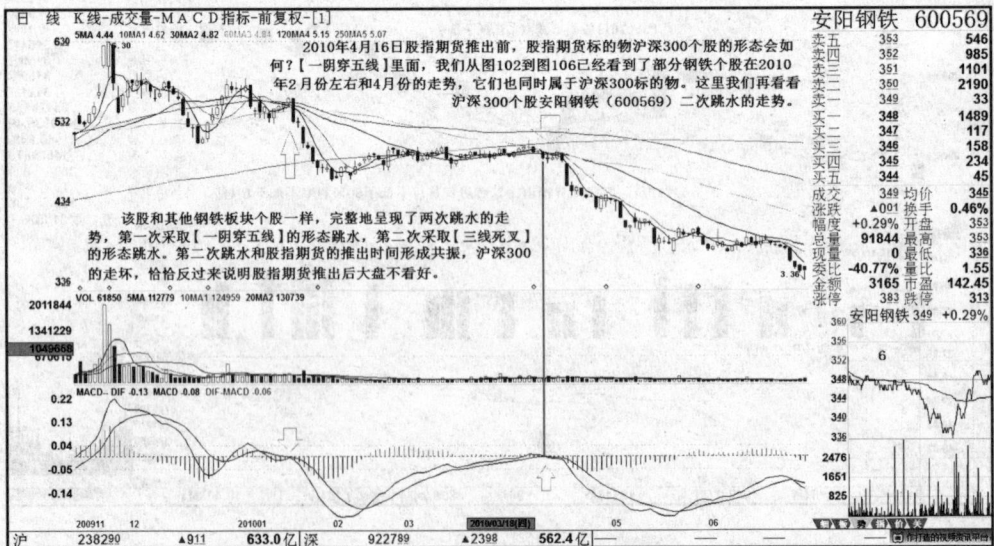

图 131

3. 周线技术面

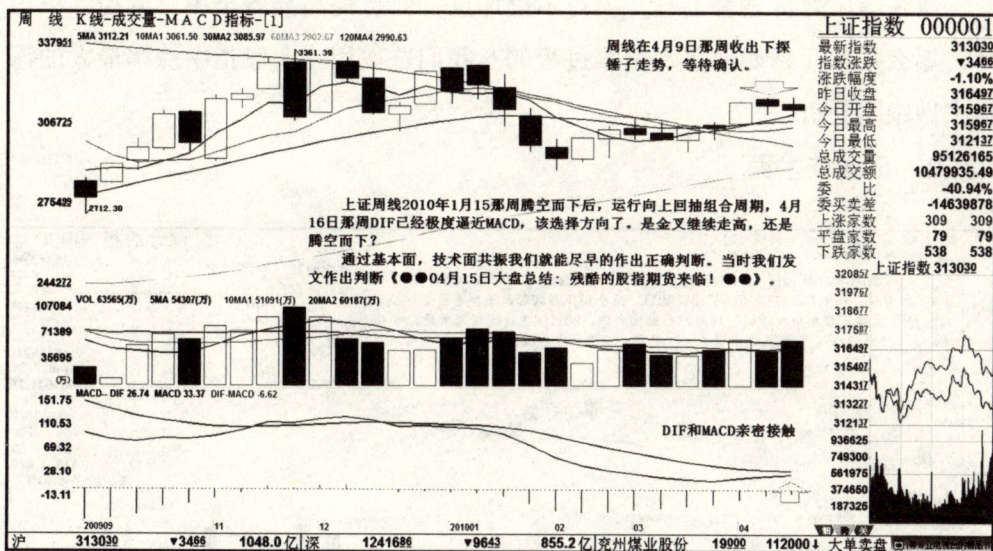

图 132

经典案例3：2010年11月中旬的阶段性顶部见顶

1. 基本面

（1）2010年10月19日，3年来央行首度加息，20日起上调1年期存贷款基准利率0.25个百分点；

（2）2010年10月22日，周小川：通胀等风险将显著上升；

（3）2010年10月28日，国务院常务会议部署四季度经济工作：稳定市场价格，遏制房价过快上涨；

（4）2010年11月2日，央行发布《三季度货币政策执行报告》，指出：潜在通胀压力需高度关注；

（5）2010年11月3日，10种稀有金属酝酿战略收储；

（6）2010年11月4日，美联储宣布启动6千亿美元定量宽松计划；

（7）2010年11月9日，中石油天量解禁；

（8）2010年11月10日，央行宣布：存款准备金率16日起上调0.5个百分点；

9. 2010年11月12日，10月份CPI上涨4.4%，创25个月新高。

通胀等风险将显著上升，央行不仅加息，而且提高准备金率，调控频率很高，那么技术面是如何呈现整个过程的？我们这次用三大股指中涨幅最大的深指来做跟踪分析。

2．日线技术面

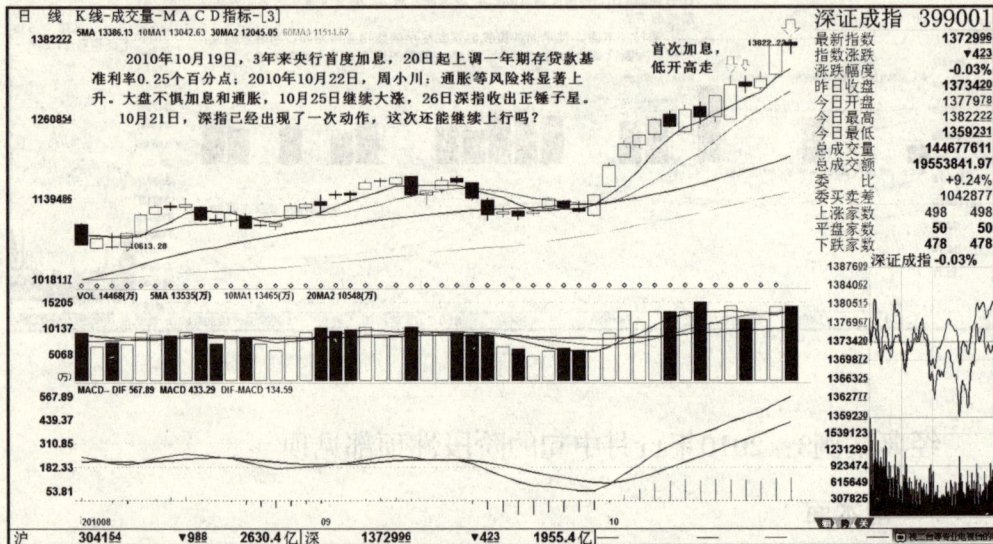

图 133

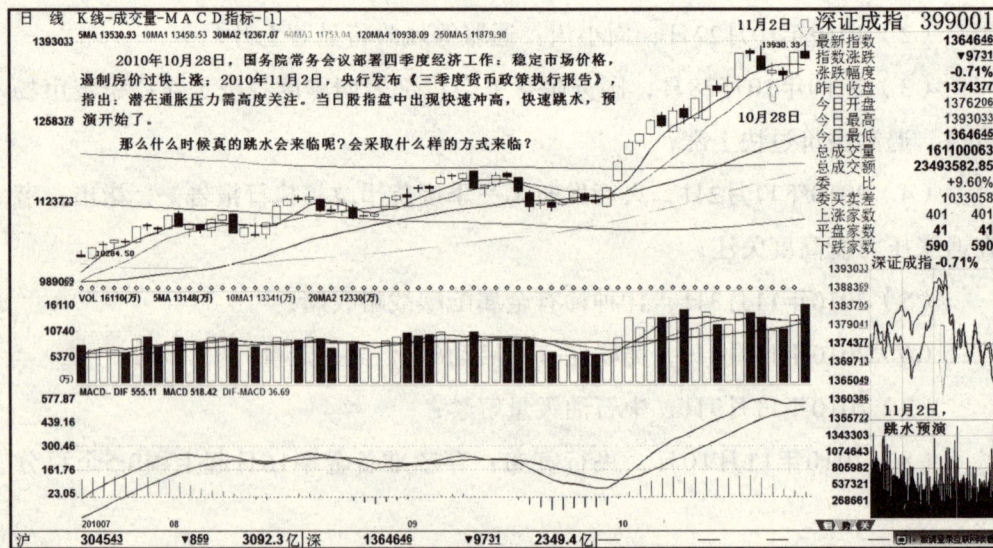

图 134

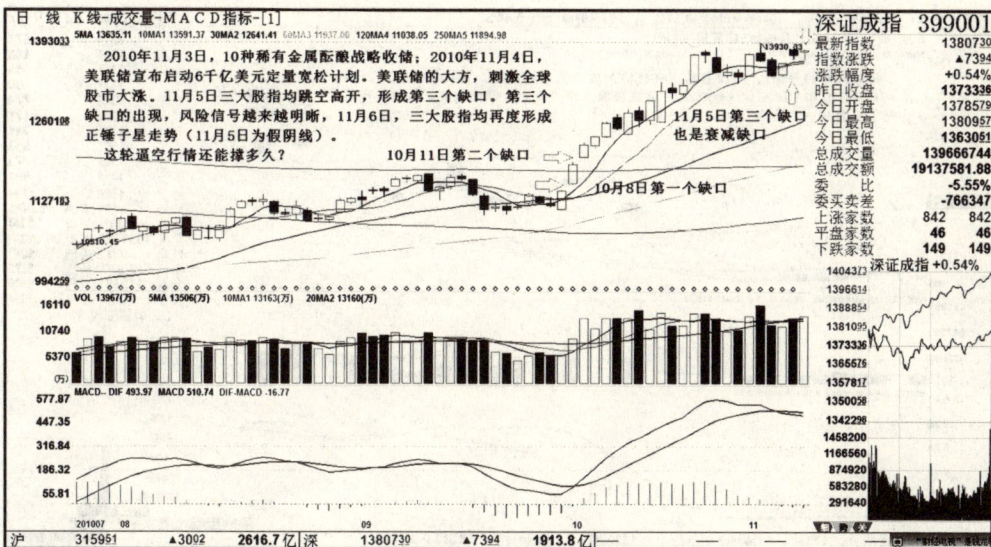

图 135

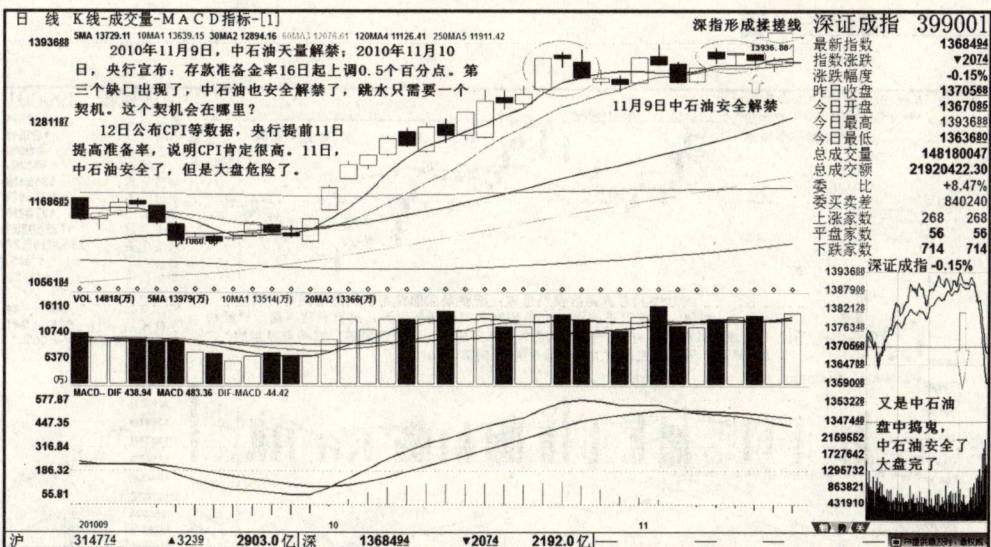

图 136

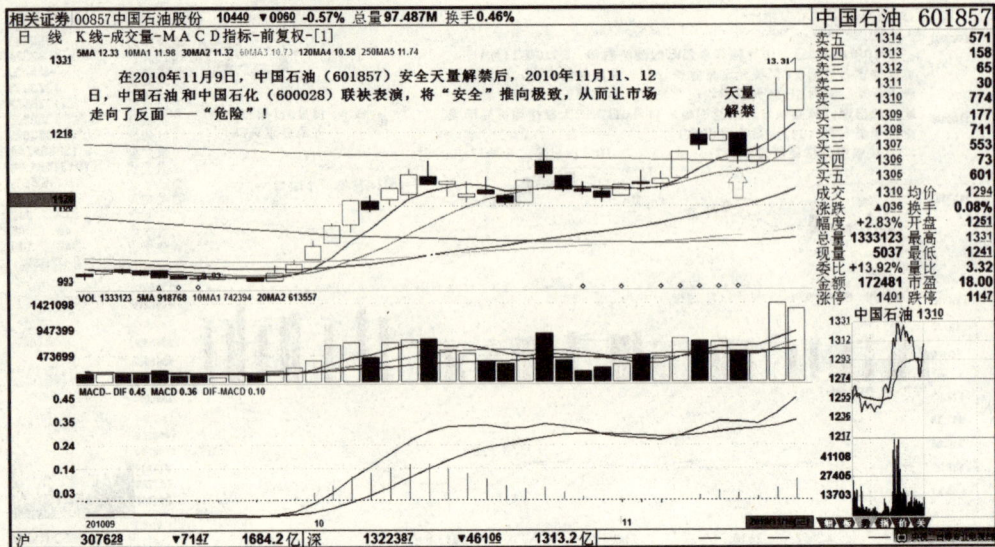

图 137

3. 周线技术面

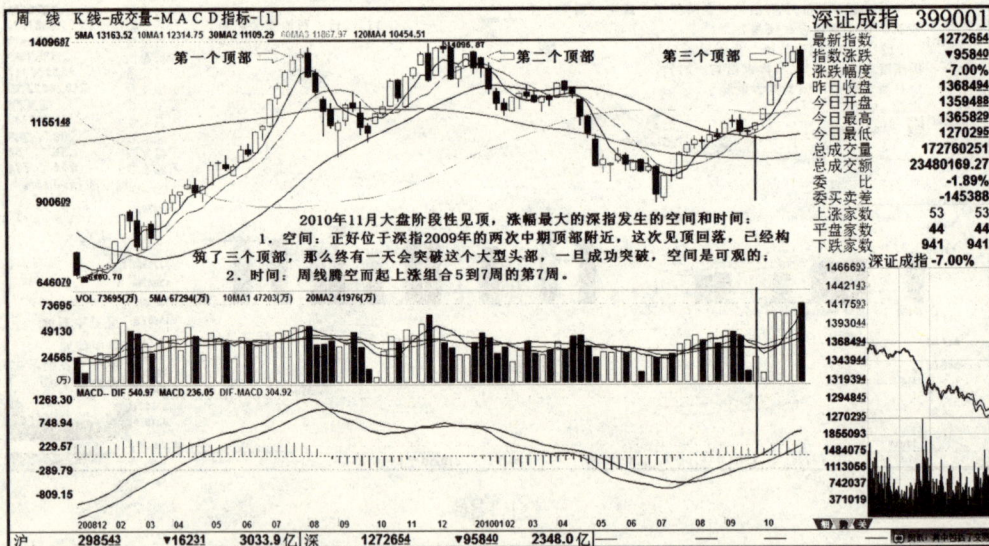

图 138

四、【阳阴并线】

无论是《赢在股市1》讲解多方的4个基本概念，还是上面讲解空方的3个基本概念，都要求大家不能孤立去看，要互相结合，要从共振角度去理解。所以，对【阳阴并线】同样如此，要从更宏观的角度，更高的层面去理解和认知【阳阴并线】，要时刻把握以下几点：

（1）是否和大盘形成共振；

（2）是否具有板块共振效应；

（3）是否处于均线、均量、MACD的关键位置。

牢牢把握以上几点之后，我们把握卖点同样很容易。正是基于这一认识，我们很多时候，在对大盘吃不准时，可以很好地借助龙头出现【阳阴并线】走势，来判断大盘是否出现趋势拐点，或者说正是借助龙头出现【阳阴并线】走势和大盘的一些特点形成共振，从而准确判断趋势拐点的来临。这是【阳阴并线】最大的用处。

【阴阳并线】中我们最看重的是【跌停涨停并线】，同样，【阳阴并线】中，我们最看重的是【涨停跌停并线】。

1．涨停跌停并线

（1）形态

●必须前一日冲击过涨停或者涨停收盘，次日冲击过跌停或者跌停收盘；

●涨跌停没有受到任何消息的影响；

●老庄股除外；

●能够和大盘形成共振，板块效应的领涨龙头个股，反过来，它们往往是领跌龙头。

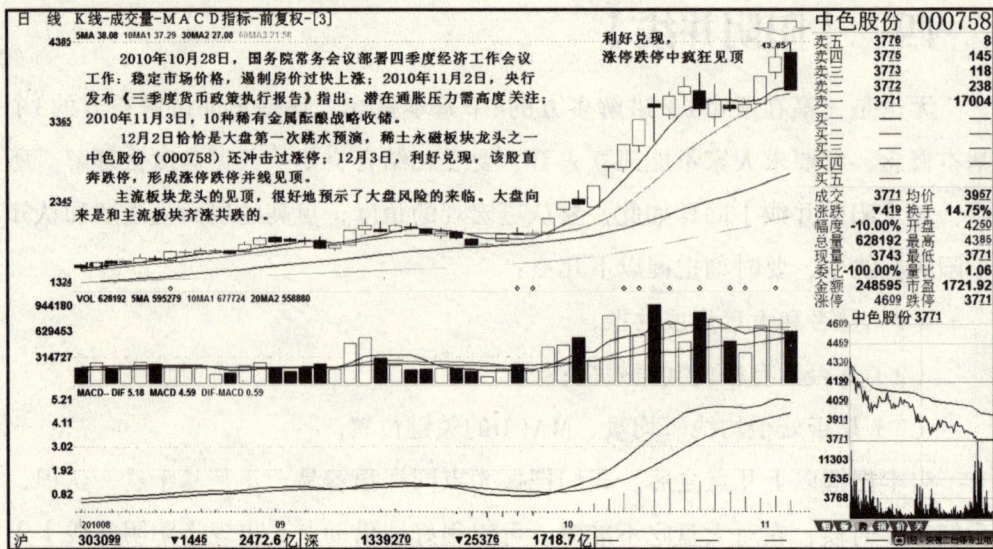

图 139

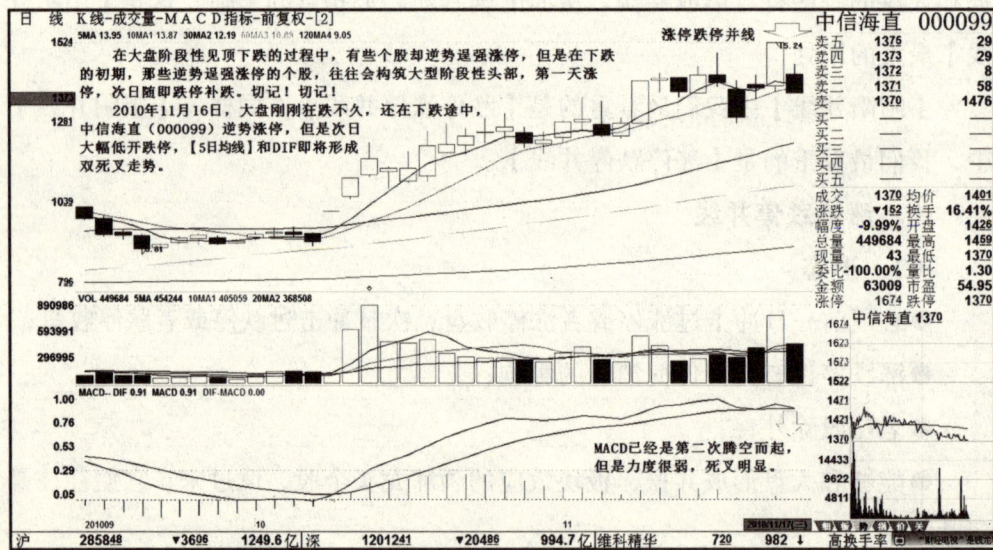

图 140

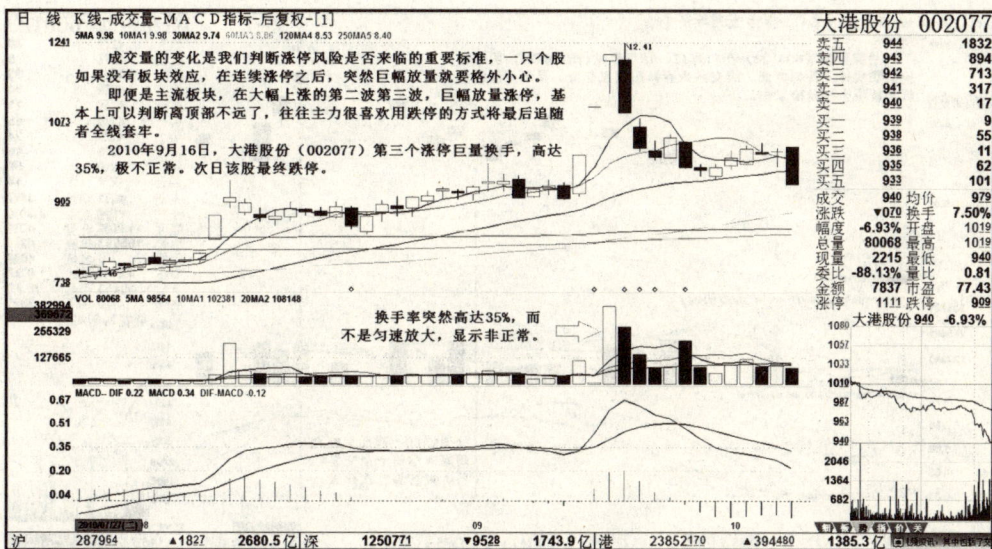

图 141

（2）位置

●顶部区域是见顶或者下跌信号；

●每一次高位横盘很久，出现涨停跌停阳阴并线，往往面临新的下跌；

个股行为，我们要密切关注整个形态，才能把握所处位置主力的意图。涨停跌停并线的位置并不重要，重要的是否具备板块效应。只有具有板块效应，位置才能发挥绝佳作用。

（3）卖点

●具有板块效应的龙头在顶部的涨停跌停并线，和大盘形成共振见顶的时候，必须果断卖出；

●每一次高位横盘很久，出现涨停跌停阳阴并线，同样要果断卖出。

2．普通【阴阳并线】

（1）形态

●必须是阴吞阳，长阴吞长阳更佳；

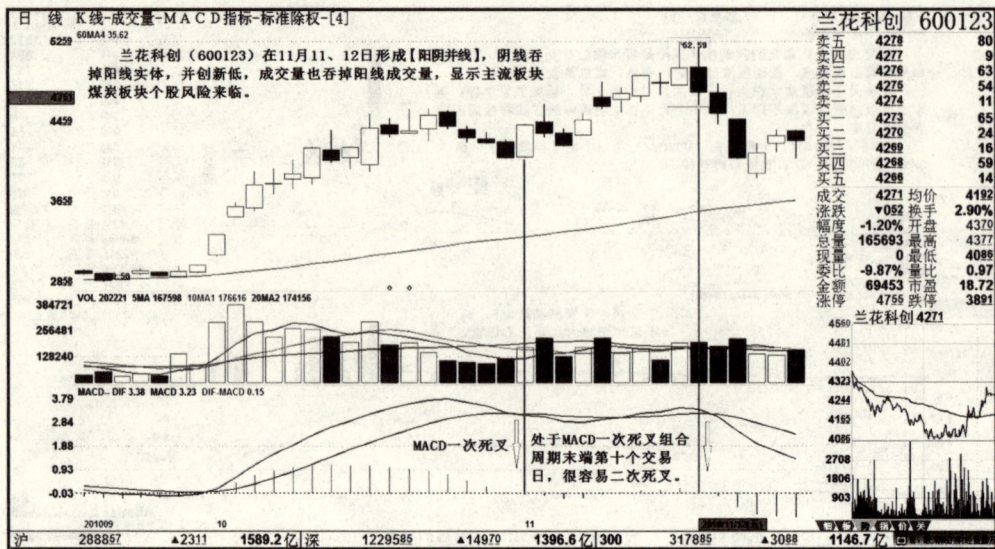

图 142

●光头光脚阴线，更显示主力出逃坚决。

（2）位置

●大幅上涨之后，顶部出现阳阴并线，如果大盘处于相对高位，一般是见顶信号，一定要小心；

●每一次高位横盘很久，面临方向性选择的时候，出现阳阴并线，同样要小心选择向下，警惕风险来临；

●阳阴并线落在均线附近，甚至阳阴两线同时穿越均线，均线黏合汇聚向下发散，主力意图更加明显，下跌毫无悬念；

●阳阴并线出现的时候，MACD同步快要出现死叉，或者出现金叉变死叉或者DIF直接腾空而下，一旦这种位置和均线位置形成共振，就将主力很强的目的性和空方的攻击性暴露无遗。

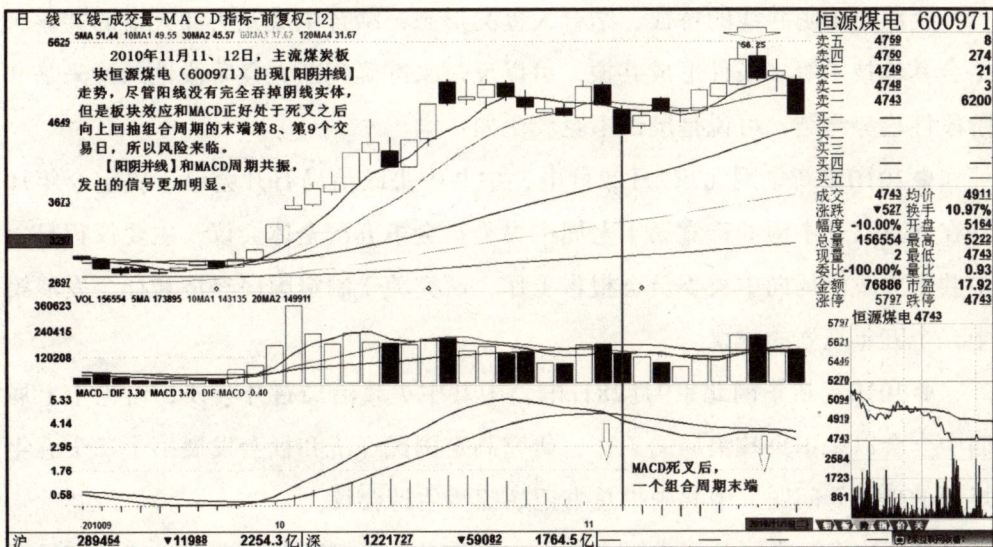

图 143

（3）卖点

●具有板块效应的龙头在顶部阳阴并线，和大盘形成共振见顶的时候，必须果断卖出；

●每一次高位横盘很久，出现阳阴并线，同样要果断卖出。

当【阴阳并线】出现在关键均线位置、关键MACD位置，并且形成共振形态的时候，务必卖出，规避风险。

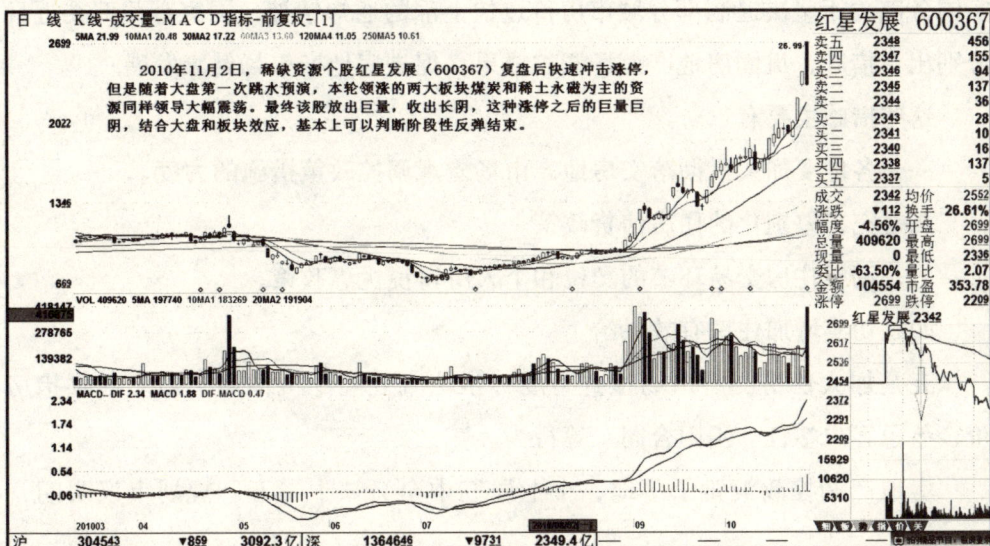

图 144

我们用阳阴并线的特征，结合大盘的形态，结合主流龙头和大盘的共振，结合其他技术等多条件形成共振，可以反过来准确判断大盘阶段性风险来临和阶段性趋势终结，可说是屡试不爽。比如：

●2010年新华网北京7月22日电，中共中央政治局召开会议，决定今年10月在北京召开中国共产党第十七届中央委员会第五次全体会议，主要议程是，中共中央政治局向中央委员会报告工作，研究关于制定国民经济和社会发展第十二个五年规划的建议。

●2010年新华网北京9月28日电，中共中央政治局召开会议，讨论十七届四中全会以来中央政治局的工作，研究制定国民经济和社会发展第十二个五年规划的建议等问题。中共中央总书记胡锦涛主持会议。

会议决定，中国共产党第十七届中央委员会第五次全体会议于10月15日至18日在北京召开。

中共中央政治局听取了《中共中央关于制定国民经济和社会发展第十二个五年规划的建议》稿在党内外一定范围征求意见后修改情况的报告。会议认为，这次征求意见，各地区各部门各有关方面和党的十七大代表对文件稿提出了许多很好的意见和建议，充分发扬了民主，集中了全党和各方面的智慧。会议决定，根据这次会议讨论的意见进行修改后将文件稿提请十七届五中全会审议。

●2010年9月29日，5道"金牌"齐发遏制房价过快上涨。为进一步贯彻落实国务院关于坚决遏制部分城市房价过快上涨的通知精神，国家有关部委近日分别出台措施，巩固房地产市场调控成果，促进房地产市场健康发展。

这些措施主要有：

一是各地要加大贯彻落实房地产市场宏观调控政策措施的力度。

二是完善差别化的住房信贷政策。

三是调整住房交易环节的契税和个人所得税优惠政策。

四是切实增加住房有效供给。

五是加大住房交易市场检查力度，依法查处经纪机构炒买炒卖、哄抬房价、怂恿客户签订"阴阳合同"等行为。

房地产调控政策靴子落地，十七届五中全会"十二五"规划审议明朗，

2010年十一长假前最后一个交易日股指再度站上【10周线】，就是说明回落震荡已经结束，接下来新的震荡上行就开始了。十一长假后，股指采取连续逼空的方式向上运行，美元贬值让那些以美元为结算单位的国际油价、有色金属、黄金、农产品等大宗商品价格不断走高，油价上涨，带动煤炭价格上涨，引发了A股相关行业和板块的大幅上涨。当然，国家调整有色金属为主的稀土政策，也是有色金属为主的稀缺资源大涨的原因之一，"十二五"规划推崇的节能环保、新一代信息技术、生物、高端装备制造、新能源、新材料和新能源汽车7个产业和美元贬值相关板块一起成为十一长假后逼空的主流板块。

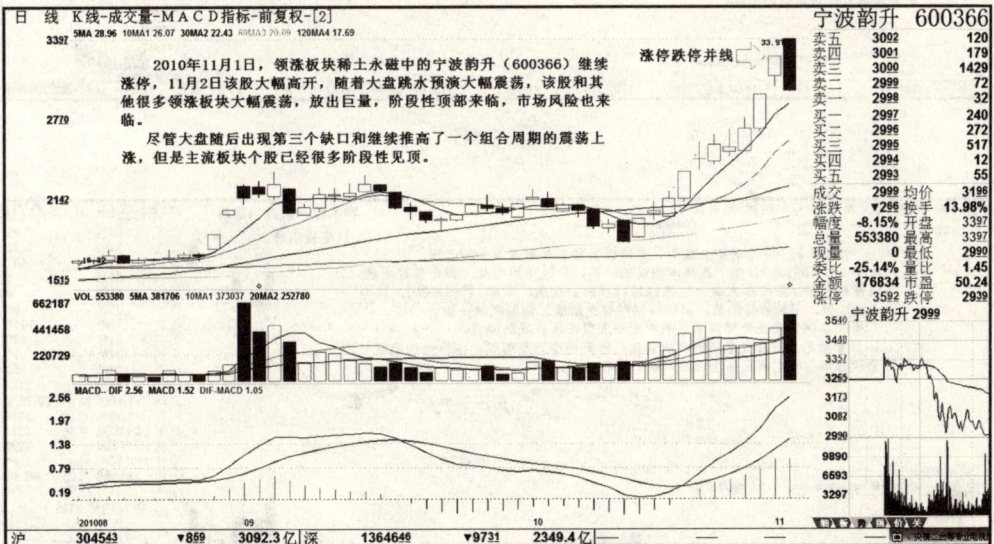

图 145

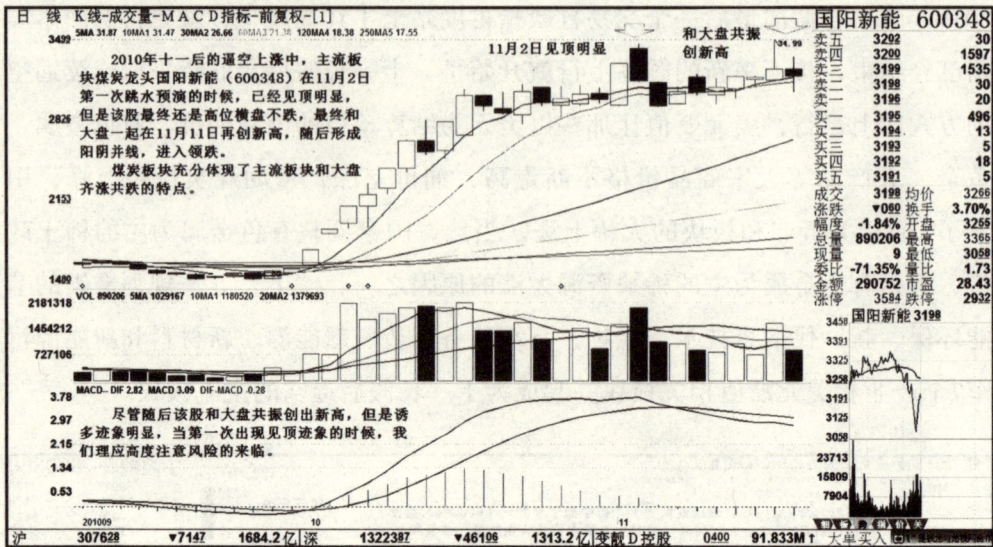

图 146

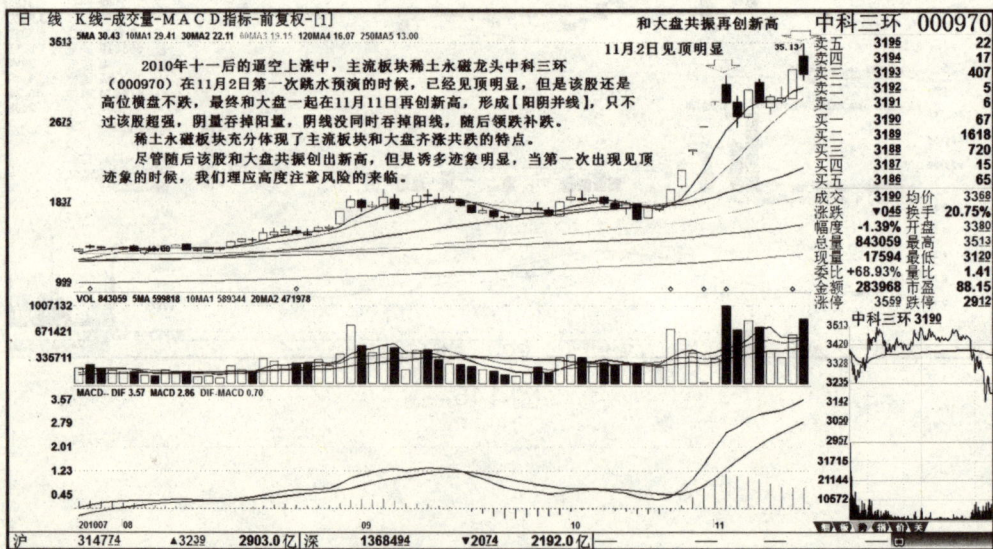

图 147

第四章
实战进行时

第1节

2010年股票池个股选取过程

几轮大牛大熊下来，是极为难得的财富，检验了我们，更考验了我们，让我们更加坚定了价值投资的理念，让我们更明白安全边际的重要性，让我们更坚信预增这个切入口是恰到好处的，让我们更坚信抓预增板块龙头是用最少的时间取得最大效应的最佳途径。

现在又到了讲解实战进行时的时候了。

一、统计预增个股

表 023

2010年第三季度年报业绩预增个股汇总

个股数量：205只

（发表在股票之声顺手黑马论坛：http：//bbs.gupzs.com/topic.aspx？topicid=112667）

预增 日期	证券 代码	证券 名称	2009年 3季报 （元）	2009 年年报 （元）	2010年 3季报 （元）	预增内容	预增 次数
1. 电子器件：31只							
2010-11-2	300111	向日葵	–	0.25	0.30	增长94%~142%	2

续表

预增日期	证券代码	证券名称	2009年3季报（元）	2009年年报（元）	2010年3季报（元）	预增内容	预增次数
2010-10-29	002079	苏州固锝	0.09	0.14	0.20	增长70%~100%	3
2010-10-29	002141	蓉胜超微	-0.02	0.03	0.09	增长338%~385%	1
2010-10-29	002371	七星电子	–	1.02	1.06	增长50%~70%	1
2010-10-29	000988	华工科技	0.37	0.40	0.51	增长50.06%~100.02%	4
2010-10-28	002106	莱宝高科	0.32	0.54	0.63	增长120%~150%	3
2010-10-27	002185	华天科技	0.18	0.27	0.26	增长55%~85%	3
2010-10-27	300128	锦富新材	–	0.70	0.78	增长40%~60%	2
2010-10-27	600654	飞乐股份	0.01	0.01	0.04	大幅度增长	4
2010-10-27	002369	卓翼科技	–	0.66	0.53	增长40%~60%	3
2010-10-27	002436	兴森科技	–	0.93	0.94	增长50%~80%	1
2010-10-26	002137	实益达	0.04	0.02	0.10	增长400%~430%	4
2010-10-26	002119	康强电子	0.16	0.24	0.24	增长40%~60%	3
2010-10-26	000636	风华高科	0.03	0.09	0.28	增长284.00%~311.93%	3
2010-10-26	300102	乾照光电	–	0.95	1.04	增长55%~70%	2
2010-10-26	600183	生益科技	0.21	0.33	0.44	增长50%以上	3
2010-10-25	300046	台基股份	0.73	1.03	0.80	增长超过50%	3
2010-10-23	002218	拓日新能	0.09	0.12	0.23	增长150%~180%	3
2010-10-23	002057	中钢天源	0.01	0.04	0.12	增长211.96%~336.74%	3
2010-10-23	600460	士兰微	0.12	0.19	0.48	增长220%~260%	4
2010-10-23	002055	得润电子	0.14	0.24	0.18	增长80%~110%	2
2010-10-23	002241	歌尔声学	0.23	0.42	0.54	增长150%~180%	4
2010-10-23	002156	通富微电	0.09	0.17	0.34	增长154.03%~162.33%	4
2010-10-22	002138	顺络电子	0.37	0.50	0.40	增长50%~80%	4
2010-10-22	002008	大族激光	0.08	0.00	0.46	增长11900%~11930%	3
2010-10-21	002056	横店东磁	0.27	0.40	0.60	增长130%~160%	4
2010-10-20	002296	辉煌科技	0.38	1.09	0.25	增长50%~70%	1
2010-10-19	002189	利达光电	-0.03	0.01	0.07	净利润1300~1800万元	1
2010-10-19	002139	拓邦股份	0.25	0.32	0.32	增长40%~60%	4
2010-10-15	002121	科陆电子	0.24	0.33	0.43	增长60%~90%	3
2010-10-14	002475	立讯精密	–	0.58	0.56	增长50%~70%	1

续表

预增日期	证券代码	证券名称	2009年3季报（元）	2009年年报（元）	2010年3季报（元）	预增内容	预增次数
2. 机械行业：19只							
2010-10-30	600815	厦工股份	0.12	0.15	0.72	增长500%以上	4
2010-10-29	002006	精功科技	0.17	0.16	0.15	增长150%~180%	1
2010-10-28	002097	山河智能	0.24	0.39	0.40	增长90%~130%	3
2010-10-28	002071	江苏宏宝	-0.03	0.02	0.09	净利润1700~2200万元	1
2010-10-27	002196	方正电机	0.08	0.06	0.20	增长350%~400%	3
2010-10-27	000338	潍柴动力	2.86	4.09	5.76	增长75%~105%	3
2010-10-26	002147	方圆支承	0.13	0.17	0.25	增长80%~110%	4
2010-10-26	000923	河北宣工	0.02	0.07	0.02	增长51.12%~101.11%	1
2010-10-26	000821	京山轻机	-0.04	0.01	0.04	增长554.23%	1
2010-10-26	600710	常林股份	0.08	0.14	0.50	增长50%以上	3
2010-10-25	002283	天润曲轴	0.47	0.57	0.58	增长60%~80%	2
2010-10-23	000425	徐工机械	1.51	2.01	2.28	增长约61%	2
2010-10-23	002009	天奇股份	-0.03	0.01	0.23	净利润8000~8500万元	1
2010-10-22	002158	汉钟精机	0.33	0.47	0.54	增长60%~90%	4
2010-10-22	000410	沈阳机床	-0.03	0.05	0.33	增长584.29%	1
2010-10-22	000528	柳工	1.03	1.41	1.94	增长50%~100%	3
2010-10-21	002448	中原内配	–	0.96	1.14	增长50%~65%	2
2010-10-21	002472	双环传动	–	0.79	1.14	增长75%~95%	2
2010-10-18	000680	山推股份	0.37	0.56	0.91	增长50%~100%	4
3. 有色金属：13只							
2010-10-29	000970	中科三环	0.10	0.14	0.27	增长130%~180%	4
2010-10-28	600111	包钢稀土	-0.02	0.07	0.75	增长1200%以上	2
2010-10-28	600549	厦门钨业	0.05	0.31	0.46	增长50%以上	4
2010-10-28	600362	江西铜业	0.58	0.78	1.12	增长50%以上	4
2010-10-27	002182	云海金属	0.07	0.03	0.14	增长460%~510%	3
2010-10-27	002155	辰州矿业	0.15	0.18	0.30	增长100%~150%	3
2010-10-27	600489	中金黄金	0.33	0.66	0.55	增长100%左右	1
2010-10-26	002171	精诚铜业	0.17	0.25	0.36	增长60~80%	3
2010-10-25	002340	格林美	0.58	0.81	0.53	增长50%~70%	4

续表

预增 日期	证券 代码	证券 名称	2009年 3季报 （元）	2009 年年报 （元）	2010年 3季报 （元）	预增内容	预增 次数
2010-10-23	600888	新疆众和	0.35	0.52	0.57	增长50%以上	1
2010-10-23	002160	常铝股份	0.07	0.03	0.17	增长450%~500%	2
2010-10-22	002384	东山精密	–	0.60	0.46	增长50%~70%	2
2010-10-20	000960	锡业股份	0.14	0.21	0.35	增长145.56%~160.44%	2

4. 电子信息：13只

预增 日期	证券 代码	证券 名称	2009年 3季报 （元）	2009 年年报 （元）	2010年 3季报 （元）	预增内容	预增 次数
2010-10-30	600050	中国联通	0.15	0.15	0.05	大幅度变化	1
2010-10-29	002089	新海宜	0.25	0.38	0.43	增长50%~100%	4
2010-10-29	002153	石基信息	0.41	0.59	0.58	增长35%~65%	2
2010-10-27	300025	华星创业	0.52	0.83	0.33	增长40%~70%	3
2010-10-26	002195	海隆软件	0.17	0.27	0.34	增长60%~90%	2
2010-10-25	600536	中国软件	0.01	0.07	0.02	增长50%以上	1
2010-10-22	002376	新北洋	–	0.76	0.43	增长30%~60%	4
2010-10-22	002410	广联达	–	1.40	1.04	增长50%~70%	3
2010-10-21	002315	焦点科技	0.66	1.01	0.79	增长50%~80%	4
2010-10-21	002474	榕基软件	–	0.62	0.62	增长50%~70%	2
2010-10-21	002405	四维图新	–	0.40	0.46	增长50%~80%	1
2010-10-19	002236	大华股份	0.90	1.75	1.04	增长110%~140%	4
2010-10-18	300079	数码视讯	–	1.17	1.07	增长40%~70%	1

5. 房地产：12只

预增 日期	证券 代码	证券 名称	2009年 3季报 （元）	2009 年年报 （元）	2010年 3季报 （元）	预增内容	预增 次数
2010-10-30	600823	世茂股份	0.12	0.18	0.27	大幅增长	4
2010-10-30	000567	海德股份	0.05	0.09	0.18	增长76.16%~97.30%	3
2010-10-29	000608	阳光股份	0.47	0.50	0.66	增长80%~103%	4
2010-10-29	000029	深深房A	0.01	0.02	0.08	增长305.59%~330.32%	3
2010-10-28	600684	珠江实业	0.17	0.33	0.30	大幅增加	2
2010-10-28	600193	创兴置业	-0.01	0.05	0.41	大幅增长	1
2010-10-28	002285	世联地产	1.05	1.41	0.82	增长30%~60%	3
2010-10-25	000526	旭飞投资	-0.02	0.01	-0.04	增长350.93%~398.90%	1
2010-10-25	000011	深物业A	0.30	0.16	0.23	增长54.75%~75.38%	1
2010-10-23	600503	华丽家族	0.17	0.18	0.04	增长400%以上	1
2010-10-22	002146	荣盛发展	0.47	0.73	0.42	增长50%~70%	3

续表

预增 日期	证券 代码	证券 名称	2009年 3季报 （元）	2009 年年报 （元）	2010年 3季报 （元）	预增内容	预增 次数
2010-10-19	002244	滨江集团	0.27	0.48	0.33	增长50%~70%	2
6. 化工行业：10只							
2010-10-28	300041	回天胶业	0.85	1.04	1.02	增长65%~90%	3
2010-10-27	600160	巨化股份	0.03	0.17	0.63	增长350%以上	3
2010-10-25	002211	宏达新材	0.11	0.15	0.26	增长120%~150%	4
2010-10-25	000755	山西三维	-0.15	0.02	-0.01	增长134.92%	1
2010-10-23	002094	青岛金王	0.06	0.06	0.10	增长170%~200%	4
2010-10-22	002136	安纳达	0.05	0.15	0.24	增长90%~134%	3
2010-10-22	600339	天利高新	-0.02	0.00	0.25	大幅增长	4
2010-10-21	002125	湘潭电化	-0.03	0.04	0.22	增长730%~770%	4
2010-10-21	002092	中泰化学	0.08	0.19	0.15	增长110%~160%	3
2010-10-20	002408	齐翔腾达	–	0.89	1.16	增长70%~100%	3
7. 汽车制造：8只							
2010-10-29	600166	福田汽车	0.76	1.13	1.51	增长50%以上	4
2010-10-28	600372	ST昌河	0.09	0.06	0.21	增长400%以上	1
2010-10-27	600081	东风科技	0.02	0.10	0.54	增长350%左右	2
2010-10-27	002454	松芝股份	–	0.84	0.99	增长50%~80%	2
2010-10-26	000550	江铃汽车	0.89	1.22	1.68	增长约60%	3
2010-10-23	002126	银轮股份	0.26	0.54	0.92	增长100%~150%	4
2010-10-21	002085	万丰奥威	0.13	0.24	0.32	增长50%~100%	3
2010-10-16	600375	星马汽车	0.28	0.44	1.23	大幅增长	4
8. 交通运输：8只							
2010-10-29	600009	上海机场	0.25	0.37	0.49	增长50%以上	3
2010-10-28	000039	中集集团	0.29	0.36	0.87	增长150%~200%	2
2010-10-28	300100	双林股份	–	0.74	1.05	增长100%左右	2
2010-10-27	002210	飞马国际	0.14	0.08	0.12	增长180%~210%	2
2010-10-27	600428	中远航运	0.08	0.10	0.18	增长100%以上	3
2010-10-26	600026	中海发展	0.27	0.31	0.43	增长超过50%	2
2010-10-25	600960	滨州活塞	0.18	0.32	0.50	大幅度增长	3

续表

预增 日期	证券 代码	证券 名称	2009年 3季报 （元）	2009 年年报 （元）	2010年 3季报 （元）	预增内容	预增 次数
2010-10-22	002040	南京港	0.03	0.03	0.07	增长190%~220%	4
9. 生物制药：8只							
2010-10-29	600789	鲁抗医药	0.03	0.06	0.18	大幅增长	3
2010-10-28	002099	海翔药业	0.12	0.19	0.46	增长180%~200%	4
2010-10-28	002252	上海莱士	0.52	0.85	0.46	增长30%~60%	2
2010-10-27	002020	京新药业	0.03	0.04	0.10	增长220%~320%	3
2010-10-26	002422	科伦药业	–	2.38	2.19	增长50%~70%	3
2010-10-26	002294	信立泰	1.58	2.34	1.12	增长40%~70%	4
2010-10-25	300039	上海凯宝	0.61	0.84	0.67	增长70%~110%	3
2010-10-23	002399	海普瑞	–	2.25	2.48	增长40%~70%	3
10. 建筑建材：8只							
2010-10-29	002081	金螳螂	0.60	0.95	0.71	增长70%~100%	4
2010-10-28	002375	亚厦股份	–	0.84	0.86	增长80%~110%	4
2010-10-28	002482	广田股份	–	0.85	1.27	增长90%~120%	2
2010-10-28	002140	东华科技	0.57	0.93	0.37	增长50%~70%	1
2010-10-28	002325	洪涛股份	0.48	0.77	0.44	增长40%~70%	3
2010-10-26	002135	东南网架	0.18	0.21	0.30	增长70%~100%	3
2010-10-26	000906	南方建材	0.02	0.06	0.13	增长172.49%~240.61%	2
2010-10-26	002431	棕榈园林	–	0.86	1.03	增长90%~120%	3
11. 纺织行业：7只							
2010-10-29	000982	中银绒业	0.13	0.23	0.31	增长87.26%~92.40%	4
2010-10-28	000850	华茂股份	0.05	0.11	0.16	增长100%~150%	3
2010-10-27	002042	华孚色纺	0.68	0.69	1.00	增长80%~100%	4
2010-10-27	600626	申达股份	0.12	0.21	0.32	增长50%以上	3
2010-10-26	002144	宏达高科	0.06	0.10	0.23	增长270%~300%	4
2010-10-19	002127	新民科技	0.20	0.32	0.29	增长110%~140%	2
2010-10-15	002087	新野纺织	0.07	0.11	0.14	增长180%~200%	4
12. 农林牧渔：7只							
2010-10-29	000713	丰乐种业	0.20	0.30	0.33	增长70%~120%	4

续表

预增日期	证券代码	证券名称	2009年3季报（元）	2009年年报（元）	2010年3季报（元）	预增内容	预增次数
2010-10-28	002041	登海种业	0.25	0.53	0.69	增长50%~100%	4
2010-10-28	000798	中水渔业	0.04	0.08	0.06	增长54.14%	3
2010-10-26	002259	升达林业	0.02	0.07	0.10	增长145%~195%	2
2010-10-23	002310	东方园林	1.80	2.28	1.16	增长200%~240%	3
2010-10-20	002069	獐子岛	0.55	0.91	0.64	增长100%~120%	4
2010-10-12	002173	山下湖	0.13	0.12	0.25	增长140%~180%	4

13. 电器行业：7只

预增日期	证券代码	证券名称	2009年3季报（元）	2009年年报（元）	2010年3季报（元）	预增内容	预增次数
2010-10-30	600601	方正科技	0.03	0.06	0.05	增长100%以上	2
2010-10-27	002176	江特电机	0.10	0.08	0.17	增长120%~160%	2
2010-10-27	002005	德豪润达	0.09	0.15	0.69	增长360%~390%	3
2010-10-27	300069	金利华电	—	0.53	0.36	增长30%~60%	2
2010-10-23	300124	汇川技术	—	1.27	1.87	增长70%~100%	2
2010-10-22	600619	海立股份	0.08	0.11	0.14	大幅增长	3
2010-10-21	002334	英威腾	0.96	1.70	0.68	增长50%~70%	3

14. 造纸行业：6只

预增日期	证券代码	证券名称	2009年3季报（元）	2009年年报（元）	2010年3季报（元）	预增内容	预增次数
2010-10-30	600433	冠豪高新	0.06	0.06	0.07	大幅增长	3
2010-10-28	002012	凯恩股份	0.19	0.31	0.39	增长60%~90%	4
2010-10-27	600963	岳阳纸业	0.10	0.14	0.21	增长50%以上	3
2010-10-23	000833	贵糖股份	0.03	0.10	0.23	增长151.93%~198.96%	2
2010-10-23	600567	山鹰纸业	0.05	0.14	0.15	大幅度增长	2
2010-10-19	002067	景兴纸业	0.04	0.08	0.19	增长240%~290%	4

15. 综合行业：6只

预增日期	证券代码	证券名称	2009年3季报（元）	2009年年报（元）	2010年3季报（元）	预增内容	预增次数
2010-10-30	600158	中体产业	0.04	0.06	0.10	增长100%左右	3
2010-10-29	600770	综艺股份	0.07	0.08	0.11	增长100%以上	1
2010-10-28	600200	江苏吴中	-0.05	0.02	-0.01	增长80%以上	1
2010-10-28	002344	海宁皮城	0.27	0.46	0.61	增长130%~170%	3
2010-10-25	600075	新疆天业	0.02	0.02	0.25	大幅增长	2
2010-10-23	000915	山大华特	0.11	0.15	0.32	增长100%~150%	3

续表

预增日期	证券代码	证券名称	2009年3季报（元）	2009年年报（元）	2010年3季报（元）	预增内容	预增次数
16. 商业百货：4只							
2010-10-28	600778	友好集团	0.07	0.19	0.18	增长50%以上	4
2010-10-26	600683	京投银泰	0.17	0.25	0.15	增长超过100%	3
2010-10-22	000419	通程控股	0.11	0.16	0.20	增长58%~85%	3
2010-10-19	002245	澳洋顺昌	0.13	0.31	0.32	增长100%~150%	3
17. 化纤行业：3只							
2010-10-21	002080	中材科技	0.36	0.72	0.96	增长50%~80%	4
2010-10-20	002064	华峰氨纶	0.18	0.29	0.32	增长180%~230%	3
2010-10-19	002254	烟台氨纶	0.41	0.67	0.72	增长120%~150%	3
18. 酿酒行业：3只							
2010-10-27	002304	洋河股份	2.23	3.04	3.41	增长50%~70%	3
2010-10-27	000995	ST皇台	−0.20	0.04	−0.11	增长20%~70%	1
2010-10-25	600238	海南椰岛	0.22	0.69	0.66	大幅增长	2
19. 开发区：3只							
2010-10-27	002077	大港股份	−0.16	0.01	0.10	增长2050%~2100%	2
2010-10-27	000573	粤宏远A	0.03	0.03	0.03	增长50%~100%	2
2010-10-20	000897	津滨发展	0.01	0.01	0.04	增长450%~500%	3
20. 物资外贸：3只							
2010-10-28	600704	中大股份	0.35	0.63	0.66	大幅增长	4
2010-10-25	002183	怡亚通	0.17	0.21	0.20	增长70%~100%	3
2010-10-23	600826	兰生股份	0.03	0.04	0.09	大幅上升	3
21. 钢铁行业：3只							
2010-10-30	600507	方大特钢	0.06	0.05	0.26	大幅增长	1
2010-10-30	600019	宝钢股份	0.21	0.33	0.61	增长110%~130%	3
2010-10-28	002110	三钢闽光	0.01	0.08	0.15	增长60%~90%	2
22. 农药化肥：2只							
2010-10-25	002170	芭田股份	0.00	0.04	0.23	增长700%~750%	1
2010-10-20	002250	联化科技	0.66	1.00	0.56	增长50%~80%	3

续表

预增日期	证券代码	证券名称	2009年3季报（元）	2009年年报（元）	2010年3季报（元）	预增内容	预增次数
23. 石油行业：2只							
2010-10-26	600157	永泰能源	0.06	0.08	0.36	大幅增长	3
2010-10-23	002353	杰瑞股份	1.36	2.09	1.72	增长50%~70%	3
24. 金融行业：2只							
2010-10-29	002142	宁波银行	0.44	0.58	0.75	增长50%~70%	2
2010-10-25	601818	光大银行	–	0.26	0.29	增长50%以上	2
25. 供水供气：2只							
2010-10-29	600323	南海发展	0.28	0.38	1.90	大幅增长	3
2010-10-28	600283	钱江水利	0.11	0.19	0.37	增长150%左右	3
26. 环保行业：2只							
2010-10-20	300070	碧水源	–	0.97	0.48	增长50%~100%	2
2010-11-4	300125	易世达	–	1.07	1.23	增长73%~99%	2
27. 发电设备：1只							
2010-10-21	002123	荣信股份	0.62	0.87	0.54	增长30%~60%	3
28. 塑料制品：1只							
2010-10-22	600458	时代新材	0.37	0.47	0.73	增长100%以上	3
29. 陶瓷行业：1只							
2010-10-15	002162	斯米克	0.03	0.07	0.04	增长50%~80%	3
30. 医疗器械：1只							
2010-10-21	002223	鱼跃医疗	0.47	0.65	0.46	增长50%~80%	3
31. 仪器仪表：1只							
2010-10-23	002058	威尔泰	0.07	0.12	0.14	增长50%~80%	2
32. 服装鞋类：1只							
2010-10-25	002098	浔兴股份	0.15	0.20	0.26	增长60%~90%	2
33. 煤炭行业：1只							
2010-10-25	600188	兖州煤业	0.62	0.79	1.28	增加100%左右	3

续表

预增日期	证券代码	证券名称	2009年3季报（元）	2009年年报（元）	2010年3季报（元）	预增内容	预增次数
34. 传媒娱乐：1只							
2010-10-27	300027	华谊兄弟	0.28	0.64	0.25	增长超过50%	2
35. 家电行业：1只							
2010-10-28	002035	华帝股份	0.02	0.31	0.24	增长90%~120%	2
36. 电力行业：1只							
2010-10-30	600900	长江电力	0.41	0.47	0.43	增长50%以上	1
37. 其他行业：3只							
2010-10-29	000861	海印股份	0.22	0.29	0.33	增长53.05%	1
2010-10-27	300080	新大新材	—	0.93	0.96	增长40%~90%	3
2010-10-23	002084	海鸥卫浴	0.01	0.08	0.19	增长300%~350%	2

二、确定预增行业龙头个股

表 024

预增板块行业龙头汇总2010年第三季度主营业务收入

No.	行业	主营3季报龙头		主营收入（万元）		每股收益（元）		是否预增
		证券代码	证券名称	2010年中期	2010年3季报	2010年中期	2010年3季报	
1	**电子器件：2只**							
	电子器件	000725	京东方A	418642.99	620206.39	-0.07	-0.12	
	电子器件	600183	生益科技	266671.43	409272.43	0.31	0.44	2~4季报预增
2	**机械行业：6只**							
	内燃机	000338	潍柴动力	3322440.64	4691536.58	3.88	5.76	2~4季报预增
	工程机械	600031	三一重工	1694600.05	2590396.33	1.19	0.88	2~3季报预增
	工程机械	000157	中联重科	1608883.76	2390129.36	1.18	0.64	1~3季报预增
	专用设备	600320	振华重工	898467.81	1279606.74	-0.04	-0.11	
	专用设备	600169	太原重工	483524.41	721156.95	0.50	0.74	
	普通机械	000410	沈阳机床	436066.06	686077.17	0.31	0.33	4季报预增

续表

No.	行业	主营3季报龙头		主营收入（万元）		每股收益（元）		是否预增
		证券代码	证券名称	2010年中期	2010年3季报	2010年中期	2010年3季报	
3	有色金属：14只							
	铝业	601600	中国铝业	5977846.90	8857273.20	0.04	0.03	
	铝业	600595	中孚实业	533647.05	804739.04	0.18	0.15	2季报预增
	铜业	600362	江西铜业	3757049.17	5720636.77	0.70	1.12	1~4季报预增
	铜业	000630	铜陵有色	2497632.38	3628899.57	0.31	0.46	
	黄金	600547	山东黄金	1747131.90	2427811.05	0.40	0.66	1季报预增
	黄金	601899	紫金矿业	1346048.99	2061656.49	0.19	0.27	
	锌业	600961	株冶集团	565001.07	844478.60	-0.42	-0.26	
	锌业	000060	中金岭南	448163.76	709800.23	0.19	0.25	2~3季报预增
	锡业	000960	锡业股份	453203.80	689386.26	0.24	0.35	3~4季报预增
	铅业	600531	豫光金铅	339383.03	547999.85	0.16	0.38	
	钼业	601958	金钼股份	332896.80	514370.56	0.14	0.17	2季报预增
	钨业	600549	厦门钨业	244929.14	390501.87	0.28	0.46	1~4季报预增
	稀土	000758	中色股份	271559.38	400229.16	-0.07	0.02	
	稀土	600111	包钢稀土	232822.33	367037.77	0.44	0.75	2&4季报预增
4	电子信息：2只							
	电子信息	600050	中国联通	8441858.49	12860780.45	0.04	0.05	4季报预增
	电子信息	000066	长城电脑	3944114.81	6045918.45	0.11	0.13	
5	房地产：2只							
	房地产	000002	万科A	1676633.04	2238042.99	0.26	0.30	
	房地产	600048	保利地产	1124474.73	1728692.48	0.36	0.50	
6	化工行业：2只							
	化工行业	600299	*ST新材	459473.22	720766.38	0.05	0.15	
	化工行业	600309	烟台万华	438033.39	670572.65	0.36	0.58	
7	汽车制造：2只							
	汽车制造	600104	上海汽车	14707231.14	22840183.66	0.69	1.12	1~3季报预增
	汽车制造	600166	福田汽车	3020092.69	4213282.21	1.25	1.51	1~4季报预增

续表

No.	行业	主营3季报龙头		主营收入（万元）		每股收益（元）		是否预增
		证券代码	证券名称	2010年中期	2010年3季报	2010年中期	2010年3季报	
8	交通运输：8只							
	海运	601919	中国远洋	3819316.58	5974349.89	0.35	0.55	
	海运	601866	中海集运	1604060.44	2736600.81	0.10	0.28	
	空运	601111	中国国航	3430767.30	5913404.90	0.41	0.85	1~3季报预增
	空运	600029	南方航空	3468100.00	5783600.00	0.26	0.64	1~3季报预增
	其他	601766	中国南车	2809374.24	4309875·30	0.09	0.15	1~3季报预增
	其他	601299	中国北车	2487492.40	3908799.40	0.08	0.15	
	铁路	601006	大秦铁路	1402068.64	3098797.74	0.36	0.64	2~3季报预增
	铁路	601333	广深铁路	630954.42	987822.29	0.10	0.17	
9	生物制药：2只							
	生物制药	601607	上海医药	1852311.26	2789322.21	0.39	0.56	
	生物制药	600713	南京医药	786669.26	1172548.55	0.08	0.10	
10	建筑建材：2只							
	建筑建材	601186	中国铁建	17932034.70	30209445.00	0.27	0.16	
	建筑建材	601390	中国中铁	19246188.70	29476348.20	0.15	0.25	
11	纺织行业：2只							
	纺织行业	600626	申达股份	268672.37	438400.38	0.20	0.32	
	纺织行业	002042	华孚色纺	228921.59	361409.88	0.70	1.00	1~4季报预增
12	农林牧渔：2只							
	农林牧渔	600438	通威股份	377779.66	755191.49	0.03	0.32	1&2&4季报预增
	农林牧渔	600598	北大荒	470249.04	636679.01	0.13	0.17	
13	电器行业：2只							
	电器行业	000100	TCL集团	2315833.04	3620159.62	0.05	0.06	2季报预增
	电器行业	600835	上海机电	631089.65	974445.24	0.34	0.52	
14	造纸行业：2只							
	造纸行业	000488	晨鸣纸业	817664.17	1251989.18	0.29	0.41	2~3季报预增
	造纸行业	002078	太阳纸业	356622.23	577487.79	0.35	0.50	2~3季报预增

续表

No.	行业	主营3季报龙头		主营收入（万元）		每股收益（元）		是否预增
		证券代码	证券名称	2010年中期	2010年3季报	2010年中期	2010年3季报	
15	综合行业：2只							
	综合行业	600256	广汇股份	180628.77	289947.69	0.26	0.39	
	综合行业	600075	新疆天业	165480.34	255668.47	0.15	0.25	3~4季报预增
16	商业百货：2只							
	商业百货	002024	苏宁电器	3605468.50	5430152.30	0.28	0.40	2季报预增
	商业百货	600827	友谊股份	1555687.93	2327074.19	0.38	0.50	
17	化纤行业：2只							
	化纤行业	600871	S仪化	759651.70	1156739.20	0.11	0.19	
	化纤行业	600810	神马股份	610143.13	929306.95	0.07	0.11	
18	酿酒行业：2只							
	酿酒行业	600600	青岛啤酒	992782.20	1634791.72	0.61	1.13	
	酿酒行业	000858	五粮液	757654.59	1147171.02	0.60	0.89	
19	开发区：2只							
	开发区	600736	苏州高新	160203.82	253453.04	0.10	0.15	
	开发区	000897	津滨发展	122338.99	225019.06	0.02	0.04	2~4季报预增
20	物资外贸：2只							
	物资外贸	600058	五矿发展	6345155.01	9677845.79	0.35	0.42	1~3季报预增
	物资外贸	600153	建发股份	2937468.75	4574519.14	0.63	0.47	1~3季报预增
21	钢铁行业：2只							
	钢铁行业	600019	宝钢股份	9781191.33	14895164.46	0.46	0.61	2~4季报预增
	钢铁行业	000709	河北钢铁	5868535.15	8837564.01	0.10	0.15	2季报预增
22	农药化肥：2只							
	农药化肥	000059	辽通化工	1030909.70	1530566.27	0.18	−0.01	
	农药化肥	000422	湖北宜化	501908.33	826701.17	0.60	0.83	1~3季报预增
23	石油行业：2只							
	石油行业	600028	中国石化	93652300.00	142762200.00	0.41	0.65	
	石油行业	601857	中国石油	68479700.00	104809900.00	0.36	0.55	

续表

No.	行业	主营3季报龙头		主营收入（万元）		每股收益（元）		是否预增
		证券代码	证券名称	2010年中期	2010年3季报	2010年中期	2010年3季报	
24	证券：6只							
	保险	601628	中国人寿	21666000.00	30556700.00	0.64	0.88	
	保险	601318	中国平安	9381800.00	13822600.00	1.30	1.71	
	券商	600030	中信证券	790536.03	1242109.59	0.26	0.40	
	券商	600837	海通证券	438241.28	680376.97	0.22	0.33	
	银行	601398	工商银行	18170800.00	27869000.00	0.25	0.38	
	银行	601939	建设银行	15330700.00	23479800.00	0.30	0.47	
25	供气：4只							
	供气	601139	深圳燃气	310811.48	465536.34	0.16	0.22	
	供气	600635	大众公用	187206.54	262953.12	0.07	0.10	
	供水	600649	城投控股	190993.60	323399.54	0.20	0.29	
	供水	601158	重庆水务	145210.68	229050.92	0.14	0.21	
26	环保行业：2只							
	环保行业	000652	泰达股份	365404.23	546325.36	0.04	0.08	
	环保行业	600388	龙净环保	140695.05	224555.75	0.53	0.81	
27	发电设备：2只							
	发电设备	601727	上海电气	3046308.70	4578138.00	0.11	0.19	
	发电设备	600875	东方电气	1691136.78	2596750.51	0.50	0.85	
28	塑料制品：2只							
	塑料制品	600143	金发科技	468408.04	732161.22	0.14	0.30	3季报预增
	塑料制品	000619	海螺型材	179485.62	300577.17	0.27	0.38	
29	陶瓷行业：2只							
	陶瓷行业	002162	斯米克	42063.48	68429.56	0.02	0.04	2~4季报预增
	陶瓷行业	002102	冠福家用	32081.09	47185.26	0.00	0.02	
30	医疗器械：2只							
	医疗器械	600587	新华医疗	51156.66	88000.55	0.19	0.32	
	医疗器械	002223	鱼跃医疗	43472.21	65538.50	0.33	0.46	2~4季报预增

续表

No.	行业	主营3季报龙头		主营收入（万元）		每股收益（元）		是否预增
		证券代码	证券名称	2010年中期	2010年3季报	2010年中期	2010年3季报	
31	仪器仪表：2只							
	仪器仪表	600366	宁波韵升	86246.14	135921.34	0.32	0.45	
	仪器仪表	000026	飞亚达A	81081.19	126433.97	0.17	0.28	2季报预增
32	服装鞋类：2只							
	服装鞋类	601718	际华集团	824828.15	1262933.43	0.11	0.14	
	服装鞋类	600177	雅戈尔	535185.65	792121.70	0.26	0.38	
33	煤炭行业：2只							
	煤炭行业	601088	中国神华	6973100.00	11001300.00	0.94	1.43	
	煤炭行业	601898	中煤能源	3556071.40	5256421.00	0.34	0.46	
34	传媒娱乐：2只							
	传媒娱乐	000917	电广传媒	311787.75	462957.92	0.05	0.09	
	传媒娱乐	601098	中南传媒	203471.21	308522.44	0.20	0.32	
35	家电行业：2只							
	家电行业	000527	美的电器	3902524.11	5715979.22	0.57	0.87	2~3季报预增
	家电行业	600690	青岛海尔	2968372.81	4543056.57	0.81	1.20	2~3季报预增
36	电力行业：2只							
	电力行业	600011	华能国际	4885385.85	7679159.93	0.17	0.26	
	电力行业	601991	大唐发电	2894600.60	4394850.90	0.07	0.13	
37	玻璃行业：2只							
	玻璃行业	600660	福耀玻璃	388800.37	607947.28	0.44	0.66	1~3季报预增
	玻璃行业	000012	南玻A	340506.80	547869.86	0.31	0.50	1~3季报预增

　　根据行业龙头保留的原则：为了能够将有限的精力投放到最有价值的地方，所以我们对行业龙头的前两名在2010年度3个季度曾经发布预增的可以保留，其他没有发布预增的行业龙头我们放弃选择进入综合股票池中。

　　最后能够进入综合股票池的预增行业龙头共计18只。

表 025

2010年度内发布预增的行业龙头3季报主营业务收入

个股数量：18只

No.	行业	主营3季报龙头		主营收入（万元）		每股收益（元）		是否预增
		证券代码	证券名称	2010年中期	2010年3季报	2010年中期	2010年3季报	
1	**电子器件**							
	电子器件	600183	生益科技	266671.43	409272.43	0.31	0.44	2~4季报预增
2	**机械行业**							
	内燃机	000338	潍柴动力	3322440.64	4691536.58	3.88	5.76	2~4季报预增
	工程机械	600031	三一重工	1694600.05	2590396.33	1.19	0.88	2~3季报预增
	工程机械	000157	中联重科	1608883.76	2390129.36	1.18	0.64	1~3季报预增
	普通机械	000410	沈阳机床	436066.06	686077.17	0.31	0.33	4季报预增
3	**有色金属**							
	铜业	600362	江西铜业	3757049.17	5720636.77	0.70	1.12	1~4季报预增
	钨业	600549	厦门钨业	244929.14	390501.87	0.28	0.46	1~4季报预增
	稀土	600111	包钢稀土	232822.33	367037.77	0.44	0.75	2~4季报预增
4	**汽车制造**							
	汽车制造	600104	上海汽车	14707231.14	22840183.66	0.69	1.12	1~3季报预增
	汽车制造	600166	福田汽车	3020092.69	4213282.21	1.25	1.51	1~4季报预增
5	**交通运输**							
	空运	601111	中国国航	3430767.30	5913404.90	0.41	0.85	1~3季报预增
	空运	600029	南方航空	3468100.00	5783600.00	0.26	0.64	1~3季报预增
	铁路	601006	大秦铁路	1402068.64	3098797.74	0.36	0.64	2~3季报预增
6	**物资外贸**							
	物资外贸	600058	五矿发展	6345155.01	9677845.79	0.35	0.42	1~3季报预增
7	**钢铁行业**							
	钢铁行业	600019	宝钢股份	9781191.33	14895164.46	0.46	0.61	2~4季报预增
8	**医疗器械**							
	医疗器械	002223	鱼跃医疗	43472.21	65538.50	0.33	0.46	2~4季报预增

续表

No.	行业	主营3季报龙头		主营收入（万元）		每股收益（元）		是否预增
		证券代码	证券名称	2010年中期	2010年3季报	2010年中期	2010年3季报	
9	家电行业							
	家电行业	000527	美的电器	3902524.11	5715979.22	0.57	0.87	2~3季报预增
10	玻璃行业							
	玻璃行业	600660	福耀玻璃	388800.37	607947.28	0.44	0.66	1~3季报预增

三、确定预增板块效应个股

我们《赢在股市》买入流程的预增板块选择原则是：

●优先选择行业第一龙头年报发布预增的预增板块；

●随后选择行业第二龙头年报发布预增的预增板块；

●最后选择行业第一龙头前3季度曾经发布过至少一次预增，并且符合下面预增个股筛选3条原则的预增板块。

所以，2010~2011年跨年度板块中，我们最终确定"机械行业、有色金属、汽车制造、交通运输、钢铁行业、家电行业、电子器件、物资外贸、医疗器械、玻璃行业"共计10个行业板块。

对以上10个板块预增个股，确定以下筛选原则：

（1）本年度内，1、2、3连续3个季度，每个季度主营业务收入同比增长幅度均应超过20%（含20%）；

（2）本年度内，1、2、3连续3个季度，每个季度净利润同比增长幅度均应超过50%（含50%）。

（3）3季度每股收益不低于0.10元（含0.10元）。

我们最终选定10个板块的如下个股，共计11只。

表 026

龙头预增行业板块2010年度前3季度连续预增个股汇总

个股数量：11只

日期	证券代码	证券名称	2009年3季度	2009年年报	2010年3季度	预增内容（年报）	预增次数
1. 电子器件：4只							
2010-10-29	000988	华工科技	0.37	0.40	0.51	增长50.06%~100.02%	4
2010-10-23	002241	歌尔声学	0.23	0.42	0.54	增长150%~180%	4
2010-10-23	002156	通富微电	0.09	0.17	0.34	增长154.03%~162.33%	4
2010-10-21	002056	横店东磁	0.27	0.40	0.60	增长130%~160%	4
2. 机械行业：3只							
2010-10-26	002147	方圆支承	0.13	0.17	0.25	增长80%~110%	4
2010-10-22	002158	汉钟精机	0.33	0.47	0.54	增长60%~90%	4
2010-10-18	000680	山推股份	0.37	0.56	0.91	增长50%~100%	4
3. 有色金属2只							
2010-10-29	000970	中科三环	0.10	0.14	0.27	增长130%~180%	4
2010-10-25	002340	格林美	0.58	0.81	0.53	增长50%~70%	4
4. 汽车制造2只							
2010-10-23	002126	银轮股份	0.26	0.54	0.92	增长100%~150%	4
2010-10-16	600375	星马汽车	0.28	0.44	1.23	大幅增长	4

四、确定独立预增个股

我们根据流程进行选择，同样采用《确定预增板块效应个股》中的原则。

这样一来，独立个股最后只剩下15只。

表 027

独立预增个股汇总

个股数量：15只

日期	证券代码	证券名称	2009年3季度	2009年年报	2010年3季度	预增内容（年报）	预增次数
4. 电子信息：1只							
2010-10-19	002236	大华股份	0.90	1.75	1.04	增长110%~140%	4
5. 房地产：1只							
2010-10-29	000608	阳光股份	0.47	0.50	0.66	增长80%~103%	4
6. 化工行业：1只							
2010-10-25	002211	宏达新材	0.11	0.15	0.26	增长120%~150%	4
8. 生物制药：1只							
2010-10-28	002099	海翔药业	0.12	0.19	0.46	增长180%~200%	4
9. 建筑建材：2只							
2010-10-29	002081	金螳螂	0.60	0.95	0.71	增长70%~100%	4
2010-10-28	002375	亚厦股份	–	0.84	0.86	增长80%~110%	4
10. 纺织行业：2只							
2010-10-29	000982	中银绒业	0.13	0.23	0.31	增长87.26%~92.40%	4
2010-10-15	002087	新野纺织	0.07	0.11	0.14	增长180%~200%	4
11. 农林牧渔：3只							
2010-10-29	000713	丰乐种业	0.20	0.30	0.33	增长70%~120%	4
2010-10-28	002041	登海种业	0.25	0.53	0.69	增长50%~100%	4
2010-10-20	002069	獐子岛	0.55	0.91	0.64	增长100%~120%	4
12. 造纸行业：2只							
2010-10-28	002012	凯恩股份	0.19	0.31	0.39	增长60%~90%	4
2010-10-19	002067	景兴纸业	0.04	0.08	0.19	增长240%~290%	4
13. 化纤行业：1只							
2010-10-21	002080	中材科技	0.36	0.72	0.96	增长50%~80%	4
14. 物资外贸：1只							
2010-10-28	600704	中大股份	0.35	0.63	0.66	大幅增长	4

五、建立预增板块综合股票池

表 028

2010年发布业绩预增板块综合股票池汇总

个股数量：44只

No.	证券代码	证券名称	2009年3季度	2009年年报	2010年3季度	预增内容（年报）	预增次数
1. 电子器件：5只							
	002056	横店东磁	0.27	0.40	0.60	增长130%~160%	4
	002241	歌尔声学	0.23	0.42	0.54	增长150%~180%	4
	002156	通富微电	0.09	0.17	0.34	增长154.03%~162.33%	4
	000988	华工科技	0.37	0.40	0.51	增长50.06%~100.02%	4
	600183	生益科技	0.21	0.33	0.44	增长50%以上	3
2. 机械行业：7只							
	000680	山推股份	0.37	0.56	0.91	增长50%~100%	4
	002158	汉钟精机	0.33	0.47	0.54	增长60%~90%	4
	002147	方圆支承	0.13	0.17	0.25	增长80%~110%	4
	000338	潍柴动力	2.86	4.09	5.76	增长75%~105%	3
	600031	三一重工	1.03	1.32	0.88	龙头股、2~3季报预增	2
	000157	中联重科	1.00	1.42	0.64	龙头股、1~3季报预增	3
	000410	沈阳机床	-0.03	0.05	0.33	增长584.29%	1
3. 有色金属：5只							
	002340	格林美	0.58	0.81	0.53	增长50%~70%	4
	000970	中科三环	0.10	0.14	0.27	增长130%~180%	4
	600362	江西铜业	0.58	0.78	1.12	增长50%以上	4
	600549	厦门钨业	0.05	0.31	0.46	增长50%以上	4
	600111	包钢稀土	-0.02	0.07	0.75	增长1200%以上	2
4. 房地产：1只							
	000608	阳光股份	0.47	0.50	0.66	增长80%~103%	4

续表

No.	证券代码	证券名称	2009年3季度	2009年年报	2010年3季度	预增内容（年报）	预增次数
5. 化工行业：1只							
	002211	宏达新材	0.11	0.15	0.26	增长120%~150%	4
6. 汽车制造：4只							
	600375	星马汽车	0.28	0.44	1.23	大幅增长	4
	002126	银轮股份	0.26	0.54	0.92	增长100%~150%	4
	600104	上海汽车	0.61	1.01	1.12	龙头股、1~3季报预增	3
	600166	福田汽车	0.76	1.13	1.51	增长50%以上	4
7. 交通运输：3只							
	601111	中国国航	0.32	0.42	0.85	龙头股、1~3季报预增	3
	600029	南方航空	0.05	0.26	0.64	龙头股、1~3季报预增	3
	601006	大秦铁路	0.35	0.50	0.64	龙头股、2~3季报预增	2
8. 生物制药：1只							
	002099	海翔药业	0.12	0.19	0.46	增长180%~200%	4
9. 建筑建材：2只							
	002375	亚厦股份	–	0.84	0.86	增长80%~110%	4
	002081	金螳螂	0.60	0.95	0.71	增长70%~100%	4
10. 纺织行业：2只							
	002087	新野纺织	0.07	0.11	0.14	增长180%~200%	4
	000982	中银绒业	0.13	0.23	0.31	增长87.26%~92.40%	4
11. 农林牧渔：3只							
	002069	獐子岛	0.55	0.91	0.64	增长100%~120%	4
	002041	登海种业	0.25	0.53	0.69	增长50%~100%	4
	000713	丰乐种业	0.20	0.30	0.33	增长70%~120%	4
12. 造纸行业：2只							
	002067	景兴纸业	0.04	0.08	0.19	增长240%~290%	4
	002012	凯恩股份	0.19	0.31	0.39	增长60%~90%	4

续表

No.	证券代码	证券名称	2009年3季度	2009年年报	2010年3季度	预增内容（年报）	预增次数
13. 化纤行业：1只							
	002080	中材科技	0.36	0.72	0.96	增长50%~80%	4
14. 物资外贸：2只							
	600704	中大股份	0.35	0.63	0.66	大幅增长	4
	600058	五矿发展	0.20	0.25	0.42	龙头股、1~3季报预增	3
15. 钢铁行业：1只							
	600019	宝钢股份	0.21	0.33	0.61	增长110%~130%	3
16. 医疗器械：1只							
	002223	鱼跃医疗	0.47	0.65	0.46	增长50%~80%	3
17. 家电行业：1只							
	000527	美的电器	0.75	0.97	0.87	龙头股、2~3季报预增	2
18. 玻璃行业：1只							
	600660	福耀玻璃	0.31	0.56	0.66	龙头股、1~3季报预增	3
19. 电子信息：1只							
	002236	大华股份	0.90	1.75	1.04	增长110%~140%	4

第2节

谁是年报行情大牛股

谁将成为2010~2011年的主流热点？谁将成为主流热点的主流龙头？

2009~2010年我们用量化数据选择了"电子器件、汽车制造、机械行业、造纸行业、家电行业、建筑建材、有色金属、石油行业、酿酒行业、印刷包装"10个行业，如下表：

表 029

2009年度内发布预增的行业龙头汇总

个股数量：10只

No.	行业	主营3季报龙头		主营收入（万元）		每股收益（元）		是否预增
		证券代码	证券名称	2009年中期	2009年3季报	2009年中期	2009年3季报	
1	汽车制造	600104	上海汽车	6126513.52	9897724.58	0.22	0.61	3季报预增
2	汽车制造	600166	福田汽车	1958917.63	3211381.52	0.49	0.76	3~4季报预增
3	工程机械	000425	徐工机械	194640.03	1424780.15	0.02	1.51	3~4季报预增
4	造纸行业	002078	太阳纸业	269904.77	419664.41	0.30	0.64	4季报预增

续表

No.	行业	主营3季报龙头		主营收入（万元）		每股收益（元）		是否预增
		证券代码	证券名称	2009年中期	2009年3季报	2009年中期	2009年3季报	
5	家电行业	000527	美的电器	2490077.86	3565677.30	0.61	0.75	4季报预增
6	建筑建材	601390	中国中铁	14792026.50	24137876.80	0.14	0.23	1~3季报预增
7	有色金属	000960	锡业股份	316471.69	522263.69	−0.06	0.14	4季报预增
8	石油行业	600028	中国石化	53402500.00	89344800.00	0.38	0.57	4季报预增
9	酿酒行业	600600	青岛啤酒	910498.99	1473454.78	0.49	0.96	2~3季报预增
10	印刷包装	600210	紫江企业	236234.79	397252.03	0.16	0.37	4季报预增

　　我们将这些行业预增龙头的主营收入和净利润增长率汇总如下：

表 030

2009年度预增行业龙头主营收入和净利润增长率汇总

个股数量：11只

No.	行业	主营3季报龙头		主营收入增长率			净利润增长率		
		证券代码	证券名称	1季度	2季度	3季度	1季度	2季度	3季度
1	电子器件	600183	生益科技	−33.09%	−34.91%	−27.71%	−47.46%	−35.04%	−17.17%
2	汽车制造	600104	上海汽车	−5.91%	6.73%	21.32%	−49.46%	−26.43%	78.52%
	汽车制造	600166	福田汽车	−5.06%	6.17%	26.38%	11.14%	32.32%	83.58%
3	工程机械	000425	徐工机械	0.00%	−0.57%	412.51%	35.93%	1122.83%	1104.44%
4	造纸行业	002078	太阳纸业	−16.83%	−13.49%	−10.31%	−43.58%	−32.45%	−0.35%
5	家电行业	000527	美的电器	−28.46%	−9.39%	−4.51%	−32.24%	15.69%	25.57%
6	建筑建材	601390	中国中铁	72.01%	55.36%	56.83%	87.16%	63.91%	269.33%
7	有色金属	000960	锡业股份	−43.98%	−44.10%	−34.64%	−166.92%	−111.40%	−82.36%
8	石油行业	600028	中国石化	−31.15%	−27.32%	−22.13%	66.99%	255.39%	181.79%
9	酿酒行业	600600	青岛啤酒	6.43%	15.19%	12.70%	53.83%	67.87%	79.33%
10	印刷包装	600210	紫江企业	−12.65%	−9.45%	−3.44%	−13.38%	114.89%	156.83%

从上面的资料可以看出，经过2008年的金融危机之后，2009年初甚至到第三季度，很多行业还没有恢复元气，这10个行业龙头们的业绩增长并不是很出色，尽管我们选择了这10个行业，但是它们在2009~2010年跨年度的年报行情中表现并不出色，反而独立预增个股更加抢眼。

这次2010~2011年跨年度，我们最终同样用量化数据确定"机械行业、有色金属、汽车制造、交通运输、钢铁行业、家电行业、电子器件、物资外贸、医疗器械、玻璃行业"这10个行业，它们就完全不一样。其中"机械行业、有色金属、汽车制造、家电行业、电子器件"成为连续两年进入成长性行业板块之列，"造纸行业、建筑建材、石油行业、酿酒行业、印刷包装"暂时退出，"交通运输、钢铁行业、物资外贸、医疗器械、玻璃行业"为新加入行业板块。

通过以上对比，我们认为：

（一）连续两年业绩增长的4个板块

1. 有色金属

可以说，有色金属板块是打不死的板块，并且只要有行情，它们就会出现一到几个分支领涨，这个板块的上涨完全是期货手法，暴涨暴跌，这恰恰说明它们是跟随国际大宗商品而动，是国际热钱最钟爱的品种。况且它们之中不少和新能源、新材料等分支有关联，关联给有色金属板块赋予了新的活力，也给它们提供了新的上涨动力，一旦业绩进入高速增长，形成共振，那么它们必将领涨。

2010年经过上半年大幅下跌之后，7月份大盘见底开始震荡上涨，有色金属板块中进入业绩大涨的部分个股，已经类似我们第一章中讲解的2009年预增独立个股们一样，行情既然早早来了，那么它们也提前得到了很好的表现。我们来看看它们是如何表现的。

现在我们继续保持了良好的习惯，每个季度都统计预增个股的数据，并且更加细化，更加深入。我们现在来看看2010年5月14日由网名"业绩预增"朋友（感谢该朋友）统计的一组数据——《黑马理论2010两个季度预增的股票》（http://bbs.gupzs.com/topic.aspx？topicid=98955）。2010年4月底一季度业绩

公告完毕，同时中报业绩大幅增长的个股也要发布预增，这就是我们汇总的两个季度发布业绩预增的股票数据：

表 031

黑马理论2010两个季度均发布预增的股票

个股数量：163只

预增日期	股票代码	股票名称	2009年1季报	2009年半年报	2009年报	2010年1季报	预增内容	行业
1. 保险业：2只								
2010-4-30	601318	中国平安	0.22	0.59	1.89	0.62		保险业
2010-4-30	601601	中国太保	0.03	0.31	0.95	0.33		保险业
2. 电子元器件：18只								
2010-4-27	600067	冠城大通	0.04	0.15	0.46	0.19	1季度增长400%，半年预大幅增长	电器机械及器材制造业
2010-4-22	000988	华工科技	0.24	0.31	0.4	0.35	1季度增长50%，半年预增60%~100%	电子
2010-4-26	002138	顺络电子	0.13	0.2	0.5	0.17	1季度增长30%，半年预增50%~80%	电子器件制造业
2010-4-27	002008	大族激光	-0.05	0.04	0.043	0.06	1季度大幅增长，半年增长260%~290%	电子设备制造业
2010-4-27	002185	华天科技	-0.0052	0.0717	0.2687	0.084	1季度增长800%，半年增长100%以上	电子设备制造业
2010-4-15	002236	大华股份	0.09	0.51	1.75	0.28	1季度预增200%，半年增长50%~70%	电子设备制造业
2010-4-17	002045	广州国光	0.06	0.16	0.44	0.14	1季度预增120%，半年预增100%~150%	电子元件制造业
2010-4-14	002199	东晶电子	0.06	0.12	0.28	0.09	1季度增长50%，半年增长预计50%~80%	电子元件制造业
2010-4-26	002119	康强电子	0.01	0.06	0.24	0.07	1季度增长600%，半年增长120%~150%	电子元器件制造业
2010-4-22	002156	通富微电	0.004	0.039	0.17	0.087	1季度增长2000%，半年预增400%	电子元器件制造业
2010-4-29	600460	士兰微	-0.03	0.04	0.19	0.12		电子元器件制造业
2010-4-26	600619	海立股份	-0.13	0.01	0.11	0.07	1季度大幅增长，半年大幅度增长	电子元器件制造业
2010-4-27	000636	风华高科	-0.02	0.003	0.09	0.05	1季度大幅增长，半年预增3800%~4000%	电子元器件制造业

续表

预增日期	股票代码	股票名称	2009年1季报	2009年半年报	2009年报	2010年1季报	预增内容	行业
2010-4-29	002137	实益达	0.0161	0.0093	0.0235	0.0296	1季度增长80%，半年预增600%~650%	电子元器件制造业
2010-4-14	002273	水晶光电	0.1	0.21	0.66	0.23	1季度预增120%，半年预增100%~150%	电子元器件制造业
2010-4-17	002055	得润电子	0.008	0.056	0.2353	0.046	1季度增长500%，半年增长50%~70%	电子元器件制造业
2010-4-26	600183	生益科技	0.032	0.12	0.33	0.1184	1季度增长280%，半年增长50%以上	电子元器件制造业
2010-3-19	002056	横店东磁	0.01	0.12	0.4	0.11	1季度增长1100%，半年预增100%~140%	电子元器件制造业

3. 房地产：13只

预增日期	股票代码	股票名称	2009年1季报	2009年半年报	2009年报	2010年1季报	预增内容	行业
2010-4-30	000014	沙河股份	−0.0174	0.1567	0.3977	0.3394		房地产
2010-4-28	000567	海德股份	0.0169	0.038	0.0939	0.0571	1季度增长260%，半年预增120%~170%	房地产
2010-4-29	000608	阳光股份	0.09	0.46	0.5	0.57	1季度增长500%，半年预增60%~100%	房地产
2010-4-10	000926	福星股份	0.05	0.2	0.48	0.2	1季度预增300%，半年预增90%	房地产
2010-4-21	002146	荣盛发展	0.11	0.31	0.73	0.15	1季度预增40%，半年预增50%~70%	房地产
2010-4-23	002208	合肥城建	0.01	0.12	0.69	0.37	1季度增长3700%，半年预增380%~430%	房地产
2010-4-27	002285	世联地产	0.33	0.67	1.41	0.63	1季度增长100%，半年增长20%~50%	房地产
2010-4-23	600383	金地集团	0.03	0.13	0.78	0.26	1季度增长700%，半年预大幅增长	房地产
2010-4-8	600533	栖霞建设	0.0177	0.077	0.2125	0.135	1季度预增300%，半年预增100%以上	房地产
2010-4-24	600266	北京城建	0.1824	0.2503	1.14	0.3651	1季度增长100%，半年增长50%以上	房地产开发与经营业
2010-4-28	000965	天保基建	0.03	0.07	0.34	0.13	1季度增长300%，半年预增200%	房地产开发与经营业
2010-4-28	600745	中茵股份	0.01	0.05	0.25	0.16	1季度增长1600%，预计半年大幅变动	房地产开发与经营业
2010-4-26	600807	天业股份	−0.02	−0.09	−0.35	0.4	1季度暴增，半年同步增400%以上	房地产开发与经营业

续表

预增日期	股票代码	股票名称	2009年1季报	2009年半年报	2009年报	2010年1季报	预增内容	行业
4. 机场港口：4只								
2010-4-3	600017	日照港	0.04	0.125	0.26	0.07	1季度预增80%，半年预增50%以上	港口
2010-4-23	002040	南京港	0.01	0.03	0.03	0.02	1季度增长100%，半年增长80%~120%	港口业
2010-4-29	600190	锦州港	0.02	0.053	0.11	0.047	1季度增长100%，半年预增50%以上	港口业
2010-4-30	600009	上海机场	0.05	0.134	0.37	0.13	1季度增长130%，半年预增50%以上	机场及航空运输辅助业
5. 化学纤维：5只								
2010-4-7	002080	中材科技	0.02	0.16	0.72	0.24	1季度预增1000%，半年预增150%~200%	合成纤维制造业
2010-4-8	002064	华峰氨纶	-0.07	0.023	0.29	0.21	1季度大幅盈利，半年预增1900%~2400%	化学纤维制造业
2010-4-29	002172	澳洋科技	-0.035	0.0124	0.46	0.17	1季度大幅增长，半年增长3000%以上	化学纤维制造业
2010-4-28	002254	烟台氨纶	0.07	0.2321	0.67	0.39	1季度增长400%，半年预增350%~400%	化学纤维制造业
2010-4-29	000949	新乡化纤	-0.07	0.01	0.1692	0.0739	1季度增1000%，半年预增987%	化学纤维制造业
6. 化学原料：10只								
2010-4-24	002001	新和成	0.38	1.05	2.98	0.73	1季度增长90%，半年预增30%~60%	化学药业原药制造业
2010-4-22	002037	久联发展	0.04	0.17	0.57	0.07	1季度预增70%，半年预增60%	专用化学产品制造业
2010-4-13	002068	黑猫股份	-0.03	0.093	0.41	0.073	1季度大幅盈利，半年预增50%以上	专用化学产品制造业
2010-4-20	002250	联化科技	0.2	0.38	1	0.34	1季度增长70%，半年增长60%~90%	化学原料及化学制品制造业
2010-4-2	600160	巨化股份	-0.12	0.11	0.166	0.173	1季度大幅增长，半年增长50%以上	化学原料及化学制品制造业
2010-4-26	600423	柳化股份	-0.05	-0.04	0.08	0.1	1季度大幅增长，半年大幅度增长	化学原料及化学制品制造业
2010-4-20	002250	联化科技	0.2	0.38	1	0.34	1季度增长70%，半年增长60%~90%	化学原料及化学制品制造业

续表

预增日期	股票代码	股票名称	2009年1季报	2009年半年报	2009年报	2010年1季报	预增内容	行业
2010-4-28	002092	中泰化学	0.009	0.055	0.192	0.064	1季度增长600%，半年增长140%~180%	化学原料制造业
2010-4-20	000635	英力特	0.05	0.1	0.32	0.086	1季度预增70%，半年预增50%~80%	基本化学原料制造业
2010-4-21	002136	安纳达	-0.02	0.0012	0.15	0.0053	1季度盈利，半年预增1000%	有机化学产品制造业

7. 计算机：5只

预增日期	股票代码	股票名称	2009年1季报	2009年半年报	2009年报	2010年1季报	预增内容	行业
2010-4-23	002308	威创股份		0.28	0.85	0.18	半年预增50%~100%	计算机及相关设备制造业
2010-4-9	002362	汉王科技			1.07	0.47	1季度高速增长，半年预增320%~370%	计算机软件开发与咨询
2010-4-30	000021	长城开发	0.0459	0.1164	0.294	0.0858	1季度增长80%，半年预增100%	计算机相关设备制造业
2010-4-27	002095	生意宝	0.12	0.22	0.46	0.17	1季度增长30%，半年预增50%~70%	计算机应用服务业
2010-4-21	002315	焦点科技		0.39	1.01	0.19	1季度增长60%~80%，半年增长70%~90%	计算机应用服务业

8. 交通运输设备制造业：5只

预增日期	股票代码	股票名称	2009年1季报	2009年半年报	2009年报	2010年1季报	预增内容	行业
2010-4-21	002085	万丰奥威	0.05	0.09	0.24	0.1	1季度预增100%，半年预增100%~150%	交通运输设备制造业
2010-4-26	002213	特尔佳	0.02	0.08	0.27	0.08	1季度增长300%，半年预增100%~150%	交通运输设备制造业
2010-4-22	002048	宁波华翔	0.012	0.2	0.72	0.17	1季度增长1500%，半年预增60%~90%	交通运输设备制造业
2010-4-29	002126	银轮股份	0.1	0.17	0.54	0.26	1季度增长150%，半年增长130%~180%	交通运输设备制造业
2010-4-15	002283	天润曲轴		0.35	0.57	0.18	半年预增40%~50%	交通运输设备制造业

9. 金属制品：3只

预增日期	股票代码	股票名称	2009年1季报	2009年半年报	2009年报	2010年1季报	预增内容	行业
2010-4-27	002245	澳洋顺昌	-0.01385	0.02	0.3069	0.178	1季度大幅扭亏，半年增长1250%~1400%	金属材料批发业
2010-4-10	002032	苏泊尔	0.15	0.28	0.7	0.24	1季度预增60%，半年预增30%~50%	金属制品业
2010-4-26	600114	东睦股份	-0.0756	-0.1055	-0.04	0.605	1季度大幅增长，半年大幅增长	金属制品业

续表

预增日期	股票代码	股票名称	2009年1季报	2009年半年报	2009年报	2010年1季报	预增内容	行业
10. 食品饮料：3只								
2010-4-24	000848	承德露露	0.21	0.28	0.73	0.59	1季度增长180%，半年增100%~150%	软饮料制造业
2010-4-20	002304	洋河股份		1.45	3.04	1.6	1季度大幅增长，半年预增50%~70%	酒精及饮料酒制造业
2010-4-10	002220	天宝股份	0.05	0.22	0.77	0.21	1季度预增400%，半年预增120%~150%。	食品加工业
11. 纺织业：6只								
2010-4-20	000712	锦龙股份	0.127	0.199	0.66	0.183	1季度预增50%，半年预增100%~150%	纺织业
2010-4-28	002087	新野纺织	0.0142	0.0441	0.11	0.0565	1季度增长300%，半年预增200%~230%	纺织业
2010-4-29	002144	宏达高科	0.015	0.037	0.1	0.05	1季度增长300%，半年预增400%	纺织业
2010-4-26	002293	罗莱家纺		0.48	1.33	0.36	1季度增长，半年预增30%~50%	纺织业
2010-4-26	002042	华孚色纺	-0.01	0.48	0.69	0.32	1季度增长3000%，半年增长80%~130%	棉纺织业
2010-4-24	000982	中银绒业	0.01	0.036	0.23	0.04	1季度增长400%，半年预增250%~300%	毛纺织业
12. 煤炭：3只								
2010-4-20	000933	神火股份	0.06	0.28	0.8	0.55	1季度预增700%，半年预增70%	煤炭采选业
2010-4-26	600188	兖州煤业	0.17	0.387	0.79	0.43	1季度增长120%，半年增长100%以上	煤炭采选业
2010-4-30	600395	盘江股份	0.16	0.47	1.012	0.281	1季度增长70%，半年增长50%以上	煤炭采选业
13. 农林牧渔：7只								
2010-4-26	002310	东方园林		0.97	2.28	0.11	半年预增80%~110%	林业
2010-4-16	000713	丰乐种业	0.053	0.14	0.3	0.135	1季度预增200%。半年预增150%左右	农业
2010-4-23	002173	山下湖	0.01	0.06	0.12	0.08	1季度增长800%，半年预增160%~210%	淡水渔业
2010-4-24	000798	中水渔业	-0.005	0.0237	0.08	0.0281	1季度大幅扭亏，半年增长354%	渔业

续表

预增日期	股票代码	股票名称	2009年1季报	2009年半年报	2009年报	2010年1季报	预增内容	行业
2010-4-1	002069	獐子岛	0.08	0.18	0.91	0.21	1季度预增150%，半年预增250%~300%	渔业
2010-4-20	000833	贵糖股份	-0.01	-0.02	0.1	0.11	1季度二季度业绩大增	制糖业
2010-4-23	002041	登海种业	0.27	0.36	0.53	0.625	1季度增长120%，半年预增120%~150%	种植业

14. 机械加工：5只

预增日期	股票代码	股票名称	2009年1季报	2009年半年报	2009年报	2010年1季报	预增内容	行业
2010-4-20	002150	江苏通润	0.04	0.13	0.43	0.1	1季度增长150%，半年增长30%~50%	工具制造业
2010-4-24	002050	三花股份	0.13	0.36	0.9	0.27	1季度增长100%，半年增长40%~70%	普通机械制造业
2010-4-20	002147	方圆支承	0.05	0.09	0.17	0.063	1季度增长30%，半年增长50%~80%	普通机械制造业
2010-4-26	002158	汉钟精机	0.0209	0.1237	0.473	0.1379	1季度增长500%，半年预增80%~100%	普通机械制造业
2010-4-13	002290	禾盛新材		0.64	1.12	0.175	1季度大幅增长，半年预增40%~60%	其他制造业

15. 汽车制造业：5只

预增日期	股票代码	股票名称	2009年1季报	2009年半年报	2009年报	2010年1季报	预增内容	行业
2010-4-24	000550	江铃汽车	0.21	0.5	1.22	0.57	1季度增长160%，半年增长70%~120%	汽车制造业
2010-4-29	600166	福田汽车	0.203	0.494	1.132	0.566	1季度增长179%，半年将大幅增长	汽车制造业
2010-4-7	600375	星马汽车	0.03	0.18	0.44	0.24	1季度预增700%。半年预增200%以上	汽车制造业
2010-4-28	600686	金龙汽车	-0.02	0.07	0.34	0.09	1季度增长1000%，半年大幅度增长	汽车制造业
2010-4-26	600081	东风科技	-0.08	-0.03	0.09	0.172	1季度扭亏，半年业绩大幅提升	汽车制造业

16. 家用电器：4只

预增日期	股票代码	股票名称	2009年1季报	2009年半年报	2009年报	2010年1季报	预增内容	行业
2010-4-26	000536	闽闽东	0.016	0.0003	0.0563	0.1573	1季度大幅增长，半年预增300%~400%	日用电器制造业
2010-4-20	002005	德豪润达	-0.02	0.01	0.15	0.03	1季度扭亏，半年预增900%	日用电器制造业
2010-4-24	002139	拓邦股份	0.04	0.17	0.32	0.04	1季度增长100%，半年增长90%~120%	日用电子器具制造业
2010-4-27	002369	卓翼科技			0.66	0.13	半年预增80%~110%	日用电子器具制造业

续表

预增日期	股票代码	股票名称	2009年1季报	2009年半年报	2009年报	2010年1季报	预增内容	行业
17. 商业：5只								
2010-4-29	600058	五矿发展	0.0332	0.0812	0.2488	0.1883		商业经纪与代理业
2010-4-30	600500	中化国际	0.1	0.21	0.43	0.22		商业经纪与代理业
2010-4-16	002183	怡亚通	0.04	0.11	0.21	0.11	1季度增长200%，半年预增50%	商业经纪与代理业
2010-4-26	600704	中大股份	0.13	0.27	0.63	0.3084	1季度增长120%，半年同比大幅增长	商业经纪与代理业
2010-4-27	000419	通程控股	0.0321	0.0833	0.1619	0.0708	1季度增长120%，半年增长50%	零售业
18. 医药：9只								
2010-4-17	000078	海王生物	0.0078	0.0304	0.0217	0.0283	1季度预增200%。半年预增50%	生物制药
2010-4-7	002007	华兰生物	0.15	0.21	1.68	0.57	1季度增长500%，半年增长300%~350%	生物制药
2010-4-15	000788	西南合成	0.01	0.06		0.08	1季度预增700%，半年预增90%~150%	医药
2010-4-7	600789	鲁抗医药	0.01	0.018	0.06	0.08	1季度预增800%，半年大幅增长	医药
2010-4-29	000522	白云山	0.07	0.12	0.23	0.14	1季度增长100%，半年预增40%~100%	医药制造业
2010-4-27	002020	京新药业	0.0005	0.016	0.037	0.0186	1季度大幅度增长，半年增长100%左右	医药制造业
2010-4-7	002099	海翔药业	0.02	0.09	0.19	0.11	1季度预增400%，半年预增150%~180%	医药制造业
2010-4-27	002294	信立泰	0.5	1.03	2.34	0.77	1季度增长50%，半年预增100%~120%	医药制造业
2010-4-24	600216	浙江医药	0.227	0.71	2.7	0.663	1季度增长210%，半年预增50%以上	医药制造业
19. 输配电：2只								
2010-4-16	002123	荣信股份	0.17	0.33	0.87	0.23	1季度预增50%，半年预增30%~60%	输配电及控制设备制造业
2010-4-19	002334	英威腾			1.7	0.26	1季度增长两倍，半年增长60%~80%	输配电及控制设备制造业

续表

预增日期	股票代码	股票名称	2009年1季报	2009年半年报	2009年报	2010年1季报	预增内容	行业
20. 轮胎橡胶：3只								
2010-4-12	002211	宏达新材	0.02	0.06	0.15	0.06	1季度增长200%，半年预增150%~200%	橡胶制造业
2010-4-30	600458	时代新材	0.096	0.239	0.27	0.21	1季度增长120%，半年预增50%以上	塑料零件制造业
2010-4-30	600623	双钱股份	0.003	0.098	0.19	0.221		轮胎制造业
21. 有色金属加工：20只								
2010-3-30	2155	辰州矿业	-0.014	0.066	0.188	0.0298	1季度大幅增长，半年预增50%~100%	贵金属矿采选业
2010-4-26	970	中科三环	0.01	0.03	0.14	0.05	1季度预增500%，半年预增100%以上	稀有稀土金属冶炼业
2010-4-17	600111	包钢稀土	-0.098	-0.083	0.069	0.159	1季度大幅扭亏，半年大幅增长	稀有稀土金属冶炼业
2010-4-22	600595	中孚实业	0.04	0.12	0.47	0.172	1季度预增350%，半年预增50%以上	轻有色金属冶炼业
2010-4-26	002182	云海金属	-0.05	0.01	0.03	0.05	1季度扭亏，半年预增1000%以上	有色金属合金业
2010-4-15	002340	格林美			0.81	0.14	1季度增长100%半年预增50%~70%	有色金属矿采选业
2010-4-27	000060	中金岭南	0.01	0.1	0.4	0.14	1季度增长1400%，半年增长86%~272%	有色金属压延加工业
2010-4-29	002171	精诚铜业	-0.05	0.08	0.25	0.09	1季度大幅盈利，半年预增100%~130%	有色金属冶炼及压延加工业
2010-4-30	000898	鞍钢股份	0.0001	-0.21	0.1	0.159	1季度增长1500%，半年将大幅增长	有色金属冶炼及压延加工业
2010-4-26	002379	鲁丰股份			0.56	0.16	1季度增长118%，半年预增80%~110%	有色金属冶炼及压延加工业
2010-4-30	600019	宝钢股份	0.01	0.04	0.33	0.22	1季度增长2200%，半年预增6%~10倍	有色金属冶炼及压延加工业
2010-4-24	600549	厦门钨业	0.0043	0.0204	0.3121	0.1025	1季度增长1500%，半年将大幅增长	有色金属冶炼及压延加工业
2010-4-20	000612	焦作万方	-0.065	0.021	0.402	0.383	1季度预增4000%，半年预增3000%	有色金属冶炼及压延加工业
2010-4-28	002110	三钢闽光	-0.28	-0.53	0.079	0.08	1季度大幅增长，半年预增110%~140%	有色金属冶炼及压延加工业

续表

预增日期	股票代码	股票名称	2009年1季报	2009年半年报	2009年报	2010年1季报	预增内容	行业
2010-4-28	600255	鑫科材料	0.01	0.02	0.05	0.02	1季度增长100%，半年预增80%以上	有色金属冶炼及压延加工业
2010-4-28	600307	酒钢宏兴	0.01	0.05	0.1569	0.08	1季度增长700%，半年预告明显增长	有色金属冶炼及压延加工业
2010-4-28	600507	方大特钢	−0.056	−0.027	0.05	0.092	1季度大幅增长，2季度将大幅增长	有色金属冶炼及压延加工业
2010-4-27	601958	金钼股份	0.03	0.06	0.17	0.08	1季度增长200%，半年预大幅提升	有色金属冶炼及压延加工业
2010-4-22	002205	国统股份	−0.04	0.15	0.5167	0.0882	1季度大幅增长，半年预增50%~70%	非金属矿物制品业
2010-4-24	002106	莱宝高科	0.0926	0.1937	0.54	0.1878	1季度增长100%，半年增长120%~150%	非金属矿物制品业

22. 造纸业：3只

预增日期	股票代码	股票名称	2009年1季报	2009年半年报	2009年报	2010年1季报	预增内容	行业
2010-4-27	002012	凯恩股份	0.02	0.09	0.31	0.13	1季度增长600%，半年增长170%~220%	造纸业
2010-4-23	002067	景兴纸业	0.01	0.03	0.08	0.08	1季度增长800%，半年增长400%~500%	造纸业
2010-4-28	002078	太阳纸业	0.12	0.3	0.95	0.34	1季度增长180%，半年增120%~160%	造纸业

23. 专用设备：14只

预增日期	股票代码	股票名称	2009年1季报	2009年半年报	2009年报	2010年1季报	预增内容	行业
2010-4-28	000425	徐工机械	−0.016	0.024	2.01	0.5828	1季度暴增，半年预增8900%	专用设备制造业
2010-4-20	000528	柳工	0.32	0.73	1.41	0.6	1季度预增100%。半年预增50%~100%	专用设备制造业
2010-4-24	000680	山推股份	0.12	0.27	0.56	0.28	1季度增长120%，半年增长100%~150%	专用设备制造业
2010-4-10	002026	山东威达	0.0237	0.0683	0.237	0.05	1季度预增100%。半年预增50%~70%	专用设备制造业
2010-4-20	002097	山河智能	0.041	0.17	0.385	0.2039	1季度预增500%，半年预增100%~130%	专用设备制造业
2010-4-23	002196	方正电机	0.05	0.07	0.06	0.08	1季度增长60%，半年增长50%~70%	专用设备制造业
2010-4-30	600031	三一重工	0.1589	0.533	1.32	0.58		专用设备制造业
2010-4-29	600761	安徽合力	−0.04	0.017	0.31	0.19	1季度大幅增长，半年增长50%以上	专用设备制造业

续表

预增日期	股票代码	股票名称	2009年1季报	2009年半年报	2009年报	2010年1季报	预增内容	行业
2010-4-30	600815	厦工股份	0.014	0.07	0.15	0.19	1季度增长1200%，半年预增300%以上	专用设备制造业
2010-4-22	002255	海陆重工	0.108	0.4	0.95	0.16	1季度预增50%。半年预增小于30%	锅炉及原动机制造业
2010-4-27	000338	潍柴动力	0.43	1.47	4.09	1.94	1季度增长380%，半年预增110%~160%	锅炉及原动机制造业
2010-4-27	000581	威孚高科	-0.0563	0.15	0.79	0.2	1季度大幅增长，半年预增180%	通用零部件制造业
2010-4-21	002367	康力电梯			0.84	0.2452	半年预增60%~90%	通用设备制造业
2010-4-26	002101	广东鸿图	0.02	0.16	0.68	0.24	1季度增长1000%，半年增长为130%~160%	铸件制造业

其他：9只

预增日期	股票代码	股票名称	2009年1季报	2009年半年报	2009年报	2010年1季报	预增内容	行业
2010-4-10	000862	银星能源	0.0018	0.0509	0.15	0.0321	1季度预增200%。半年预增60%	办公用机械制造业
2010-4-27	002135	东南网架	0.07	0.11	0.21	0.11	1季度增长60%，半年增长50%~70%	建筑业
2010-3-24	002081	金螳螂	0.24	0.31	0.95	0.27	1季度增长，半年预增50%~80%	装饰装修业
2010-4-28	002375	亚厦股份			0.84	0.27	1季度增长129%，半年预增100%~130%	装饰装修业
2010-4-28	00671	阳光城	0.005	0.02	1.08	0.07	1季度增长1300%，半年预增2900%	综合类
2010-4-27	600157	鲁润股份（现为永泰能源）	0.0082	0.018	0.0848	0.1176	1季度增长1200%，半年预报大幅增长	综合类
2010-4-20	002241	歌尔声学	0.01	0.09	0.42	0.08	1季度预增800%，半年预增280%~310%	影像制品业
2010-4-30	600105	永鼎股份	0.025	0.16	0.52	0.172	1季度增长700%，半年预增长100%以上	通信及相关设备制造业
2010-4-13	002094	青岛金王	0.013	0.03	0.06	0.024	1季度预增100%，半年预增100%~130%	日用化学产品制造业

感谢"业绩预增"这位朋友的统计，辛苦了。我们首先来看看其中的有色金属板块，我们剔掉其中的钢铁板块，两个季度均发布预增的有色金属板块的股票如下：

表 032

2010两个季度均发布预增的有色金属板块个股

个股数量：14只

预增日期	股票代码	股票名称	2009年1季报	2009年半年报	2010年1季报	预增内容
2010-3-30	002155	辰州矿业	-0.014	0.066	0.0298	1季度大幅增长，半年预增50%~100%
2010-4-26	000970	中科三环	0.01	0.03	0.05	1季预增500%，半年预增100%以上
2010-4-17	600111	包钢稀土	-0.098	-0.083	0.159	1季度大幅扭亏，半年大幅增长
2010-4.22	600595	中孚实业	0.04	0.12	0.172	1季预增350%，半年预增50%以上
2010-4-26	002182	云海金属	-0.05	0.01	0.05	1季度扭亏，半年预增1000%以上
2010-4-15	002340	格林美			0.14	1季增长100%半年预增50%~70%
2010-4-27	000060	中金岭南	0.01	0.1	0.14	1季度增长1400%，半年增长86%~272%
2010-4-29	002171	精诚铜业	-0.05	0.08	0.09	1季度大幅盈利，半年预增100%~130%
2010-4-26	002379	鲁丰股份			0.16	1季度增长118%，半年预增80%~110%
2010-4-24	600549	厦门钨业	0.0043	0.0204	0.1025	1季度增长1500%，半年将大幅增长
2010-4-20	000612	焦作万方	-0.065	0.021	0.383	1季预增4000%，半年预增3000%。
2010-4-28	600255	鑫科材料	0.01	0.02	0.02	1季度增长100%，半年预增80%以上
2010-4-27	601958	金钼股份	0.03	0.06	0.08	1季度增长200%，半年预大幅提升
2010-4-24	002106	莱宝高科	0.0926	0.1937	0.1878	1季度增长100%，半年增长120%~150%

　　在两个季度均发布预增汇总完毕的同时，2010年5月13日，2009年以新能源身份已经被爆炒过的包钢稀土（600111）出现跌停涨停并线，当日，同为有

色金属板块同样业绩大增的中科三环（000970）同时也涨停，再度引起我们的关注，开始进入我们的视线，我们开始研究它们的基本面。

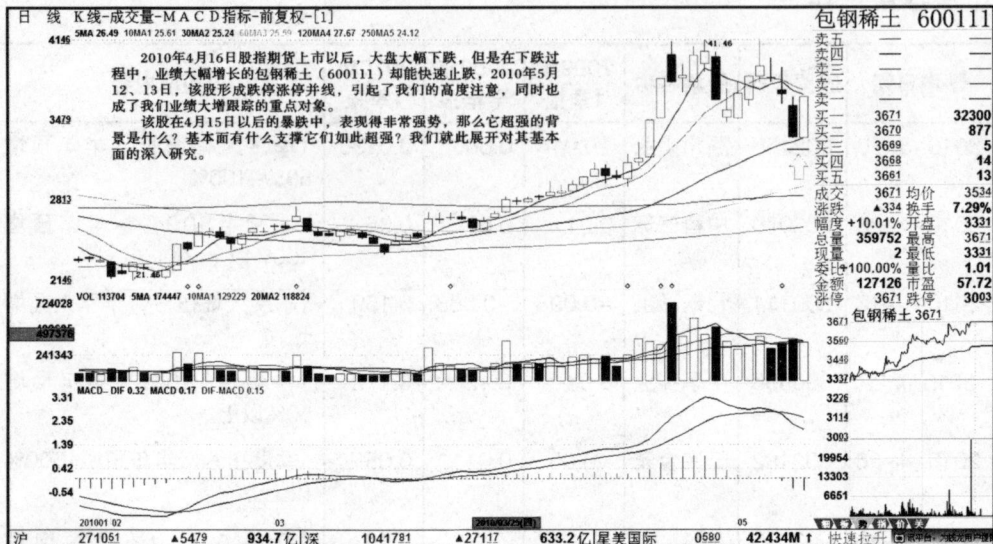

图 148

案例一：600111 包钢稀土

●●公告1　包钢稀土获准实施原料战略储备

2010-02-10　上海证券报

包钢稀土今日披露，根据内蒙古自治区人民政府批复的《内蒙古自治区稀土资源战略储备方案》，自治区政府已批准由公司下属的内蒙古包钢稀土国际贸易有限公司实施包头稀土原料产品战略储备方案。

公司称，储备资金将主要由企业自行承担，自治区、包头市、包钢（集团）公司将共同给予贴息支持，其中自治区贴息1000万元，包头市贴息1000万元，其余由包钢（集团）公司贴息。

●●公告2 包钢稀土两亿投资核磁影像项目

2010-03-03 中国证券报

包钢稀土公告，公司与河北新奥博为技术有限公司合资成立包头市稀宝博为医疗系统有限公司，并以该公司为主体在包头稀土高新技术产业开发区建设稀土永磁核磁共振影像系统（MRI）产业化项目。其中，包钢稀土以现金方式出资2亿元，占合资公司注册资本的40%。

合资公司将建设大型稀土永磁MRI生产基地，打造集资源转化、科研开发、生产制造、营销服务于一体的MRI医疗设备企业，该公司注册资本5亿元。河北新奥博为技术有限公司拟以核磁板块的专利、专利申请以及与之不可分割的专有技术等无形资产所有权和部分实物资产评估作价32,132万元出资，其中3亿元为合资公司注册资本，占合资公司注册资本的60%，另2,132万元进入合资公司的资本公积。根据协议，合资公司设立后15个工作日内，新奥博为将分别向新奥资本管理有限公司及团队转让30%股权，从而使包钢稀土保持相对控股地位。

●●公告3 包钢稀土关于与新奥博为技术有限公司签订《合资协议》的公告

2010年3月21日，包钢稀土与新奥博为技术有限公司在包头市签订了《合资协议》，《合资协议》以2010年3月2日包钢稀土四届七次董事会通过的《关于与河北新奥集团合资建设稀土永磁核磁共振影像系统产业化项目的议案》所述事项为核心内容，对双方合资建设稀土永磁核磁共振产业化项目相关事项进行了约定。《合资协议》将于包钢稀土股东大会批准后生效。

案例二：000970 中科三环

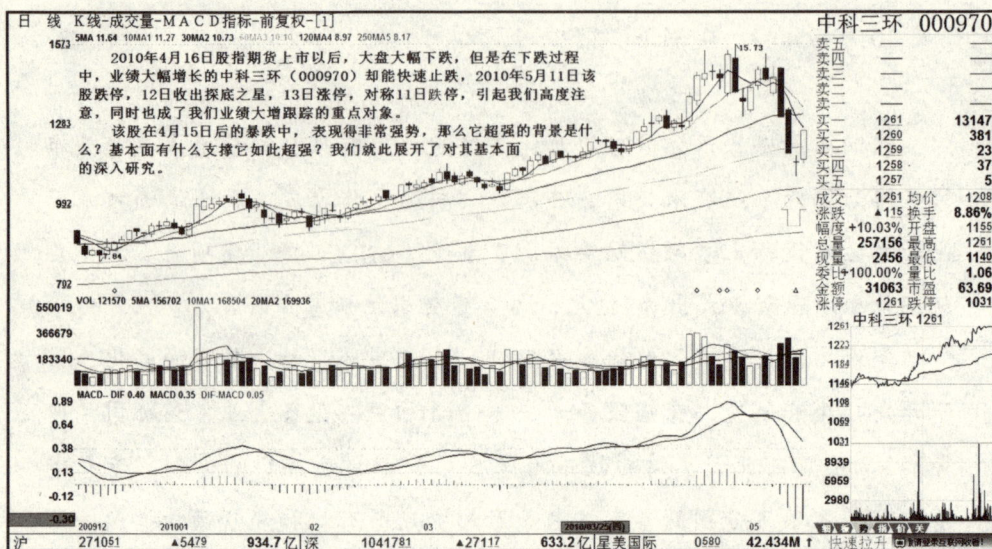

日　线　K线-成交量-MACD指标-前复权-[1]　　　　　　　　　　　　中科三环　000970

2010年4月16日股指期货上市以后，大盘大幅下跌，但是在下跌过程中，业绩大幅增长的中科三环（000970）却能快速止跌，2010年5月11日该股跌停，12日收出探底之星，13日涨停，对称11日跌停，引起我们高度注意，同时也成了我们业绩大增跟踪的重点对象。

该股在4月15日后的暴跌中，表现得非常强势，那么它超强的背景是什么？基本面有什么支撑它如此超强？我们就此展开了对其基本面的深入研究。

图 149

●●公告1　中科三环：关于为控股子公司提供贷款担保的公告

一、担保情况概述

北京中科三环高技术股份有限公司于2010年3月25日召开的第四届董事会第八次会议审议通过了公司为控股子公司提供贷款担保的议案，内容如下：

公司为宁波科宁达工业有限公司提供10,000万元人民币担保额度；公司为天津三环乐喜新材料有限公司提供16,000万元人民币担保额度；公司为三环瓦克华（北京）磁性器件有限公司提供6,000万元人民币担保额度；公司为上海爱普生磁性器件有限公司提供4,000万元人民币担保额度。

本议案经公司董事会审议通过后即生效。

二、累计对外担保数量及逾期担保的数量

至2009年12月31日，公司的担保总额为26,775万元，占公司2009年经审计归属于母公司所有者权益的比例为21.52%。公司无逾期担保的情况。

●●公告2　中科三环：关于为控股子公司增加贷款担保额度的公告

一、担保情况概述

北京中科三环高技术股份有限公司于2010年4月23日召开的第四届董事会第九次会议审议通过了公司为控股子公司天津三环乐喜新材料有限公司增加贷款担保额度的议案，内容如下：

公司于2010年3月25日召开的第四届董事会第八次会议审议通过了公司为控股子公司提供贷款担保的议案，其中为控股子公司天津三环乐喜新材料有限公司提供16,000万元人民币担保额度，现在根据该公司的实际情况，公司决定为天津三环乐喜新材料有限公司增加提供3,000万元人民币担保额度。

本议案经公司董事会审议通过后即生效。

二、累计对外担保数量及逾期担保的数量

至2010年3月31日，公司的担保总额为24,775万元，占公司归属于母公司所有者权益的比例为19.52%。公司无逾期担保的情况。

随着跟踪的深入，2010年7月28日中科三环（000970）的公告，更显露出一个板块正在成为业绩大增的主流板块。

●●公告3　中科三环：关于与五矿有色金属股份有限公司签署战略合作框架协议的公告

2010年7月27日，北京中科三环高技术股份有限公司（以下简称"中科三环"）与五矿有色金属股份有限公司（以下简称"五矿有色"）在北京签署了《战略合作框架协议》，现将有关事项公告如下：

一、协议当事方简介（略）

二、协议的主要内容

1. 双方同意，充分发挥各自优势，在稀土永磁原材料采购、技术咨询、相关资产、股权等各个层面，展开合作，互惠互利。

2. 双方承诺，在最优惠市场价格条件下，五矿有色优先向中科三环提供镨钕、镝铁等稀土金属，并确保原料的稳定供应，中科三环优先向五矿有色采购上述镨钕金属、镝铁等生产稀土磁性材料所必须的原料。

3. 根据双方战略布局的需要，双方同意适当时机在中重稀土资源地合资生产稀土磁性材料，合作方式包括但不限于双方合资设立项目公司、合资投资新建稀土磁性材料生产线以及中科三环向五矿有色提供稀土磁性材料生产技术咨询等。

4. 双方同意建立高层定期沟通机制，不断地探讨在稀土产业方面合作的可能性。

三、战略合作协议对公司的影响

公司在永磁材料方面有雄厚的研发实力和坚实的产业基础，通过借助五矿有色在稀土生产和稀土经营方面的优势，通过双方的战略合作，将能实现产业链上下游紧密结合、实现双方共赢的良好合作局面。

四、其他说明

本次战略合作协议的签署，主要是对未来双方的合作做出了大致的规划和设想，尚未形成具体的合作项目，公司将随着正式合作项目的进展，及时履行相应的决策程序和披露义务。

一个以稀土、稀有金属等为主线的有色金属板块正在孕育之中。在国家控制稀土出口的大背景下，该板块可谓天时（国家对该行业的宏观政策）、地利（行业业绩大幅增长）已经形成共振，只等人和（大盘跃上10周线）也形成共振，那么它们必将成为领涨龙头。我们看看事实是否如此？

因为要抓紧赶稿，这里我们只是给出结果，不展开讲解，让大家感悟业绩大增的板块个股的威力，它们也正好是和大盘上10周线同步启动。我们再来看看由稀土延伸开来的稀土永磁板块的个股名单：

表 033

稀土永磁板块股票

个股数量：15只

代码	名称	代码	名称	代码	名称
000758	中色股份	000795	太原刚玉	000897	津滨发展
000969	安泰科技	000970	中科三环	002056	横店东磁
002057	中钢天源	600058	五矿发展	600111	包钢稀土
600259	广晟有色	600330	天通股份	600362	江西铜业
600366	宁波韵升	600549	厦门钨业	600980	北矿磁材

我们再来看看2010年7月2日大盘见底以来到11月11日阶段性见顶这轮行情中上涨前20名的股票排名情况：

表 034

区间分析报表——深沪A股涨跌幅度

统计区间：2010.7.2，五~2010.11.11，四

代码	名称	涨跌幅度（%）	振荡幅度（%）
002190	成飞集成	262.315	345.083
002013	中航精机	279.539	321.198
600259	广晟有色	205.222	293.539
600367	红星发展	217.917	281.944
000795	太原刚玉	258.586	277.778
600549	厦门钨业	213.001	276.577
002057	中钢天源	219.027	276.432
600086	东方金钰	253.250	275.625
000758	中色股份	209.205	274.393
002056	横店东磁	218.231	244.830
600773	西藏城投	215.671	243.559
600513	联环药业	188.634	240.750
600980	北矿磁材	181.006	229.609
002447	壹桥苗业	130.071	226.098
600531	豫光金铅	187.930	222.531

续表

代码	名称	涨跌幅度（%）	振荡幅度（%）
002132	恒星科技	200.100	222.289
000960	锡业股份	171.944	210.020
600252	中恒集团	179.917	206.432
600311	荣华实业	186.333	202.030

　　稀土永磁15只个股中有8只进入涨幅榜前20名，成为最大的主流领涨板块，可以说是最充分地体现了新能源和业绩形成共振的威力：

表 035

稀土永磁板块股票上涨情况汇总

个股数量：15只

代码	名称	涨跌幅度（%）	振荡幅度（%）	排名	是否最终入选股票池
600259	广晟有色	205.222	293.539	3	
000795	太原刚玉	258.586	277.778	5	
600549	厦门钨业	213.001	276.577	6	是
002057	中钢天源	219.027	276.432	7	
000758	中色股份	209.205	274.393	9	
002056	横店东磁	218.231	244.830	10	是
600980	北矿磁材	181.006	229.609	13	
000970	中科三环	179.825	217.982	17	是
600058	五矿发展	145.38	185.34	28	是
600111	包钢稀土	137.14	180.61	30	是
600366	宁波韵升	123.07	166.92	37	
600330	天通股份	113.13	144.53	71	
000969	安泰科技	90.61	121.58	137	
600362	江西铜业	94.22	117.61	151	是
000897	津滨发展	74.06	93.45	310	

　　稀土永磁已经在年报行情前的这轮上涨中淋漓尽致地发挥了，但是我们每个季度对业绩预增数据的汇总，加上最典型的技术形态，多条件形成共振，可

以很好地帮助我们锁定它们。当然，它们中间的最大龙头广晟有色（600259）经典的建仓手法，更是让我们垂涎三尺，所以在整个板块业绩大幅增长后，我们不会忘记该股，关注着它的一举一动。

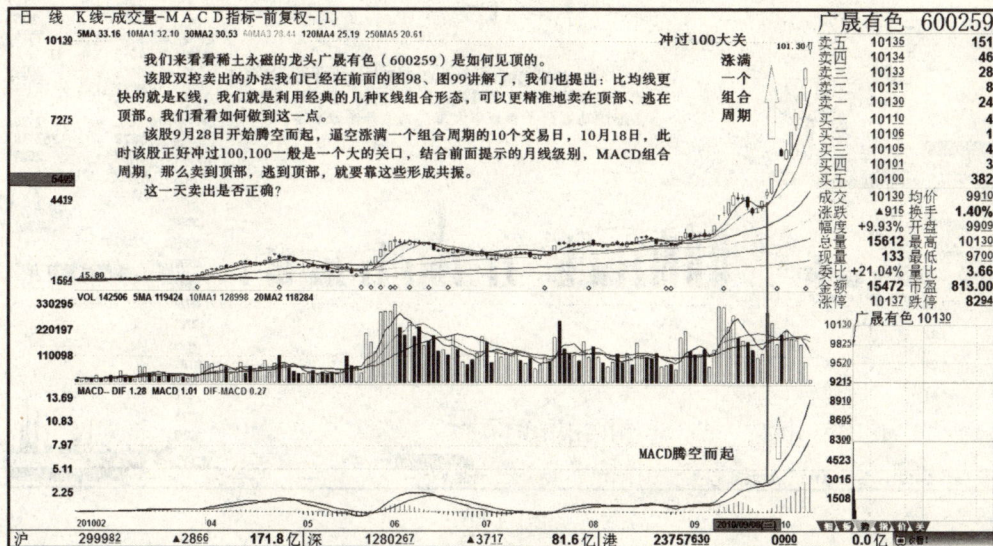

图 150

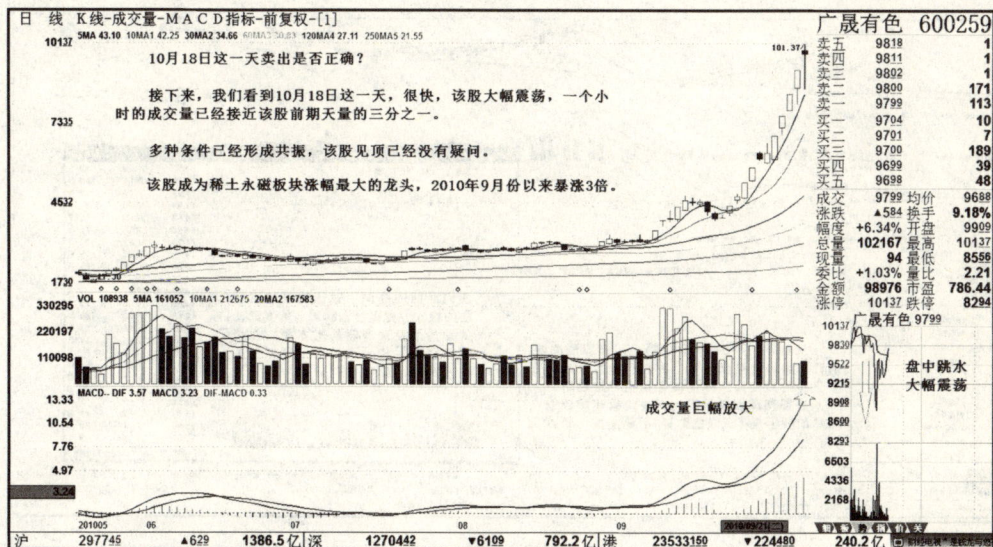

图 151

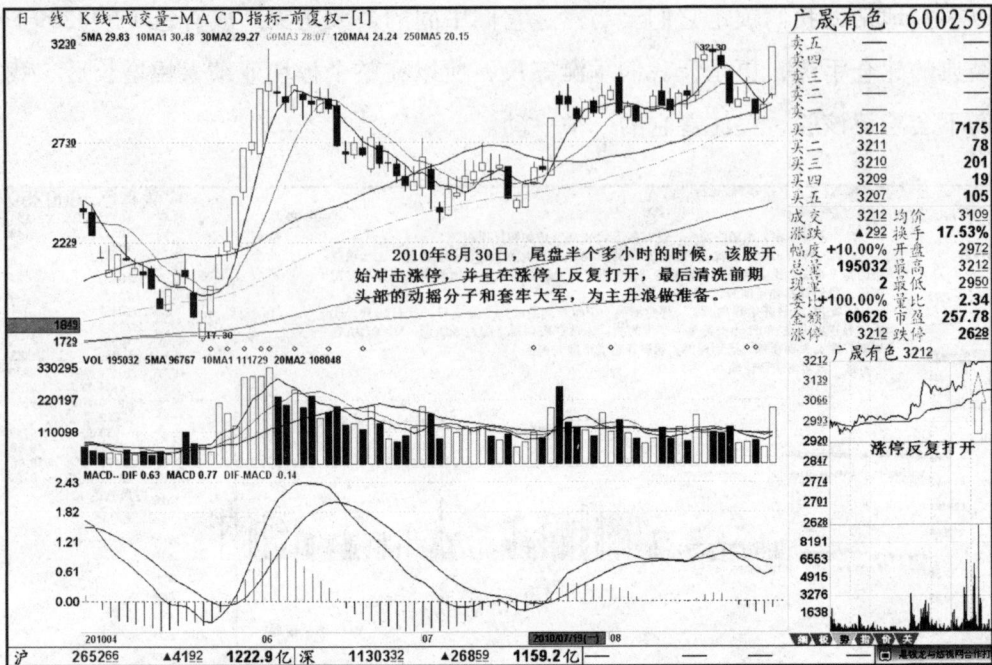

图 152

图中文字：2010年8月30日，尾盘半个多小时的时候，该股开始冲击涨停，并且在涨停上反复打开，最后清洗前期头部的动摇分子和套牢大军，为主升浪做准备。

涨停反复打开

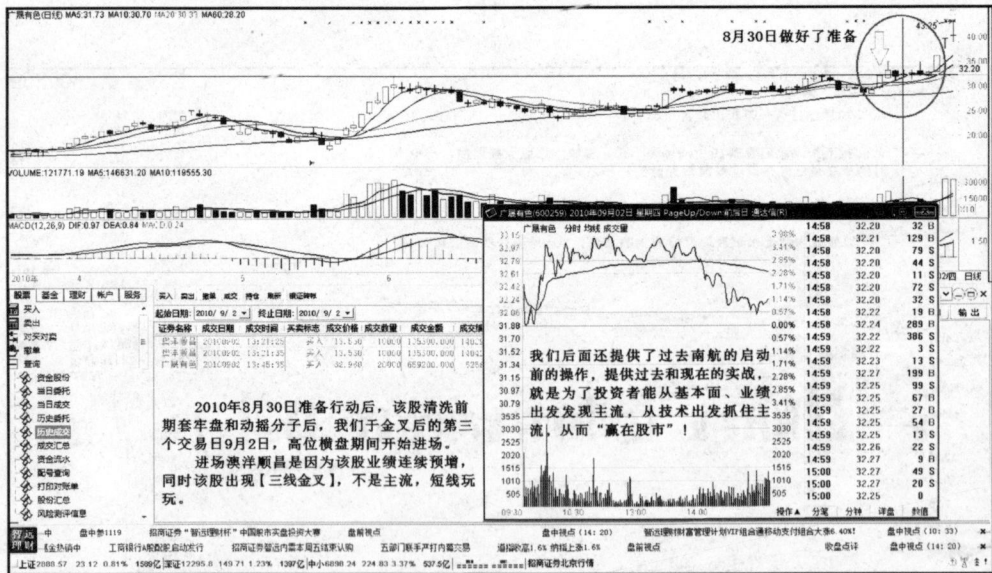

图 153

图中文字：2010年8月30日准备行动后，该股清洗期套牢军和动摇分子后，我们在金叉后的第三个交易日9月2日，高位横盘期间开始进场。

进场澳洋顺昌是因为该股业绩连续预增，同时该股出现【三线金叉】，不是主流，短线玩玩。

8月30日做好了准备

我们后面还提供了过去南航的启动前的操作，提供过去和现在的实战，就是为了投资者能从基本面、业绩出发发现主流，从技术出发抓住主流，从而"赢在股市"！

随着"十二五"规划的确定，"节能环保、新一代信息技术、生物、高端装备制造、新能源、新材料、新能源汽车"7大产业中的新能源、新材料、新能源汽车部分都和有色金属有关联；随着美联储进一步的货币宽松政策的出台，美元阶段性不断贬值，国际大宗商品还将随着美元的阶段性贬值而阶段性大涨，那么有色金属中的不同分支还将在未来有阶段性的大机会，尤其是其中具有新能源新材料属性的有色金属，只要它们开始业绩大幅增长，那么它们就进入了我们的视线，一旦在技术上出现共振条件，我们可以享受它们的高速成长带来的丰厚收益。

这轮稀土永磁尽管还没有凉下来，但是毕竟已经完成了一次疯狂的主升浪，已经阶段性地成为历史，2010年到2011年，年报的主升浪领涨板块除了新能源新的分支将会涌现出来之外，业绩大增的余下板块，我们怎么能不关注呢？

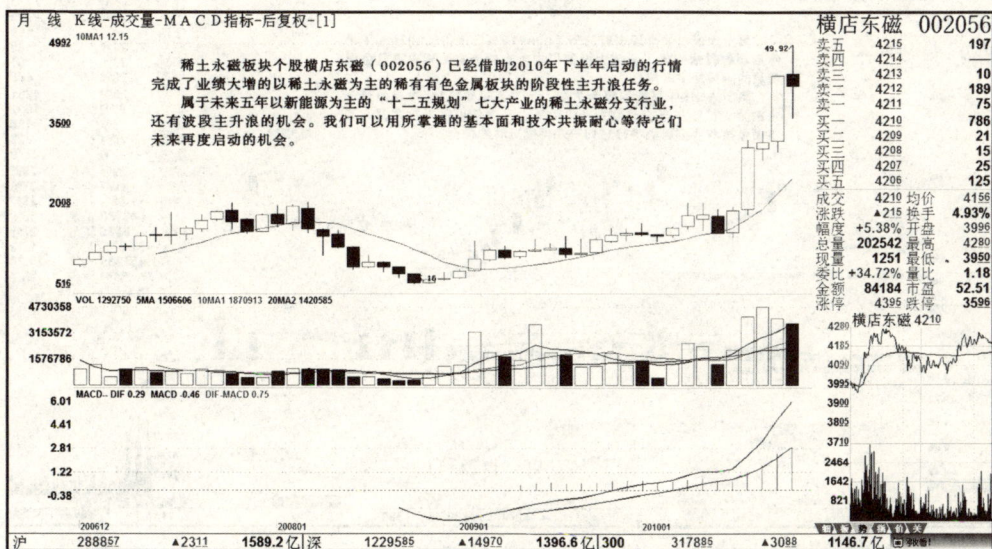

图 154

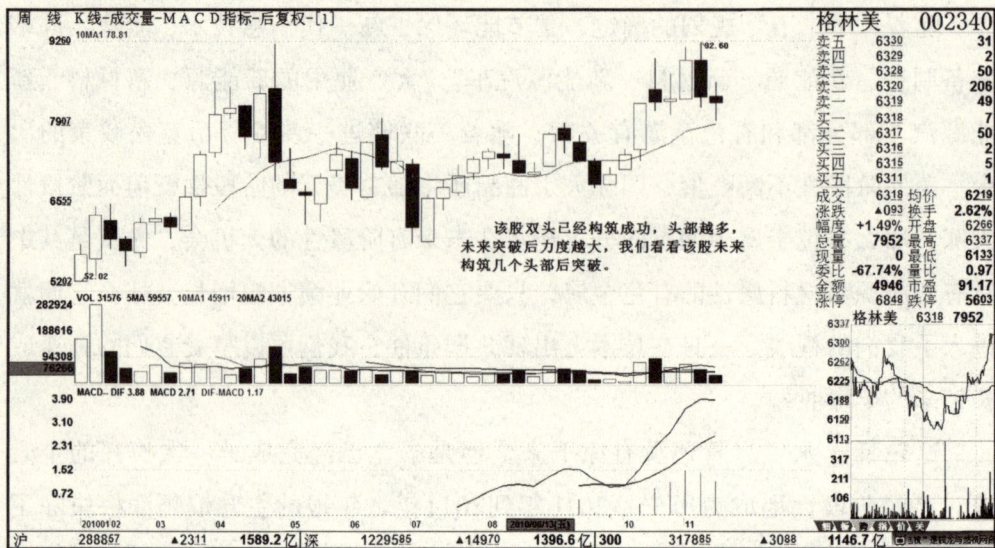

图 155

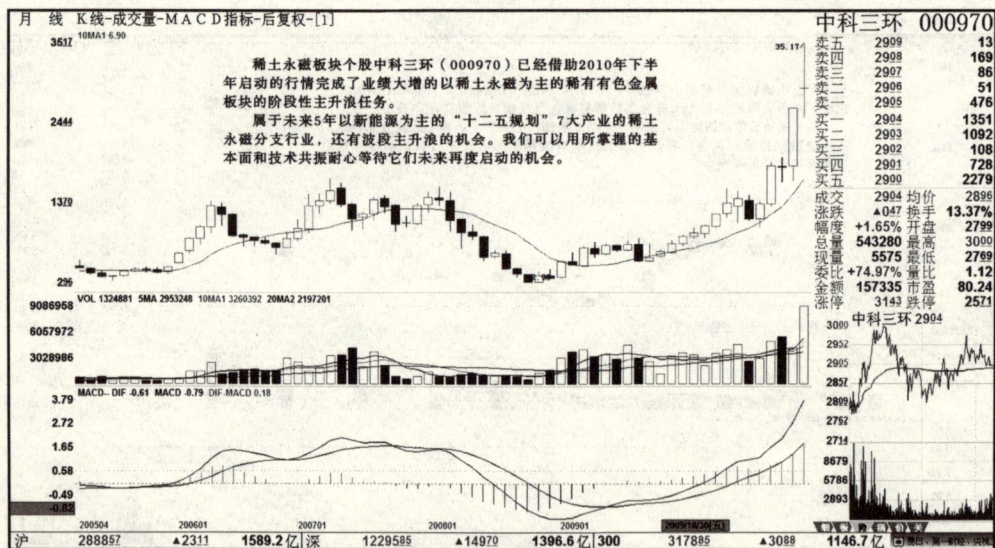

图 156

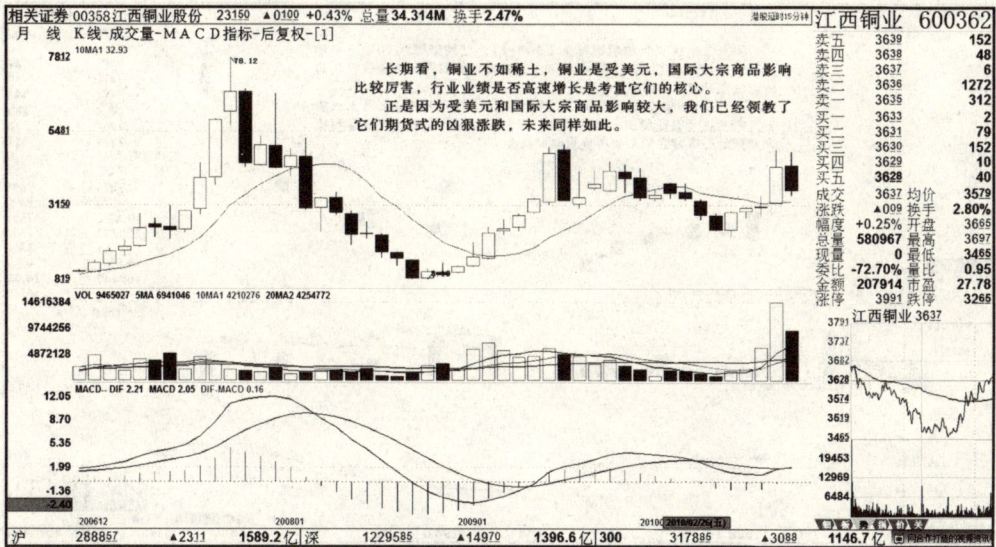

相关证券 00358江西铜业股份　23150　▲0100 +0.43%　总量34.314M　换手2.47%

江西铜业 600362

长期看，铜业不如稀土，铜业是受美元、国际大宗商品影响比较厉害，行业业绩是否高速增长是考量它们的核心。

正是因为受美元和国际大宗商品影响较大，我们已经领教了它们期货式的凶狠涨跌，未来同样如此。

图 157

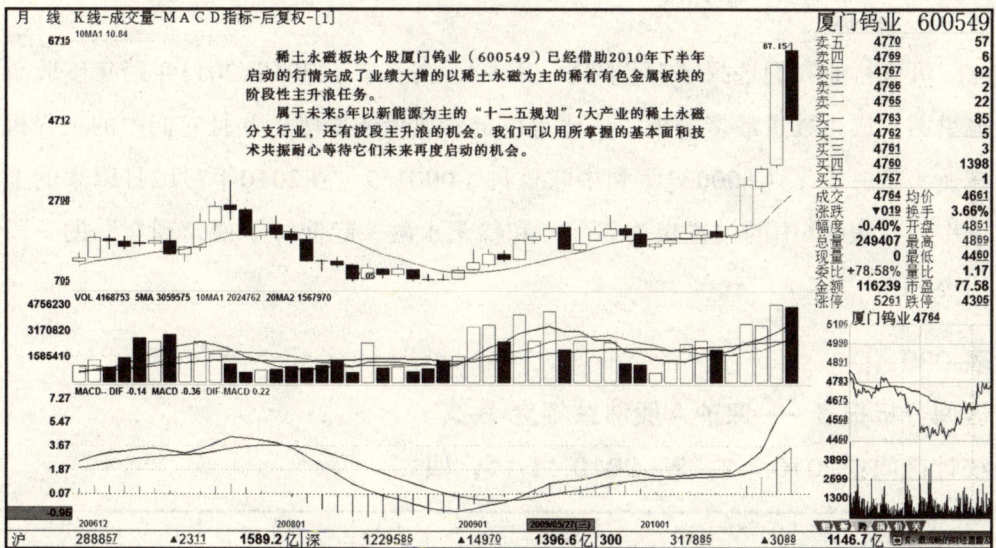

月　线　K线-成交量-MACD指标-后复权-[1]

厦门钨业 600549

稀土永磁板块个股厦门钨业（600549）已经借助2010年下半年启动的行情完成了业绩大增的以稀土永磁为主的稀有有色金属板块的阶段性主升浪任务。

属于未来5年以新能源为主的"十二五规划"7大产业的稀土永磁分支行业，还有波段主升浪的机会。我们可以用所掌握的基本面和技术共振耐心等待它们未来再度启动的机会。

图 158

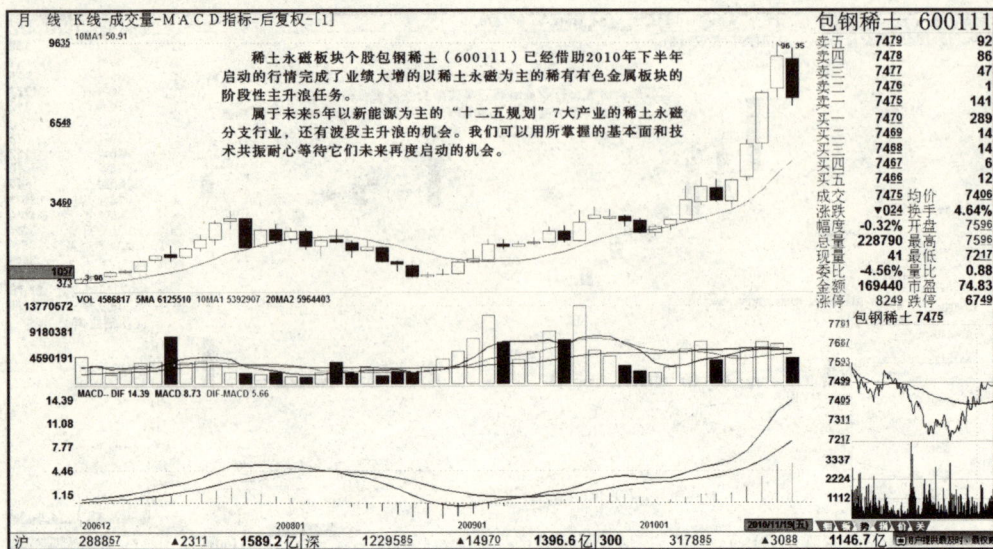

图 159

2. 机械

机械行业我们选择了7只个股，其中4只龙头。在2010~2011年跨年度股票池里面，成为数量最多的板块，比有色金属数量还要多，并且它们中的工程机械龙头三一重工（600031）和中联重科（000157）在2010年7月2日以来的上涨中，在表036中的位置极为靠前，和稀土永磁一起演绎了最"现在"的一段历史。

表 036

区间分析报表——深沪A股涨跌幅度

统计区间：2010.7.2，五~2010.11.11，四

代码	名称	涨跌幅度（%）	振荡幅度（%）	排名
600031	三一重工	167.71	197.84	23
000157	中联重科	141.92	165.78	42

为什么机械行业的业绩出现了大幅增长？我们认为2008年底4万亿刺激出台，给机械行业带来重大机会，它们的业绩经过2009年的复苏之后，2010年出现快速释放，机械行业的业绩大面积增长和这个有直接的关系。另外，由

于"十二五"规划的7大产业中有"高端装备制造"，更是给机械行业带来无限的想象力。

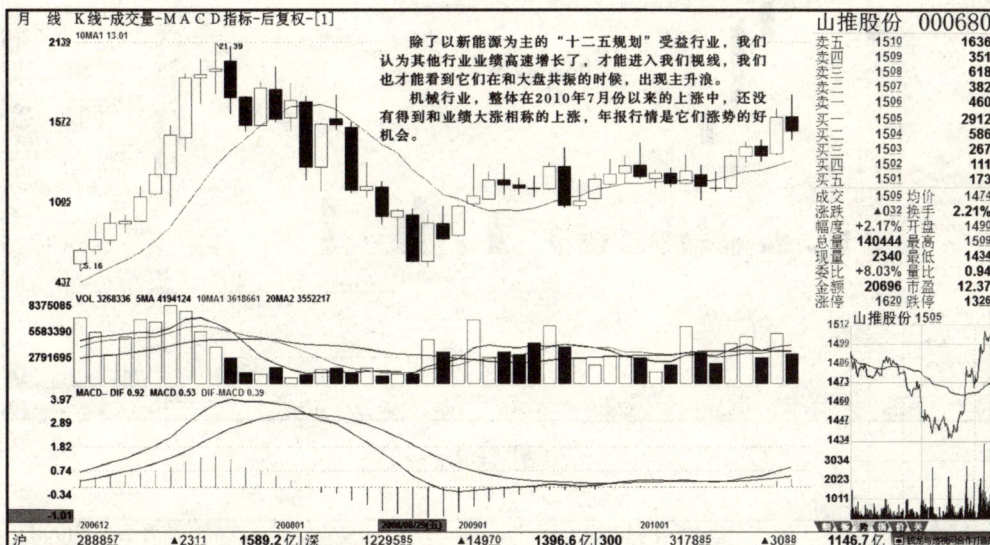

图 160

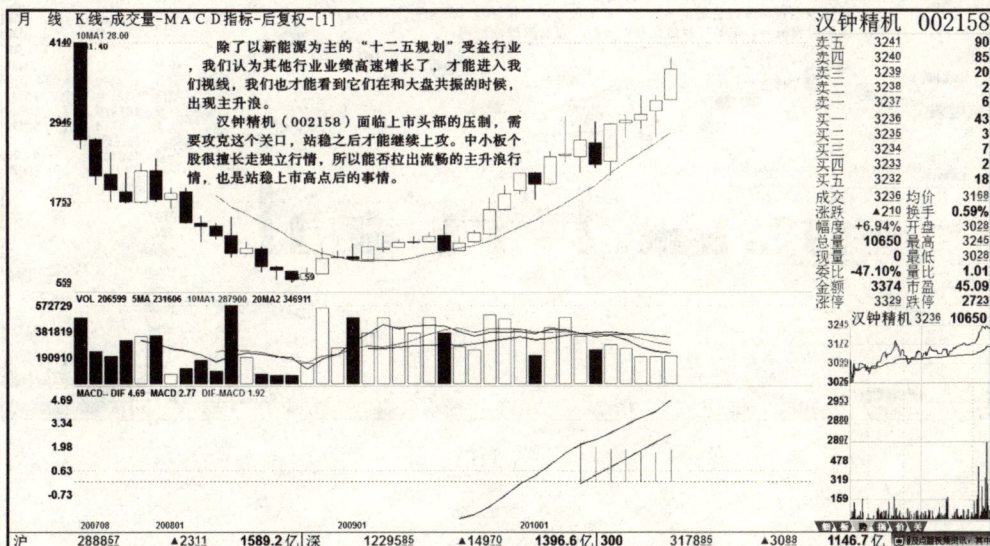

图 161

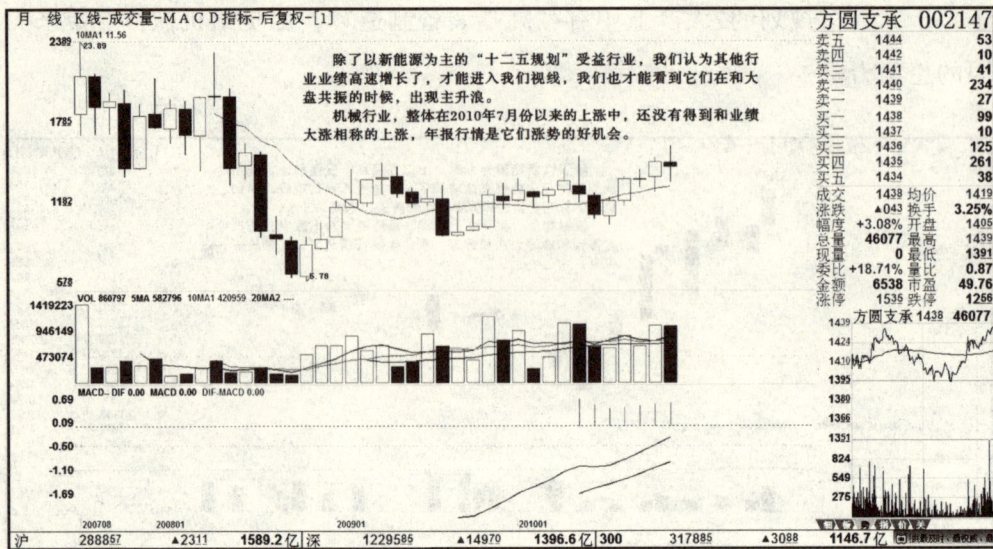

图 162

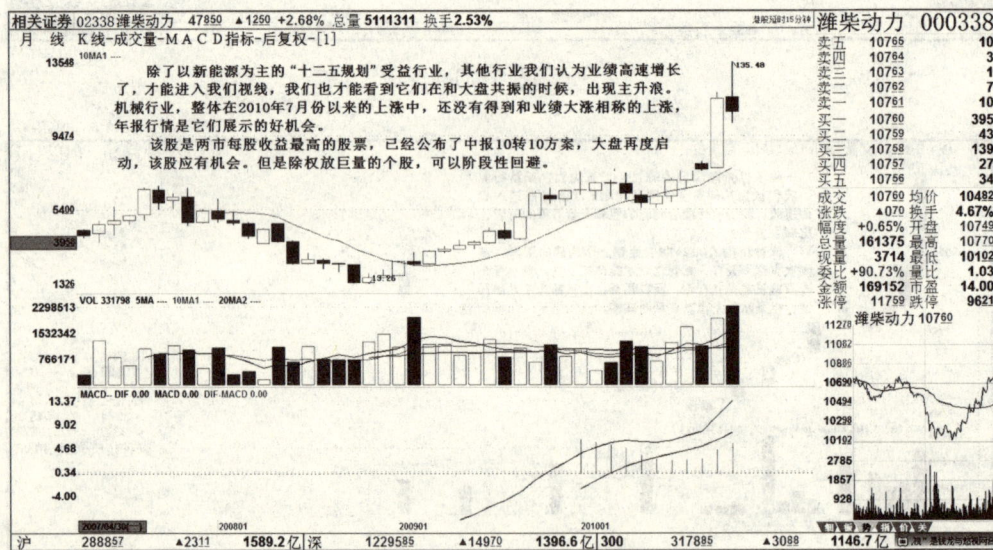

图 163

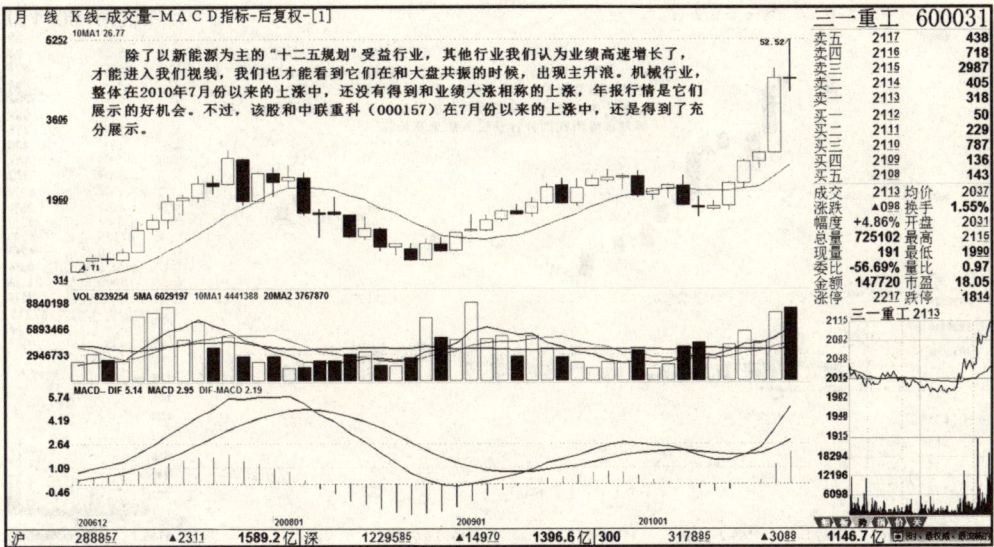

图 164

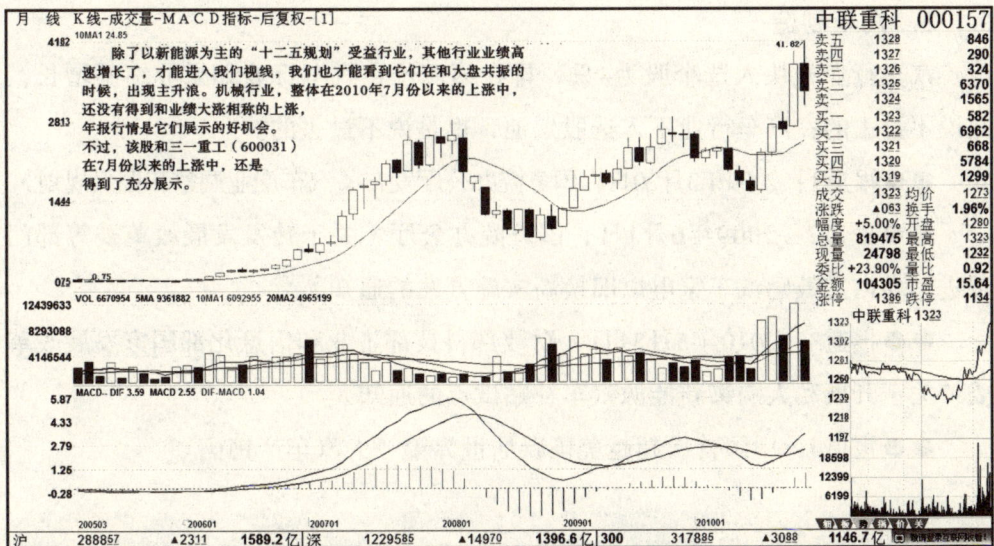

图 165

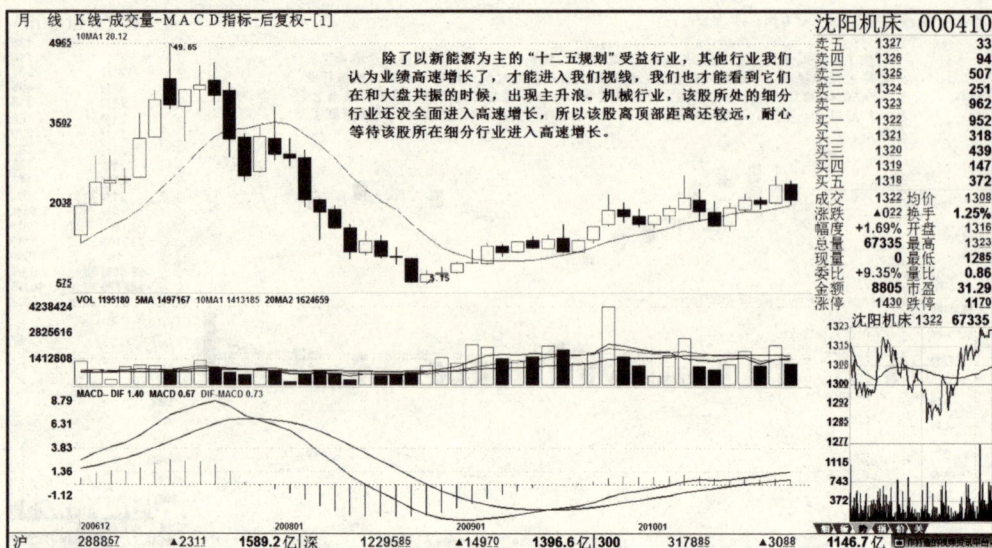

月　线　K线-成交量-MACD指标-后复权-[1]　　　　　　　　　　　　　　　　沈阳机床　000410

除了以新能源为主的"十二五规划"受益行业，其他行业我们认为以业绩高速增长了，才能进入我们视线，我们也才能看到它们在和大盘共振的时候，出现主升浪。机械行业，该股所处的细分行业还没全面进入高速增长，所以该股高顶部距离还较远，耐心等待该股所在细分行业进入高速增长。

图 166

3．汽车制造

汽车行业板块入选个股为4只，排在第四位，汽车行业如果业绩不增长，是说不过去的；汽车行业不入选股票池，也是说不过去的。

●●报道1：2009年3月20日，国务院办公厅发布《汽车产业调整和振兴规划》

●●报道2：2009年6月1日，国务院办公厅《关于转发发展改革委等部门促进扩大内需鼓励汽车家电以旧换新实施方案的通知》

●●报道3：2010年5月31日，财政部科技部工业和信息化部国家发展改革委《关于开展私人购买新能源汽车补贴试点的通知》

●●报道4：中国首次超越美国跃居世界第一大汽车产销国

2010年1月11日 新华网北京

记者 张毅 陈玉明

中国汽车工业协会11日公布2009年中国汽车产销统计，中国以300多万辆的优势，首次超越美国，成为世界汽车产销第一大国，比原先预计的提前了5至6年。中国成为全球主要的汽车消费市场。

中汽协发布的最新统计显示，2009年中国汽车产销分别完成1379.10

万辆和1364.48万辆，同比分别增长48%和46%。中国汽车工业协会常务副会长兼秘书长董扬对新华社记者说，2009年中国宏观经济保持了良好的发展势头，城镇化稳步推进，居民生活水平提升较快，为中国汽车工业发展提供了基本保障。

2009年初中国出台和实施了一系列促进汽车消费的政策，刺激了国内汽车市场的快速复苏并呈现出较快的发展势头。在所有出台的政策中，1.6升及以下乘用车购置税减半政策影响最大，2009年该类车型销售为719.55万辆，同比增长71%，增长贡献度70%。

中国汽车技术研究中心首席专家黄永和分析说，过去几10年，美国一直是全球最大的汽车生产国和最大的新车市场。每年新车销量一般在1600多万辆，最高峰达到1700万辆。受金融危机影响，美国的新车销量从2008年开始大幅萎缩，从上年的1700万辆下降到1320万辆。

在刚刚过去的2009年，美国新车销量仅为1043万辆，连续两年大幅下降。美国新车销量包括乘用车和轻型卡车，不包括重卡。如果按同一统计口径计算，减去去年中国65万辆重卡的销量，中国2009年的汽车销量仍然超过美国。就汽车销售数量而言，中国超过美国已是不争的事实。

按照国内有关部门之前的预测，中国新车销量超过美国大约在2014年或2015年。全球金融危机改变了这一进程，中国超常增长，而美国则连续大幅下跌。此消彼长，导致中国至少提前5年成为汽车产销第一。

●●报道5：2010年10月汽车产销及经济运行情况信息发布稿

据中国汽车工业协会统计分析，2010年10月，汽车工业产销继续保持良好发展态势，具体情况如下：

一、总体完成情况

10月，汽车产销比上月小幅回落，同比呈现较快增长：当月产销分别完成154.10万辆和153.86万辆，与上月相比产销分别下降3.26%

和1.16%，与上年同期相比，分别增长22.50%和25.47%；1~10月，汽车产销分别完成1462.38万辆和1467.70万辆，同比分别增长34.49%和34.76%，增速继续回落，与前9个月相比，分别回落1.61个百分点和1.21个百分点，回落幅度有所减缓。

10月汽车产销继续呈现平稳增长态势，受国庆假日影响产销比上月小幅回落，但同期比增长超过20%。另据我们统计，汽车出口继续增长，行业经济运行仍保持良好的发展态势。

行业企业经济效益继续保持良好发展态势：

1~9月，全国汽车行业规模以上企业累计完成工业总产值3.13万亿元，同比增长39.59%，增幅比1~8月回落2.79个百分点；累计完成新产品产值1.02亿元，同比增长38.87%，增幅比1~7月回落4.10个百分点。

另据17家重点企业经济效益统计：

1~9月汽车工业重点企业（集团）累计完成工业增加值3212.90亿元，同比增长50.84%，增幅比1~8月减缓3.38个百分点；累计完成工业总产值13969.23亿元，同比增长43.74%，增幅比1~8月回落4.38个百分点。

1~9月汽车工业重点企业（集团）累计实现营业收入15495.66亿元，同比增长46.70%，增幅比1~8月回落4.58个百分点。

汽车行业是国务院《关于加快培育和发展战略性新兴产业》中的7大行业之一，有了这样的大背景，未来"十二五"期间的2011~2015年，它们不能成为主流之一几乎不可能。因此，每一次只要汽车板块甚至扩散到汽车零配件等上下游行业一旦业绩出现大幅增长，并且和大盘形成共振，那么阶段性主升浪就会来临。

表 037

新能源车相关个股

个股数量：26只

代码	名称	代码	名称	代码	名称
600066	宇通客车	600686	金龙汽车	600166	福田汽车
000957	中通客车	000868	安凯客车	600458	时代新材
000800	一汽轿车	600104	上海汽车	000559	万向钱潮
600580	卧龙电气	600366	宁波韵升	600196	复星医药
600846	同济科技	600482	风帆股份	600478	科力远
000049	德赛电池	600432	吉恩镍业	600111	包钢稀土
000762	西藏矿业	000839	中信国安	600549	厦门钨业
600884	杉杉股份	000009	中国宝安	002091	江苏国泰
000571	新大洲A	600192	长城电工		

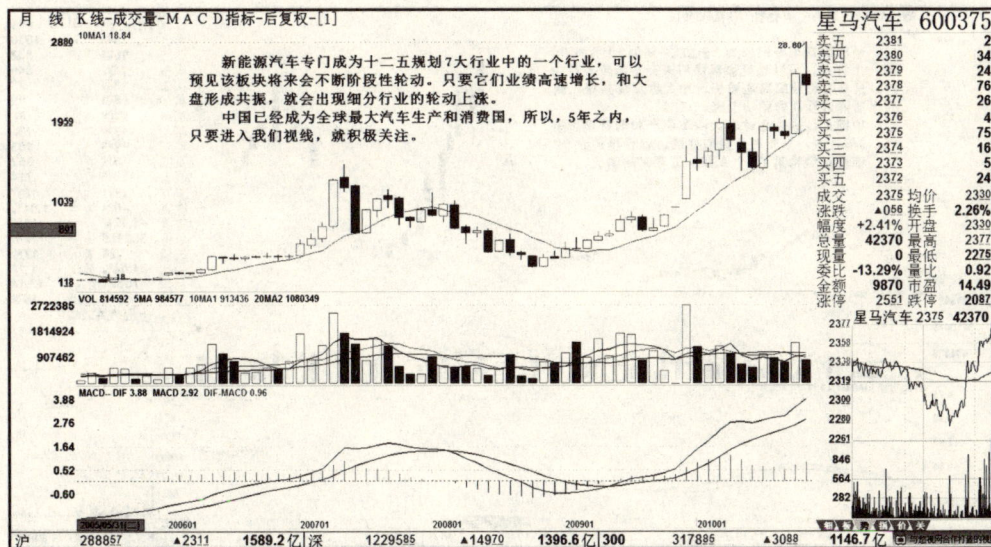

图 167

月　线　K线-成交量-MACD指标-后复权-[1]　　　　　　　　　　　　　　　　　　　　　　银轮股份 002126

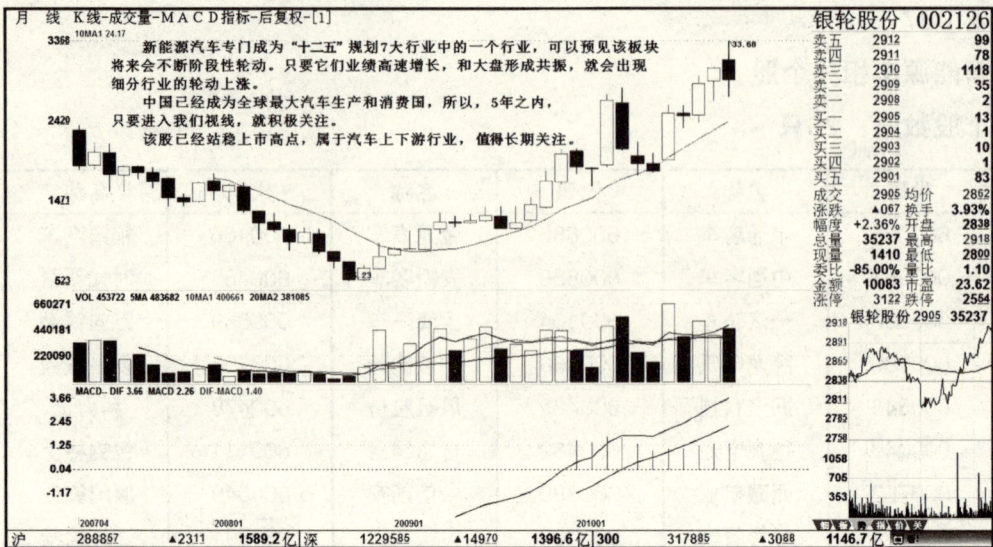

新能源汽车专门成为"十二五"规划7大行业中的一个行业，可以预见该板块将来会不断阶段性轮动。只要它们业绩高速增长，和大盘形成共振，就会出现细分行业的轮动上涨。

中国已经成为全球最大汽车生产和消费国，所以，5年之内，只要进入我们视线，就积极关注。

该股已经站稳上市高点，属于汽车上下游行业，值得长期关注。

图 168

月　线　K线-成交量-MACD指标-后复权-[1]　　　　　　　　　　　　　　　　　　　　　　上海汽车 600104

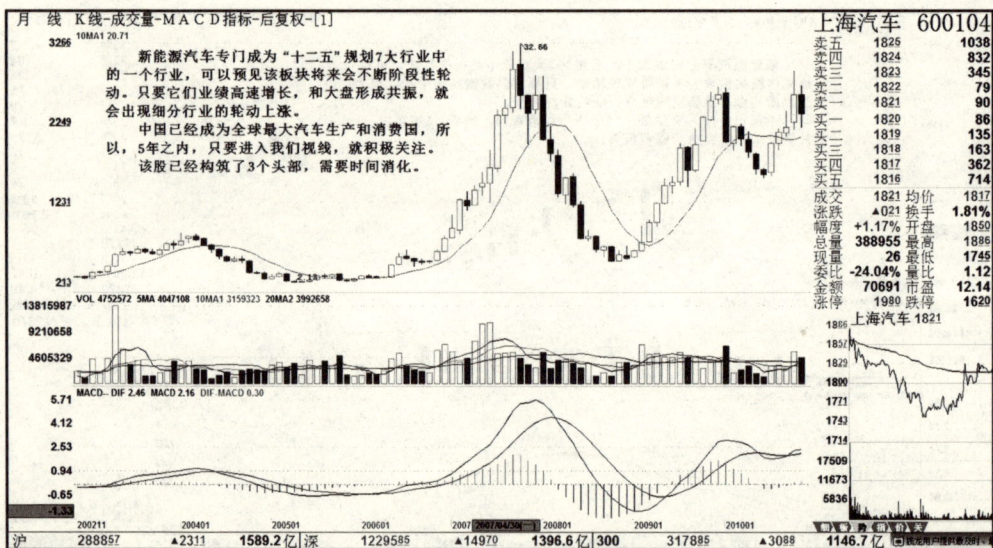

新能源汽车专门成为"十二五"规划7大行业中的一个行业，可以预见该板块将来会不断阶段性轮动。只要它们业绩高速增长，和大盘形成共振，就会出现细分行业的轮动上涨。

中国已经成为全球最大汽车生产和消费国，所以，5年之内，只要进入我们视线，就积极关注。

该股已经构筑了3个头部，需要时间消化。

图 169

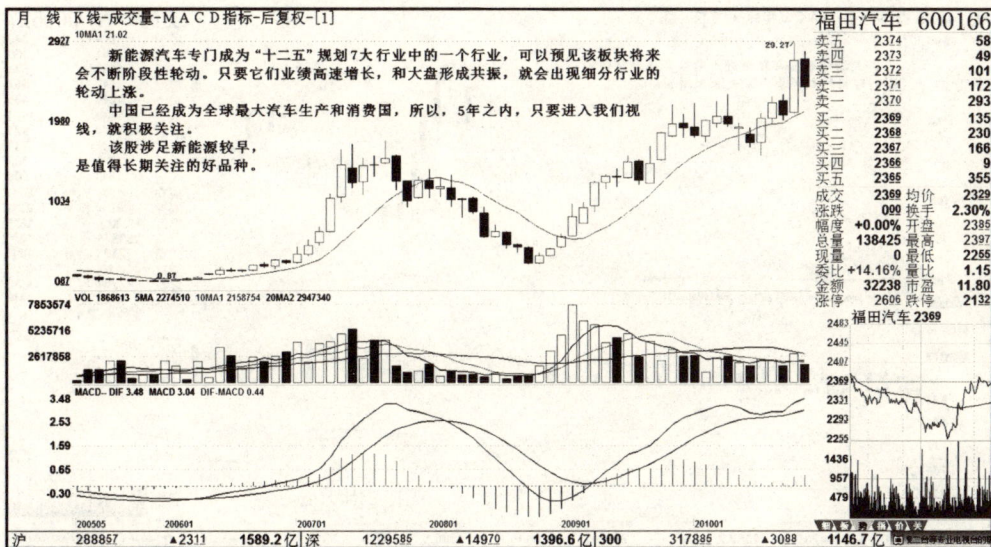

月　线　K线-成交量-MACD指标-后复权-[1]　　　　　　　　　　　　　　福田汽车　600166

新能源汽车专门成为"十二五"规划7大行业中的一个行业，可以预见该板块将来会不断阶段性轮动。只要它业绩高速增长，和大盘形成共振，就会出现细分行业的轮动上涨。
中国已经成为全球最大汽车生产和消费国，所以，5年之内，只要进入我们视线，就积极关注。
该股涉足新能源较早，是值得长期关注的好品种。

图 170

4．家电行业

　　该板块连续两年进入股票池，虽然2010年年报进入股票池的个股仅仅一只，但是该板块符合国家自从金融危机以来力主扩大内需、增加消费的主导思想。2009年美国消费占GDP的权重达到73％，但是2009年中国消费占GDP的权重仅为36％。十七届五中全会上通过的《"十二五"规划建议》提出："坚持把经济结构战略性调整作为加快转变经济发展方式的主攻方向。构建扩大内需长效机制，促进经济增长向依靠消费、投资、出口协调拉动转变。"其中，"扩内需"第一次独立成篇，而且是5年之内10大方面建设之首，"十二五"规划的出台，标志着过度依赖投资和出口拉动的经济增长方式将在"十二五"期间得到根本性转变，消费将超越投资和出口，成为我国经济增长的首要动力，中国将全力打造一个消费大国。随着"十二五"规划的逐步实施，可以预见，国内居民消费的潜力将会得到彻底释放，我国消费行业将进入黄金发展时期，这将为我们提供未来5年最大的结构性投资机会，一旦经济增长的三驾马车"投资、出口、消费"中的消费成为中国经济增长的头马，中国大消费（大消费的范围将会比较广泛，我们将会跟随市场，进行密切跟踪）市场必将催生大龙头出现，和新兴产业的投资机会交相辉映。我们期待着这一天的到来。

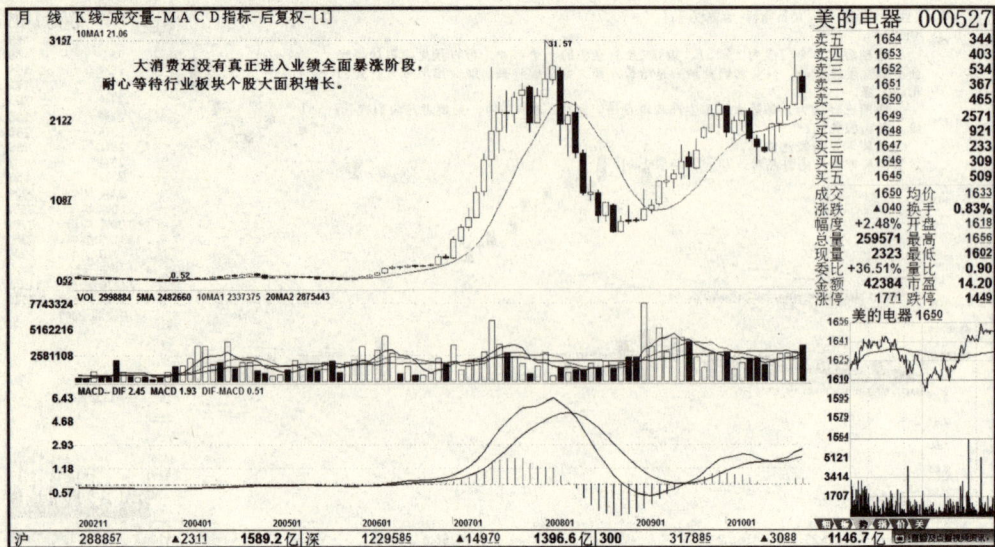

图 171

5. 电子器件

电子器件行业比较庞杂，其中又有很多分支行业或细分行业，如有"十二五"规划7大行业"新一代信息技术产业"中的物联网、云计算、智能电网等，所以"十二五"期间，2011~2015年，电子器件中将会出现一些主流热点轮动表现。比如说，2010~2011年跨年度股票池中的华工科技（000988）就是一只连续两年业绩大幅增长，连续两次进入股票池的物联网个股，该股2009~2010年跨年度也进入了我们的股票池，该股2010年10月19日出现【一阳穿五线】的特征，该股将和它所在的板块在未来的某一个甚至几个时间段和大盘形成共振，完成一次甚至几次漂亮的阶段性主升浪，让我们拭目以待。

表 038

物联网个股汇总

个股数量：32只

代码	名称	代码	名称	代码	名称
000507	珠海港	000682	东方电子	000701	厦门信达
000851	高鸿股份	000997	新大陆	002017	东信和平
002028	思源电气	002104	恒宝股份	002121	科陆电子
002130	沃尔核材	002151	北斗星通	002161	远望谷
002169	智光电气	002183	怡亚通	002210	飞马国际
300014	亿纬锂能	300078	中瑞思创	600100	同方股份
600171	上海贝岭	600271	航天信息	600525	长园集团
600770	综艺股份	600973	宝胜股份	000988	华工科技
002241	歌尔声学	002058	威尔泰	300007	汉威电子
300020	银江股份	300114	中航电测	600198	大唐电信
600203	福日电子	600584	长电科技		

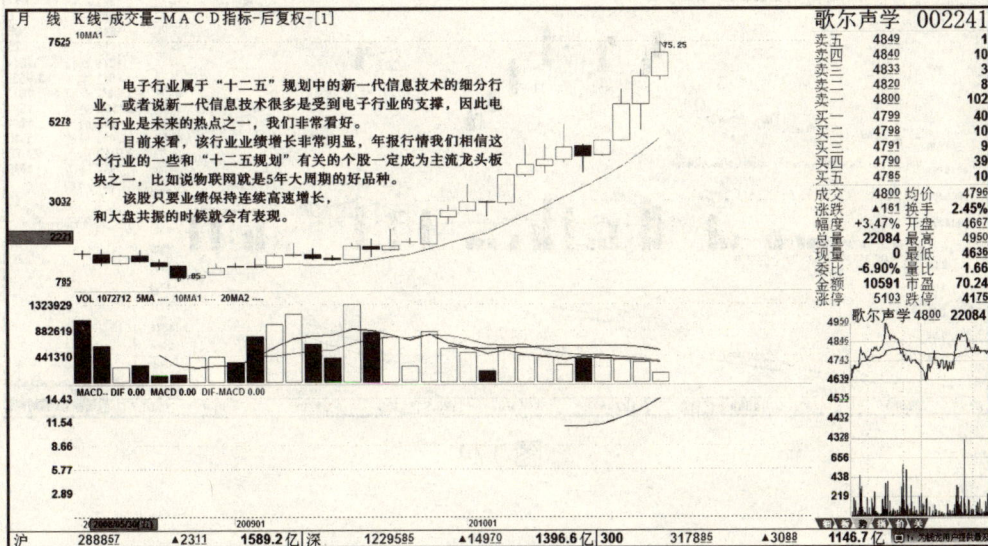

图 172

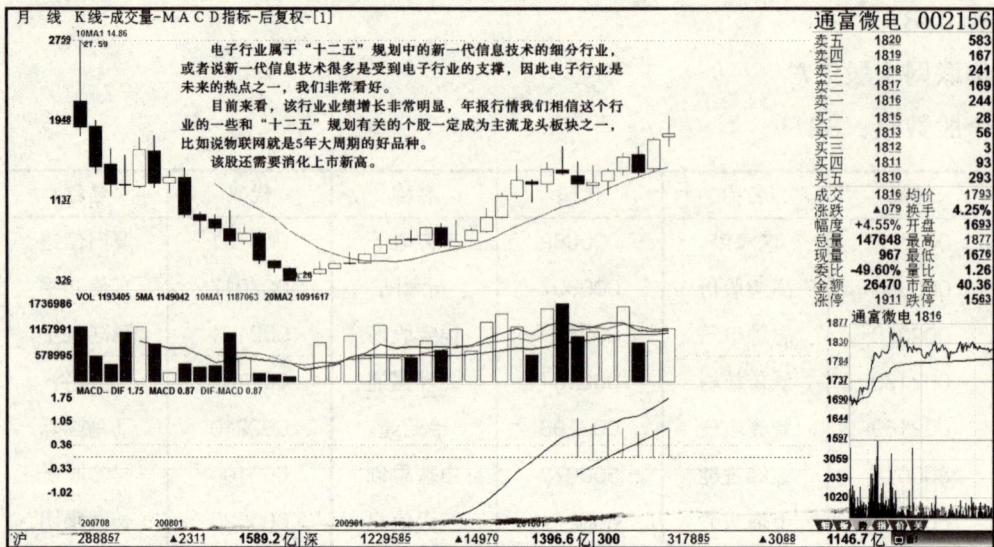

图 173

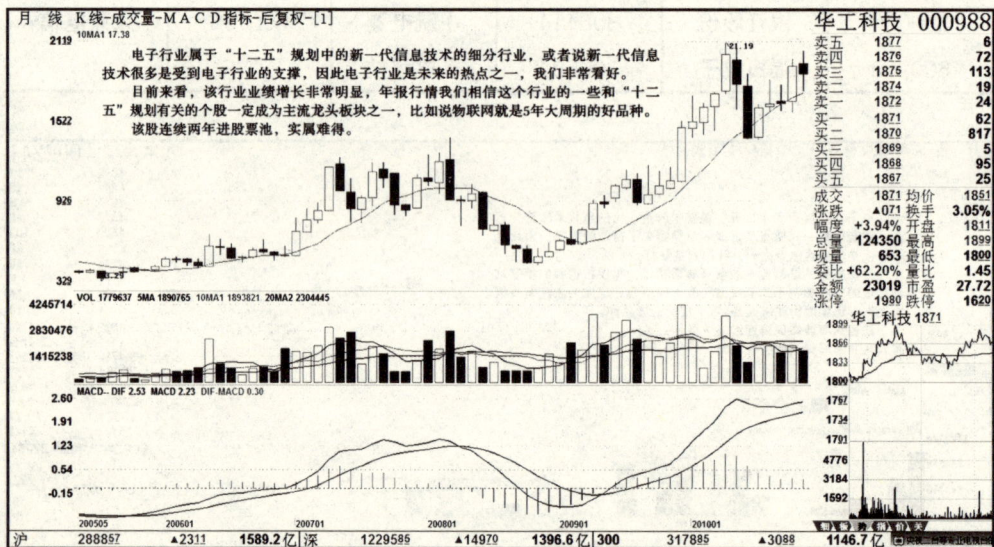

图 174

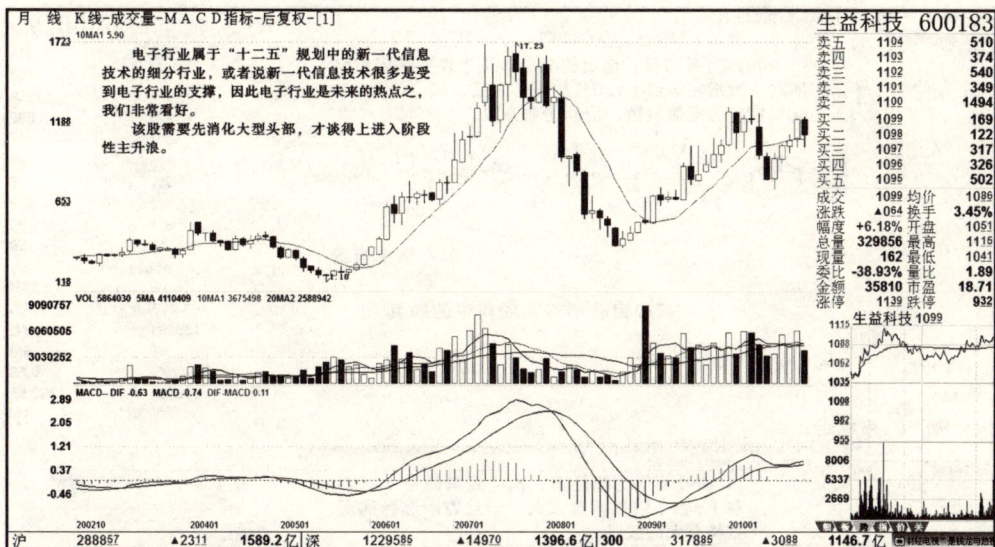

图 175

（二）新增业绩增长的5个板块

1. 交通运输

交通运输板块和《赢在股市1》中的运输物流板块并没有本质的不同，2007年底之前我们见证了《赢在股市1》股票池龙头南方航空（600029）如何从丑小鸭变成白天鹅，如何从病马变成黑马，再到白马。行情在短期内透支，也让这个过程来得快结束得也快，任何时候都是如此，未来也不例外。我们在未来还能看到，当一个大泡沫破灭的时候，任何好公司的股票短期内都要被打折、缩水，每一个周期性的孕育、壮大、疯狂，都将完成财富的重新分配，都将消灭一大批中产阶级和富翁，也将诞生一部分中产阶级和富翁，问题是看谁能看透和抓住机会，躲过灾难。

现在，我们又处于一个新的新能源甚至扩散到新兴产业的大泡沫之中，5到10年一个大周期，错过了2007年以前的那轮大泡沫没有关系，抓住这次大泡沫带来的机会，然后顺利出逃，就OK了。

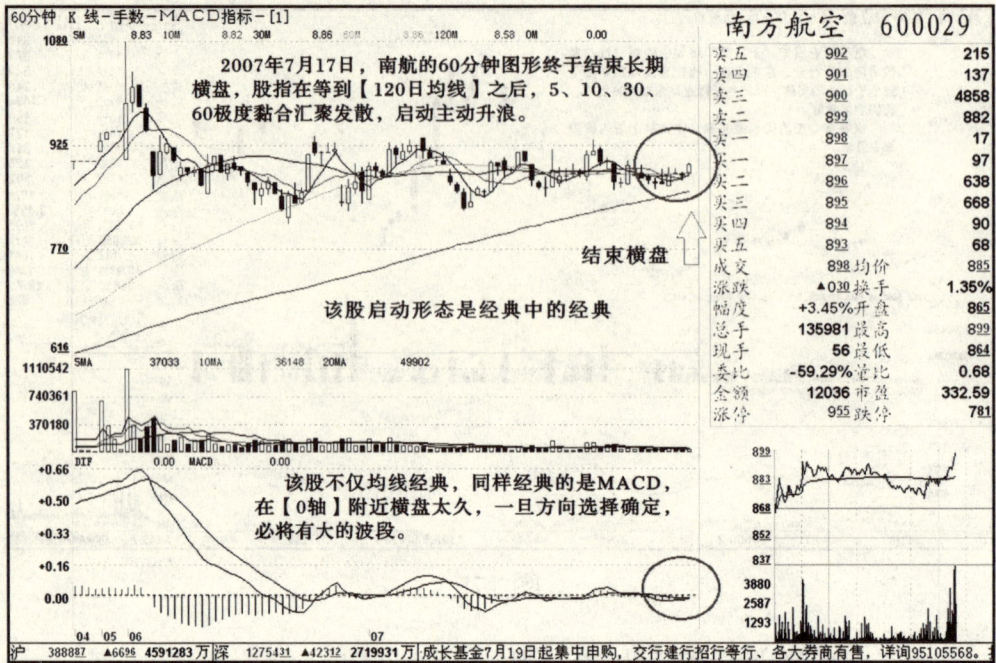

图 176

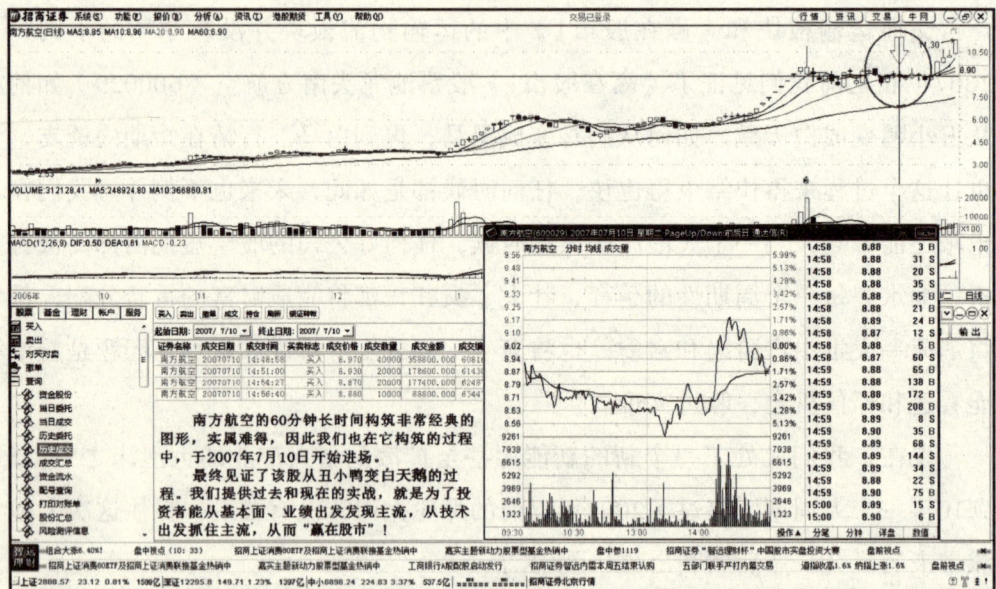

图 177

2. 钢铁行业

3. 玻璃行业

钢铁行业和玻璃行业这两个行业同属周期性行业，和房地产属一个链条，在中国城镇化的进程中，它们还将扮演重要角色，但是我们要放眼一个新能源大周期，对它们穿插在新能源大周期的小有表现，在业绩大面积预增的时候，在和大势形成共振的时候，在阶段性主升浪的时候，我们也可以参与一下。

4. 医疗器械

我国新医改方案提出各级政府预计投入8500亿元用于医疗改革，同时确保投入中的大部分用于基层。其中，基层医疗和医疗信息化市场将受惠于新医改的"大蛋糕"。随着人们生活水平进一步提高，随着2020年小康目标的进一步临近，人们的医疗保健意识不断增强，数字化医疗设备产业会成为一个大产业。其次，数字化医疗设备产业的产业链条长，产业关联度大，如果发展起来了，能够有效地带动我国电子信息、生物工程、新材料、精密制造等一大批相关产业。医疗器械和生物医药将会得到更迅猛的发展，它们同属新兴产业中的"生物产业"，所以我们更愿意将医疗器械和生物医药放在一起关注和跟踪。

这里我们要提及一只个股，那就是通化东宝（600867）。如果投资者细心的话，应该对我们在《赢在股市1》P243中"形态组合——创月线新高"的描述印象深刻，熟悉突破长周期（月线）双高点（或者多高点）之后，即便什么都不学，只要能够用月线查看股票，每天翻看100只个股，一个月就能发现未来三五年的一只类似2007年前的超级龙头东方电机（600875）（现为东方电气），大牛有形，大牛一定会长得非常漂亮好看，即便我们对它的背景什么都不知道，也没有关系。2009年到2010年我们在小范围，不断强调通化东宝（600867），它就是未来的东方电机（600875），一旦业绩开始大幅增长，那么它就会开始行动，2010年7月以来的上涨，该股已经完成了突破任务，未来在"十二五"规划7大产业"生物产业"的大背景下，它能走到哪里？它的顶部在哪里？我们要按照大趋势的顶部来判断，大趋势的顶部来临，谁都要打折。但是这样的个股，需要足够的耐心和足够的定力，这都是雕虫小技，我们不要忘记我们的大方向，大行业，大周期。

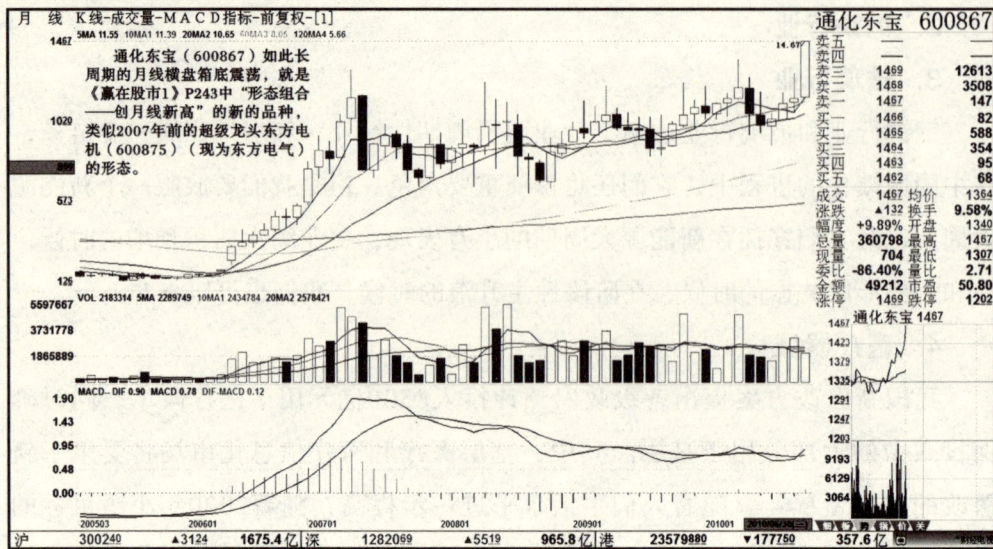

图 178

5. 物资外贸

其实物资外贸板块中的很多个股，甚至可以说所有的个股的经营并不雷同，不应该算是一个独立的板块，但是行业分类又有这么一项，并且其中的龙头又出现了预增，我们也就按照板块分类选择了这一板块。不过从前面有色金属板块中提及的稀土永磁概念已经包含了物资外贸的龙头五矿发展（600058），所以将它划分到有色金属板块中的稀土永磁更合适。

第五章
赢在未来

第1节
寻找7大产业龙头个股

看大势，挣大钱。5到10年是一个大周期，5到10年是一个大趋势，5到10年有一个大主题。未来5年的方向已经确定，剩下的是我们在每一次股指上10周线的时候，寻找新能源等7大产业中的龙头个股谁能业绩大幅增长，和大盘形成共振。大道至简，我们可轻松让那些和国民经济高速增长形成共振的行业为我们打工，替我们挣钱。人生的大机会，每5到10年出现一次，我们要清楚地知道，每5年到10年一次的大泡沫到从孕育、成长、壮大、辉煌、疯狂、破灭中周而复始地向前运行着的，每一个周期性的过程，都将完成财富的再分配，都将消灭一大批中产阶级和富翁，也将诞生一部分中产阶级和富翁，问题是看谁能看透，既能抓住机会又能躲过灾难。

现在，我们又处于一个新的新能源扩散到新兴产业的大泡沫之中，5到10年一个大周期，错过了2007年以前的这轮大泡沫没有关系，抓住这次的大泡沫带来的机会，然后顺利出逃，就OK了。然后耐心发现下一次大泡沫的大周期。人的一生能够赶上5到6次这样的大机会，足矣！在大趋势中让资产增值，在价值投资中让资产增值！不过，神马都是浮云，事业、财富都是副产品，快乐、幸福才是人生最宝贵的财富，感受家的温馨，享受天伦之乐；呼知己唤朋友，把酒谈天；沐清风浴明月，感悟自然……足矣！足矣！我们应在追求快乐，追求幸福的过程中，从兴趣出发，顺便让资产增值！

一、巴菲特入股比亚迪，用他那穿越时空稳见未来的眼光告诉我们一轮新能源泡沫已经开始孕育

●●●10月10日大盘总结：新一轮泡沫开始孕育！●●

（http://bbs.gupzs.com/topic.aspx?topicid=45462）

长假之后第一周，主力将两只新股川润股份（002272）、水晶光电（002273）"天堂疯狂一日游"的故事讲得是丝毫不差，听者是心惊肉跳，魂飞魄散，直感叹股市的风险和残酷。本周，我们来讲一个令人高兴和振奋的故事。

2003年4月，地球人都知道巴菲特介入中石油H股，随后他继续加仓累计买入5亿美元，每股买入价格1.6至1.7港元；2007年10月19日巴菲特宣布全部抛空中石油，抛空价最低都在11.26港元以上。

2003年原油价格基本围绕25到40美元上下震荡，巴菲特买入中石油正是油价从40元狂跌到25元的路上，越疯狂下跌他越贪婪买进；2007年巴菲特卖出中石油正是油价即将突破历史新高80元附近一直到疯狂接近90元直逼100元的路上，越疯狂上涨他越恐惧卖出。

从2003年到2007年的5年间，油价持续攀升，但世界经济增长并没有下降，反而大幅增长，并且带动全球资源，尤其是大宗商品有色金属、黄金、农产品等的价格暴涨。借助国际热钱这个推手，在期市、股市同时掀起一轮暴涨狂潮，直至形成资源泡沫并最终破灭，这是继网络科技泡沫周期之后新一轮的资源泡沫周期。

历史就是在这样一轮又一轮泡沫周期的孕育、成长、壮大、辉煌、疯狂、破灭中周而复始地向前运行。

那么，资源泡沫破灭之后，当下正在孕育的新一轮泡沫将会是谁？又会持续多长时间？

美国2007年以来爆发次贷危机，2008年全面扩散，引发华尔街5大投行相继倒闭、出售或改制。5大投行几乎都是百年老店，顷刻间灰飞烟灭。不仅如此，美国同时还有10多家银行破产倒闭，美股同原油一起暴跌，一场次贷危机演变成金融危机,并波及全球。正当全球陷于恐惧之中,巴菲特却极度贪婪:9月23日50亿美元向高盛投资;9月28日18亿港币(2.3亿美元)入股比亚迪;10月1日30亿美元入股通用电气公司。为什么巴菲特垂青他们?此轮金融危机让投行老大高盛已改制为传统银行控股公司,巴菲特才敢出手;表面上比亚迪是带轮子的,和巴菲特从来不碰带轮子的投资理念相左,其实看中的是未来原油上涨,比亚迪的电池技术将会代替传统燃油,他看中的是新能源;通用电气是世界上最大的电器和电子设备制造公司,也是巨大的军火承包商,巴菲特耐心窥视数十年,这次终于在接近10年来的低位才有机会出手。

银行每次暴跌就到了安全边际我们无需多讲,巴菲特为了通用电气几十年等一回的耐心、耐性、耐力我们也无需多讲,我们要讲的是巴菲特入股比亚迪,用他那穿越时空稳见未来的眼光告诉我们一轮新能源泡沫已经开始孕育。能源危机已是不争的事实,寻找新能源也已成为全球必须。巴菲特看中的正是比亚迪广泛应用于全电汽车、风能、太阳能等方面的快速充电科技,这恰恰是当下和未来能源危机中全球追求的新能源和环保大趋势。

我们已经见证了中国A股市场从2003年到2007年上演的一场资源泡沫大行情,这轮资源泡沫大行情在中国2003年底到2004年初首先就预演了一次以扬子石化、中石化、黄金、钢铁等为首的资源行情,2005年底正式拉开资源行情大幕。到2007年第四季度资源类各分支板块龙头上涨幅度几乎都在20倍以上,大面积占据涨幅榜前列,让我们惊叹不已;但是,让我们更为惊叹的是巴菲特穿越时空稳见未来的眼光和"在别人贪婪的时候恐惧,在别人恐惧的时候贪婪"的投资哲学。

从现在开始,新一轮的新能源泡沫大行情已经开始孕育,新能源的各个分支板块,将会在未来5到10年重演成长、壮大、辉煌、疯狂、破灭的过程。在未来新一轮的大牛市行情中,新能源各分支板块龙头的涨幅将会和巴菲特那穿越时空稳见未来的眼光以及投资哲学一样再次让我们叹为观止。谁布局了新能源,谁就把握住了未来5到10年这个新能源周期。

二、资料

国务院关于加快培育和发展战略性

新兴产业的决定（节选）

国发〔2010〕32号

各省、自治区、直辖市人民政府，国务院各部委、各直属机构：

战略性新兴产业是引导未来经济社会发展的重要力量。发展战略性新兴产业已成为世界主要国家抢占新一轮经济和科技发展制高点的重大战略。我国正处在全面建设小康社会的关键时期，必须按照科学发展观的要求，抓住机遇，明确方向，突出重点，加快培育和发展战略性新兴产业。现作出如下决定：

一、抓住机遇，加快培育和发展战略性新兴产业

战略性新兴产业是以重大技术突破和重大发展需求为基础，对经济社会全局和长远发展具有重大引领带动作用，知识技术密集、物质资源消耗少、成长潜力大、综合效益好的产业。加快培育和发展战略性新兴产业对推进我国现代化建设具有重要战略意义。

（一）加快培育和发展战略性新兴产业是全面建设小康社会、实现可持续发展的必然选择。（略）

（二）加快培育和发展战略性新兴产业是推进产业结构升级、加快经济发展方式转变的重大举措。（略）

（三）加快培育和发展战略性新兴产业是构建国际竞争新优势、掌握发展主动权的迫切需要。（略）

加快培育和发展战略性新兴产业具备诸多有利条件，也面临严峻挑战。经过改革开放30多年的快速发展，我国综合国力明显增强，科技水平不断提高，建立了较为完备的产业体系，特别是高技术产业快速发展，规模跻身世界前列，为战略性新兴产业加快发展奠定了较好的基础。同时，也面临着企业技术创新能力不强，掌握的关键核心技术少，有利于新技术新产品进入市场的政策法规体系不健全，支持创新创业的投融资和财税政策、体制机制不完善等突出问题。必须充分认识加快培育和发展战略性新兴产业的重大意义，进一步增强紧迫感和责任感，

抓住历史机遇，加大工作力度，加快培育和发展战略性新兴产业。

二、坚持创新发展，将战略性新兴产业加快培育成为先导产业和支柱产业

根据战略性新兴产业的特征，立足我国国情和科技、产业基础，现阶段重点培育和发展节能环保、新一代信息技术、生物、高端装备制造、新能源、新材料、新能源汽车等产业。

（一）指导思想（略）

（二）基本原则（略）

（三）发展目标

到2015年，战略性新兴产业形成健康发展、协调推进的基本格局，对产业结构升级的推动作用显著增强，增加值占国内生产总值的比重力争达到8%左右。

到2020年，战略性新兴产业增加值占国内生产总值的比重力争达到15%左右，吸纳、带动就业能力显著提高。节能环保、新一代信息技术、生物、高端装备制造产业成为国民经济的支柱产业，新能源、新材料、新能源汽车产业成为国民经济的先导产业；创新能力大幅提升，掌握一批关键核心技术，在局部领域达到世界领先水平；形成一批具有国际影响力的大企业和一批创新活力旺盛的中小企业；建成一批产业链完善、创新能力强、特色鲜明的战略性新兴产业集聚区。

再经过10年左右的努力，战略性新兴产业的整体创新能力和产业发展水平达到世界先进水平，为经济社会可持续发展提供强有力的支撑。

三、立足国情，努力实现重点领域快速健康发展

根据战略性新兴产业的发展阶段和特点，要进一步明确发展的重点方向和主要任务，统筹部署，集中力量，加快推进。

（一）节能环保产业。重点开发推广高效节能技术装备及产品，实现重点领域关键技术突破，带动能效整体水平的提高。加快资源循环利用关键共性技术研发和产业化示范，提高资源综合利用水平和再制造产业化水平。示范推广

先进环保技术装备及产品，提升污染防治水平。推进市场化节能环保服务体系建设。加快建立以先进技术为支撑的废旧商品回收利用体系，积极推进煤炭清洁利用、海水综合利用。

（二）新一代信息技术产业。加快建设宽带、泛在、融合、安全的信息网络基础设施，推动新一代移动通信、下一代互联网核心设备和智能终端的研发及产业化，加快推进三网融合，促进物联网、云计算的研发和示范应用。着力发展集成电路、新型显示、高端软件、高端服务器等核心基础产业。提升软件服务、网络增值服务等信息服务能力，加快重要基础设施智能化改造。大力发展数字虚拟等技术，促进文化创意产业发展。

（三）生物产业。大力发展用于重大疾病防治的生物技术药物、新型疫苗和诊断试剂、化学药物、现代中药等创新药物大品种，提升生物医药产业水平。加快先进医疗设备、医用材料等生物医学工程产品的研发和产业化，促进规模化发展。着力培育生物育种产业，积极推广绿色农用生物产品，促进生物农业加快发展。推进生物制造关键技术开发、示范与应用。加快海洋生物技术及产品的研发和产业化。

（四）高端装备制造产业。重点发展以干支线飞机和通用飞机为主的航空装备，做大做强航空产业。积极推进空间基础设施建设，促进卫星及其应用产业发展。依托客运专线和城市轨道交通等重点工程建设，大力发展轨道交通装备。面向海洋资源开发，大力发展海洋工程装备。强化基础配套能力，积极发展以数字化、柔性化及系统集成技术为核心的智能制造装备。

（五）新能源产业。积极研发新一代核能技术和先进反应堆，发展核能产业。加快太阳能热利用技术推广应用，开拓多元化的太阳能光伏光热发电市场。提高风电技术装备水平，有序推进风电规模化发展，加快适应新能源发展的智能电网及运行体系建设。因地制宜开发利用生物质能。

（六）新材料产业。大力发展稀土功能材料、高性能膜材料、特种玻璃、功能陶瓷、半导体照明材料等新型功能材料。积极发展高品质特殊钢、新型合金材料、工程塑料等先进结构材料。提升碳纤维、芳纶、超高分子量聚乙烯纤维等高性能纤维及其复合材料发展水平。开展纳米、超导、智能等共性基础材料研究。

（七）新能源汽车产业。着力突破动力电池、驱动电机和电子控制领域关键核心技术，推进插电式混合动力汽车、纯电动汽车推广应用和产业化。同时，开展燃料电池汽车相关前沿技术研发，大力推进高能效、低排放节能汽车发展。

四、强化科技创新，提升产业核心竞争力（略）

五、积极培育市场，营造良好市场环境

要充分发挥市场的基础性作用，充分调动企业积极性，加强基础设施建设，积极培育市场，规范市场秩序，为各类企业健康发展创造公平、良好的环境。

（一）组织实施重大应用示范工程。坚持以应用促发展，围绕提高人民群众健康水平、缓解环境资源制约等紧迫需求，选择处于产业化初期、社会效益显著、市场机制难以有效发挥作用的重大技术和产品，统筹衔接现有试验示范工程，组织实施全民健康、绿色发展、智能制造、材料换代、信息惠民等重大应用示范工程，引导消费模式转变，培育市场，拉动产业发展。

（二）支持市场拓展和商业模式创新。鼓励绿色消费、循环消费、信息消费，创新消费模式，促进消费结构升级。扩大终端用能产品能效标识实施范围。加强新能源并网及储能、支线航空与通用航空、新能源汽车等领域的市场配套基础设施建设。在物联网、节能环保服务、新能源应用、信息服务、新能源汽车推广等领域，支持企业大力发展有利于扩大市场需求的专业服务、增值服务等新业态。积极推行合同能源管理、现代废旧商品回收利用等新型商业模式。

（三）完善标准体系和市场准入制度。加快建立有利于战略性新兴产业发展的行业标准和重要产品技术标准体系，优化市场准入的审批管理程序。进一步健全药品注册管理的体制机制，完善药品集中采购制度，支持临床必需、疗效确切、安全性高、价格合理的创新药物优先进入医保目录。完善新能源汽车的项目和产品准入标准。改善转基因农产品的管理。完善并严格执行节能环保法规标准。

六、深化国际合作，提高国际化发展水平（略）

七、加大财税金融政策扶持力度，引导和鼓励社会投入

加快培育和发展战略性新兴产业，必须健全财税金融政策支持体系，加大扶持力度，引导和鼓励社会资金投入。

（一）**加大财政支持力度**。在整合现有政策资源和资金渠道的基础上，设立战略性新兴产业发展专项资金，建立稳定的财政投入增长机制，增加中央财政投入，创新支持方式，着力支持重大关键技术研发、重大产业创新发展工程、重大创新成果产业化、重大应用示范工程、创新能力建设等。加大政府引导和支持力度，加快高效节能产品、环境标志产品和资源循环利用产品等推广应用。加强财政政策绩效考评，创新财政资金管理机制，提高资金使用效率。

（二）**完善税收激励政策**。在全面落实现行各项促进科技投入和科技成果转化、支持高技术产业发展等方面的税收政策的基础上，结合税制改革方向和税种特征，针对战略性新兴产业的特点，研究完善鼓励创新、引导投资和消费的税收支持政策。

（三）**鼓励金融机构加大信贷支持**。引导金融机构建立适应战略性新兴产业特点的信贷管理和贷款评审制度。积极推进知识产权质押融资、产业链融资等金融产品创新。加快建立包括财政出资和社会资金投入在内的多层次担保体系。积极发展中小金融机构和新型金融服务。综合运用风险补偿等财政优惠政策，促进金融机构加大支持战略性新兴产业发展的力度。

（四）**积极发挥多层次资本市场的融资功能**。进一步完善创业板市场制度，支持符合条件的企业上市融资。推进场外证券交易市场的建设，满足处于不同发展阶段创业企业的需求。完善不同层次市场之间的转板机制，逐步实现各层次市场间有机衔接。大力发展债券市场，扩大中小企业集合债券和集合票据发行规模，积极探索开发低信用等级高收益债券和私募可转债等金融产品，稳步推进企业债券、公司债券、短期融资券和中期票据发展，拓宽企业债务融资渠道。

（五）**大力发展创业投资和股权投资基金**。建立和完善促进创业投资和

股权投资行业健康发展的配套政策体系与监管体系。在风险可控的范围内为保险公司、社保基金、企业年金管理机构和其他机构投资者参与新兴产业创业投资和股权投资基金创造条件。发挥政府新兴产业创业投资资金的引导作用，扩大政府新兴产业创业投资规模，充分运用市场机制，带动社会资金投向战略性新兴产业中处于创业早中期阶段的创新型企业。鼓励民间资本投资战略性新兴产业。

八、推进体制机制创新，加强组织领导

加快培育和发展战略性新兴产业是我国新时期经济社会发展的重大战略任务，必须大力推进改革创新，加强组织领导和统筹协调，为战略性新兴产业发展提供动力和条件。

（一）**深化重点领域改革**。建立健全创新药物、新能源、资源性产品价格形成机制和税费调节机制。实施新能源配额制，落实新能源发电全额保障性收购制度。加快建立生产者责任延伸制度，建立和完善主要污染物和碳排放交易制度。建立促进三网融合高效有序开展的政策和机制，深化电力体制改革，加快推进空域管理体制改革。

（二）**加强宏观规划引导**。组织编制国家战略性新兴产业发展规划和相关专项规划，制定战略性新兴产业发展指导目录，开展战略性新兴产业统计监测调查，加强与相关规划和政策的衔接。加强对各地发展战略性新兴产业的引导，优化区域布局、发挥比较优势，形成各具特色、优势互补、结构合理的战略性新兴产业协调发展格局。各地区要根据国家总体部署，从当地实际出发，突出发展重点，避免盲目发展和重复建设。

（三）**加强组织协调**。成立由发展改革委牵头的战略性新兴产业发展部际协调机制，形成合力，统筹推进。

国务院各有关部门、各省（区、市）人民政府要根据本决定的要求，抓紧制定实施方案和具体落实措施，加大支持力度，加快将战略性新兴产业培育成为先导产业和支柱产业，为我国现代化建设作出新的贡献。

国务院

二〇一〇年十月十日

第2节

7大战略新兴产业和"十二五"规划相关个股

表 039

7大战略新兴产业相关个股

个股数量：147只

股票代码	名称	受益产业	股票代码	名称	受益产业
600550	天威保变	太阳能	600089	特变电工	太阳能
600644	乐山电力	太阳能	002163	中航三鑫	太阳能
002218	拓日新能	太阳能	000969	安泰科技	太阳能
600586	金晶科技	太阳能	600295	鄂尔多斯	太阳能
000012	南玻A	太阳能	600438	通威股份	太阳能
600674	川投能源	太阳能	000009	中国宝安	太阳能
600885	*ST力阳	太阳能	600884	杉杉股份	太阳能
600151	航天机电	太阳能	600537	海通集团	太阳能
600482	风帆股份	太阳能	002202	金风科技	风能
600875	东方电气	风能	600290	华仪电气	风能
601727	上海电气	风能	002080	中材科技	风能
600416	湘电股份	风能	000970	中科三环	风能

续表

股票代码	名称	受益产业	股票代码	名称	受益产业
000862	银星能源	风能	002204	华锐铸钢	风能
600366	宁波韵升	风能	002009	天奇股份	风能
600192	长城电工	风能	002122	天马股份	风能
600112	长征电气	风能	600875	东方电气	核能
600202	哈空调	核能	002130	沃尔核材	核能
601727	上海电气	核能	600516	方大炭素	核能
002227	奥特迅	核能	600622	嘉宝集团	核能
000777	中核科技	核能	600835	上海机电	核能
002255	海陆重工	核能	000811	烟台冰轮	核能
002011	盾安环境	核能	000151	中成股份	核能
002058	威尔泰	核能	600848	自仪股份	核能
600456	宝钛股份	核能	000930	丰原生化	生物能
600538	*ST国发	生物能	600238	海南椰岛	生物能
000627	天茂集团	生物能	601088	中国神华	清洁燃煤
600475	华光股份	清洁燃煤	600378	天科股份	清洁燃煤
600499	科达机电	清洁燃煤	000400	许继电气	智能电网
600406	国电南瑞	智能电网	000682	东方电子	智能电网
002028	思源电气	智能电网	000021	长城开发	智能电网
002121	科陆电子	智能电网	600973	宝胜股份	智能电网
600089	特变电工	智能电网	600105	永鼎股份	智能电网
600550	天威保变	智能电网	600590	泰豪科技	智能建筑
600312	平高电气	智能电网	000012	南玻A	智能建筑
002123	荣信股份	智能电网	002088	鲁阳股份	智能建筑
600517	置信电气	智能电网	002163	中航三鑫	智能建筑
002063	远光软件	智能电网	002178	延华智能	智能建筑
002184	海得控制	智能电网	000055	方大集团	智能建筑
600268	国电南自	智能电网	002165	红宝丽	智能建筑
000541	佛山照明	节能照明	600563	法拉电子	节能照明
002076	雪莱特	节能照明	600983	合肥三洋	节能照明
600703	三安光电	节能照明	600363	联创光电	节能照明

续表

股票代码	名称	受益产业	股票代码	名称	受益产业
600460	士兰微	节能照明	002156	通富微电	节能照明
600584	长电科技	节能照明	002185	华天科技	节能照明
600261	浙江阳光	节能照明	002106	莱宝高科	节能照明
600360	华微电子	节能照明	600104	上海汽车	新能源汽车
000625	长安汽车	新能源汽车	000973	佛塑股份	新能源汽车
600166	福田汽车	新能源汽车	600563	法拉电子	新能源汽车
000868	安凯客车	新能源汽车	600111	包钢稀土	新能源汽车
600478	科力远	新能源汽车	600872	中炬高新	新能源汽车
600846	同济科技	新能源汽车	000762	西藏矿业	新能源汽车
600482	风帆股份	新能源汽车	600432	吉恩镍业	新能源汽车
600884	杉杉股份	新能源汽车	600549	厦门钨业	新能源汽车
600192	长城电工	新能源汽车	002056	横店东磁	新能源汽车
000839	中信国安	新能源汽车	000009	中国宝安	新能源汽车
002091	江苏国泰	新能源汽车	000049	德赛电池	新能源汽车
600366	宁波韵升	新能源汽车	002012	凯恩股份	新能源汽车
000997	新大陆	信息网络	600198	大唐电信	信息网络
002161	远望谷	信息网络	002017	东信和平	信息网络
000701	厦门信达	信息网络	002104	恒宝股份	信息网络
600171	上海贝岭	信息网络	002214	大立科技	信息网络
600963	岳阳纸业	森林碳汇	000663	永安林业	森林碳汇
002259	升达林业	森林碳汇	600189	吉林森工	森林碳汇
000910	大亚科技	森林碳汇	600265	景谷林业	森林碳汇
002240	威华股份	森林碳汇	600276	恒瑞医药	生物医药
002294	信立泰	生物医药	002022	科华生物	生物医药
002038	双鹭药业	生物医药	600055	万东医疗	生物医药
600267	海正药业	生物医药	300003	乐普医疗	生物医药
600557	康缘药业	生物医药	600645	ST中源	生物医药
002041	登海种业	生物育种	000860	顺鑫农业	生物育种
000998	隆平高科	生物育种	000039	中集集团	空间海洋开发
600320	振华重工	空间海洋开发	600583	海油工程	空间海洋开发

续表

股票代码	名称	受益产业	股票代码	名称	受益产业
600150	中国船舶	空间海洋开发	002278	神开股份	空间海洋开发
300023	宝德股份	空间海洋开发			

表 040

"十二五"规划扶持支柱产业个股

个股数量：49只

股票代码	名称	相关产业	相关领域
600590	泰豪科技	节能环保	合同能源管理模式
002421	达实智能	节能环保	建筑智能及建筑节能
000826	桑德环境	节能环保	资源循环利用
002340	格林美	节能环保	资源循环利用
300105	龙源技术	节能环保	环保领域
600323	南海发展	节能环保	环保领域
000063	中兴通讯	信息技术	光通信网络建设
600498	烽火通信	信息技术	光通信网络建设
002115	三维通信	信息技术	光通信网络建设
002089	新海宜	信息技术	光通信网络建设
002236	大华股份	信息技术	智能交通领域
002415	海康威视	信息技术	智能交通领域
300020	银江股份	信息技术	智能交通领域
300077	国民技术	信息技术	手机支付
000665	武汉塑料	信息技术	三网融合
300133	华策影视	信息技术	三网融合
002106	莱宝高科	信息技术	新型平板显示领域
002241	歌尔声学	信息技术	新型平板显示领域
000021	长城开发	信息技术	新型平板显示领域
600703	三安光电	信息技术	新型平板显示领域
300101	国腾电子	信息技术	高性能集成电路领域

续表

股票代码	名称	相关产业	相关领域
600360	华微电子	信息技术	高性能集成电路领域
000977	浪潮信息	信息技术	云计算概念
600410	华胜天成	信息技术	云计算概念
600756	浪潮软件	信息技术	系统集成商
600718	东软集团	信息技术	系统集成商
002041	登海种业	生物产业	生物育种
000998	隆平高科	生物产业	生物育种
000713	丰乐种业	生物产业	生物农药
002086	东方海洋	生物产业	水产品苗种
002447	壹桥苗业	生物产业	水产品苗种
002069	獐子岛	生物产业	水产品苗种
600467	好当家	生物产业	水产品苗种
000768	西飞国际	高端装备	飞机总装
600893	航空动力	高端装备	发动机总装及零部件
600391	成发科技	高端装备	发动机总装及零部件
600118	中国卫星	高端装备	卫星产业
300101	国腾电子	高端装备	卫星产业
002383	合众思壮	高端装备	卫星产业
600320	振华重工	高端装备	海工设施及配件生产
601989	中国重工	高端装备	海工设施及配件生产
300008	上海佳豪	高端装备	海洋工程业务
002342	巨力索具	高端装备	海洋工程业务
601268	二重重装	高端装备	智能制造装备
601106	中国一重	高端装备	智能制造装备
600875	东方电气	高端装备	智能制造装备
601727	上海电气	高端装备	智能制造装备
600806	昆明机床	高端装备	智能制造装备
000410	沈阳机床	高端装备	智能制造装备

后 记

　　《赢在股市1》的序言写完的时候，是2006年的11月18日。4年过去了，股市有涨有跌，我们也经历了许许多多，《赢在股市2》虽然没能如期出版，但是今天我们最终兑现了我们的诺言。同时，经过4年的洗礼和沉淀，《赢在股市》整个"业绩高速增长价值体系"被打磨得更加璀璨夺目。

　　看到这璀璨夺目的"业绩高速增长价值体系"越来越成熟和具有实战性，我们一直沉浸在整个价值体系的巨大魅力和巨大惊喜之中，亢奋不能出离其中。我们是幸运的，因为比起我们任何一代祖先来，我们生活在一个伟大的时代！伟大的时代给了我们伟大的机会！伟大的机会给伟大的智慧插上了翅膀！伟大的智慧必将成就伟大的事业！

　　这一切的伟大，首先要感谢我的家人，正是家的温馨，才有了幸福和快乐的源泉；其次，我要感谢所有的亲朋好友，正是他们的陪伴和关心，才充满了无穷的力量；然后感谢海天出版的廖译、陈炯、陈丹等的辛勤校正编辑；另外，还要感谢长期整理预增数据的网友钳王、业绩预增、刘汉丕等的长期坚持；还要感谢几年来，一直共同成长、一起进步的读者们，和各地的价值投资者们。最后，我要感谢的是我自己！

　　由于时间仓促，如果读者、投资者对书中的观点存在疑问或者操作中还存在疑问，或者有什么好的建议和意见，敬请不吝赐教，我将积极和您沟通交流。

　　《赢在股市2》完成以后，我同步将多年的积累及时梳理，完成《赢在股市·珍藏版》。之后，我将暂时休整一段时间，在快乐中去成就我们已经开始的副产品——伟大事业！也祝那些能够读懂本书的读者，能够成就自己伟大的事业！

《赢在股市·珍藏版》简介

《赢在股市·珍藏版》将全面、系统、深入讲解"业绩高速增长的价值投资"理念体系：

1. 赢在——理念（买什么）：在《赢在股市·珍藏版》中，我们将深入讲解理念，并全新具体讲解从4月份一季度预增完毕之后，就开始着手当年度预增行业龙头的准备，力争在任何一个季度行情启动的时候，都能准确抓住当年度预增行业龙头，从而**很好地解决买什么的问题**；

2. 赢在——进场（什么时候买）：在《赢在股市·珍藏版》中，我们除了讲解10周线之外，还将重点全新讲解利用"（1）平均市盈率；（2）M1M2；（3）中央经济会议"等来量化判断五到十年一个大周期的股市大顶大底。**很好地解决什么时候买的问题**；

3. 赢在——离场（什么时候卖）：在《赢在股市·珍藏版》中，我们将全新加入缺口理论、基本面等因素，翔实讲解中期拐点的特点，**更精准地把握什么时候卖的问题**。

《赢在股市·珍藏版》的具体出版时间，我们将第一时间在"股票之声"网站"顺手黑马"论坛公告，敬请关注。

"股票之声"网址：www.gupzs.com

"股票之声"网站"顺手黑马"论坛：

    http://bbs.gupzs.com/board.aspx?boardid=4&total=8343&page=1

顺手黑马公开Email：sshm_yzgs@vip.sohu.com

    sshm_yzgs@sina.com

    sshm_yzgs@yahoo.com.cn

顺手黑马公开QQ1：130083319

    QQ2：332871289

顺手黑马手机：13522331158